돈 걱정 없이 사는 법
NO WORRIES

돈
걱정 없이
사는 법

자수성가 부자들이 돈, 인생,
투자를 대하는 태도와 기준

제레드 딜리안 지음
김영정 옮김

시원
북스

불필요한 돈 걱정과 작별하라

나는 현재 돈이 좀 있지만, 항상 그랬던 것은 아니었다.

그래도 나는 두 번의 짧은 시기를 제외하고는 스트레스 없이 재정 생활을 해왔다. 덕분에 백 배는 더 행복했다.

해안 경비대의 헬리콥터 조종사와 교사였던 부모님의 이혼 후 나는 코네티컷 남동부에서 어머니와 할머니와 함께 살았다. 할머니는 내가 열네살 때 돌아가셨다. 어린 시절 우리 집은 가진 것이 많지 않았다. 아주 가난하지는 않았지만, 그 당시 기준으로 보면 하위 중산층 정도였다.

나는 어린 시절에 생활고에 가깝게 살았던 기억이 아주 뚜렷하다. 중고로 옷을 사 입기도 하고, 파란색과 보라색이 섞인 재킷 한 벌로 몇 번의 겨울을 버틴 적도 있었다. 집에는 지붕 위에서 안테나가 돌아가는 낡은 목재 텔레비전이 있었고, 학교에서는 무료 급식을 먹을 뻔하기도 했다.

많은 것을 가지진 않았어도 크리스마스는 잘 보낼 수 있었다. 할머니가 이혼을 했을 때 받은 위자료가 조금 있었던 덕분이다. 내가 산타에게 받고 싶은 선물 목록을 꼼꼼히 적어두면 크리스마스 아침 트리 밑에는 선물이 놓여 있곤 했다.

하지만 사치스러운 생활은 할 수 없었다. 휴가는 자동차로만 다녔다. 한 번은 여름휴가를 뉴햄프셔로 가서 하룻밤 호텔비로 90달러(12만 원)를 낸다는 사실에 놀랐던 기억이 난다. 그것은 어린 시절 내가 기억할 수 있는 가장 큰 사치였다. 하지만 그때 우리는 가난하지 않았다. 어머니는 가진 것으로 최선을 다해 가족을 보살폈다. 그리고 이 글을 쓰는 지금, 나는 2023년에 투자 수익을 제외하고 사업 소득으로만 170만 달러(23억 원)를 벌었다.

돈의 부족함도 겪어보고 많은 돈도 벌어본 나는 부자가 되는 법을 말하려는 것이 아니다. 부자가 되는 법에 대해 다룬 책들은 시중에 많이 나와 있고 내용도 다양하다. 이야기를 하다 보면 부자가 되는 방법도 나오겠지만, 나는 거기에 초점을 맞추고 있지 않다.

내가 이 책에서 말하고 싶은 것은 '재정적 스트레스를 최소화하는 법', 즉 '돈 걱정을 하지 않는 삶'에 대해서다. 주위를 둘러보라. 너무 많은 사람이 심각한 재정적 스트레스를 겪고 있다.

그들은 밤잠을 설치며 집세를 어떻게 낼지 고민하고, 학자금 대출을 몇 년 동안 갚아나가다가 대출 잔액이 처음보다 훨씬 많아진 것을 알게 된다. 좋지 않은 주식을 사서 많은 돈을 날리고도 그 돈이 복구되기를 기다리며 버티고 있다.

재정적 스트레스는 결혼, 직장, 자녀 등 종류가 다른 스트레스를 가중시킨다. 삶을 힘들게 만든다는 말이다.

돈으로 인한 스트레스에서 당신이 알아야 할 것은 그것이 안 겪어도 될 일이라는 것이다. 당신은 재정적인 스트레스 없이 살 수 있다.

대부분 재정적 스트레스를 없애는 길은 돈을 더 많이 갖는 것이라고 생각한다. 하지만 그렇지 않다. 스트레스 없는 재정 생활은 재정 문제를 어떻게 구조화하는가와 돈을 대하는 태도에 따라 달라진다. 이 책에서는 이 두 가지에 대해 이야기한다.

현재 개인 재정 분야는 돈을 모으는 것이 매일 이루어지는 수많은 작은 결정의 산물이라는 오류에 빠져 있다. 하지만 큰 결정을 제대로 내리면 작은 결정에 대해 걱정할 필요가 없다.

우리 인생에서 큰 결정이란 집, 자동차, 학자금 대출을 말한다. 이 세 가지를 제대로 결정한 다음, 단순하고 다각화된 투자 포트폴리오를 세운다면 커피 한잔을 포기할 걱정은 하지 않아도 된다. 지금 당신이 돈 때문에 스트레스를 받는다면 중요한 결정을 잘못 내린 탓이다.

그렇다면 어떻게 해야 중요한 결정을 잘 내릴 수 있을까?

* * *

나는 13년 전 뉴욕에서 사우스캐롤라이나주의 머틀비치로 이사를 했다. 뉴욕에 있을 때는 헤지펀드 매니저와 투자 은행가들과 교류했고, 머틀비치에서는 지붕 수리공, 접객업 종사자, 화가들과 교류하고 있다.

그러다 뉴욕 사람들과 머틀비치 사람들 사이에 공통점이 많다는 것을 알게 되었다. 그들 모두 돈 걱정을 하고 있었는데, 그것도 정확히 똑같이 부채와 위험에 관한 걱정이었다. 부채와 위험은 재정적 스트레스의 두 가지 원인이다.

부채로 인한 스트레스는 집이나 차를 사거나, 학교에 가거나, 신용카드를 사용할 때 발생할 수 있다. 위험으로 인한 스트레스는 투자할 때 발생할 수 있다. 함부로 빚을 지지 않고 적절히 위험을 감수하면 걱정할 필요가 없다. 집을 살 때, 차를 살 때, 대학에 갈 때, 이렇게 단 세 번만 돈에 대해 걱정하고 나머지 시간에는 돈에 대해 생각조차 하지 않으면서 인생을 살 수 있다. 이것이 바로 이 책에서 내가 제안하고자 하는 일이다.

당신을 부채와 위험으로부터 벗어나게 하기 위해 이 책은 다음 다섯 가지 파트로 구성되어 있다.

PART 1에서는 '돈에 대한 태도'에 관해 이야기한다. 당신은 영적으로나 정서적으로 돈을 버는 것을 받아들일 수 있는 상태에 있는가?

PART 2에서는 균형, 즉 '돈과 건강한 관계를 유지하는 것'에 관해 다룬다.

PART 3에서는 '부채'와 관련된 스트레스를 관리하는 방법과 이를 최소화하는 방법에 대해 자세히 이야기한다.

PART 4에서는 '위험'과 관련된 스트레스를 관리하는 방법과 이를 최소화하는 방법을 자세히 설명한다. 부를 쌓고 위험 스트레스를 최소화하는 간단하고 강력한 '최고의 포트폴리오'를 소개할 것이다.

PART 5에서는 재정적 스트레스를 최소화하는 데 성공하면 얻을 수 있는 안도감, 그리고 그렇게 되면 무엇이 좋은지를 설명한다.

*　　*　　*

나는 사람들에게 돈과 관련된 사업이 아니라 행복 사업을 하고 있다고 말하고 싶다. 이 책은 돈에 관한 책이지만, 사실 재정적으로 행복해지는 것을 다룬 책이다.

백만 달러(14억 원)가 행복을 보장하지는 않는다. 재정적 스트레스를 많이 받는 부자도 많고, 전혀 받지 않는 가난한 사람도 많다고 말해주고 싶다. 믿기 어렵겠지만, 나보다 훨씬 돈을 많이 번 사람들도 스트레스가 줄기는커녕 오히려 늘어나는 경우가 많다.

삶은 무한히 더 복잡해진다. 일론 머스크는 세계에서 가장 부유한 사람이거나 한동안 그랬던 사람이다. 그 사람은 재정적 스트레스를 많이 받는데, 그것은 모두 그가 자초한 일이다.

부자가 되면 생활 수준은 높아질 수 있어도 반드시 스트레스가 줄어드는 것은 아니다. 나쁜 습관이 있다면 그렇지 않은 경우가 많다. 복권에 당첨된 사람들이 당첨금을 대부분 또는 전부 날려버린다는 것은 잘 알려진 사실이다. 돈이 없을 때 있었던 나쁜 습관이 돈이 많아졌다고 해서 고쳐지는 게 아니기 때문이다.

하지만 좋은 습관을 지닌 사람이 돈통에 빠지면 마법 같은 일이 일어날 수 있다. 스포츠 베팅 사이트에서 승산이 없는 쪽에 50달러(70,000원)를 걸었다가 백만 달러를 딴 어느 청년의 이야기를 들은 적이 있다. 그는 주택담보대출을 비롯해 빚을 전부 갚고 나머지는 은행에 넣어 재정적으로 탄탄한 상태가 되었다고 한다. 일은 그렇게 되어야 한다.

운이 좋지 않아도 큰 문제는 없다. 이 세상에는 1년에 20,000달러(2,800만 원)씩 열심히 모아서 세금 혜택이 있는 은퇴 계좌에 넣고 말년에 상당한 금액을 손에 쥐는 사람들이 수두룩하다. 이들은 암호화폐와 같은 최신 투자 유행에 저축한 돈을 쏟아붓지 않는다. 매일 성실하게 일하고, 번 돈의 일부를 저축하고, 현명하게 투자하고, 돈이 불어나는 것을 지켜보면서 천천히 부자가 되는 편이 훨씬 낫다.

나는 무일푼으로 시작해서 중년이 되어서야 작으나마 부를 쌓았다. 물론 월스트리트에서 일하기도 했지만 내가 번 돈의 90%는 월스트리트에서 나온 후에 벌어들인 것이다. 그중 일부는 성공적인 사업 운영으로, 일부는 현명한 투자로 벌었다.

내가 할 수 있으면 당신도 할 수 있다. 자그마한 부를 말하는 게 아니라, 재정적으로 스트레스를 덜 받는 것을 말하는 것이다.

현금이 많다고 재정적 자유가 생기는 게 아니다. 나는 돈이 많은데도 재정적으로 자유롭지 못한 사람들을 많이 보았다. 일상적인 여러 재정적 결정을 처리하는 원칙들을 세워야만 당신에게 진정한 재정적 자유가 주어지는 것이다.

*　　*　　*

이 책은 당신이 재정적 스트레스를 최소화할 수 있도록 도와줄 것이다. 내가 재정적 스트레스를 없애는 것이 목표가 아니라고 말한 것을 기억하라. 스트레스를 완전히 없앨 수는 없는 노릇이다.

인간으로서 살아간다는 것은 배우고, 성장하고, 돈도 더 많이 벌고, 재정 생활이 점점 더 복잡해지는 것을 의미한다. 당신은 좋은 물건을 갖고 싶어 하고, 약간의 위험을 감수하게 될 것이며, 그로 인해 스트레스도 조금 받게 될 것이다.

중요한 것은 불필요한 재정적 스트레스를 없애는 것이다. 신용카드 빚에 허덕이는 스트레스, 학자금 대출에서 헤어 나오지 못하는 스트레스, 리스크가 높은 펀드를 거래하는 스트레스, 너무 큰 집이나 호화로운 자동차를 사면서 받는 스트레스, 구두쇠처럼 사는 스트레스 같은 것들 말이다. 구두쇠로 살면 허구한 날 돈 생각을 하는 탓에 재정적 스트레스가 증가한다. 이 책의 목표는 돈 걱정을 전혀 하지 않는 지점에 도달하는 것이다. 돈에 쪼들리지 않고, 돈에 쫓기지 않는 것이 목표다.

그렇기 때문에 이 책은 직장을 두 군데 나가는 싱글맘부터 억만장자 벤처기업가까지 모두를 위한 책이다.

우리는 모두 인간이고 같은 감정을 느끼며 살아간다. 나는 저소득층, 고소득층, 중산층을 모두 경험해봤지만 단 하루도 돈 걱정으로 잠 못 이루는 밤을 보내지 않고도 일을 해낼 수 있었다.

우리는 이제 다시는 돈 걱정을 거의 하지 않는 상태에 이를 것이다. 그 방법을 지금부터 알려주겠다.

* * *

첫 번째 장은 이 책에서 가장 중요한 장으로, 돈을 벌기 위한 당신의 태도에 관해 이야기한다.

올바른 태도를 갖추지 않는다면 세상의 온갖 조언과 요령이 무용지물이다. 자, 지금부터 살펴보자.

차례

NO WORRIES

PART 1

태도

Chapter 1
당신은 돈을 원해야만 한다

첫 장은 이 책에서 가장 중요하다. 돈에 대한 당신의 태도를 다룰 것이기 때문이다. 앞서 이야기했듯이 돈이 많다고 해서 반드시 재정적 스트레스가 줄어드는 것은 아니다. 하지만 삶이 좀 더 편해지는 것은 사실이다.

돈을 더 많이 벌려면 가장 먼저 무엇을 해야 할까? 너무 쉽고 단순하게도 정말로 돈을 원해야만 한다. 진짜냐고? 맞다, 정말로 돈을 원하는 것이 시작이다.

돈을 싫어하는 사람은 없다. 안 그런가? 누구나 돈을 더 많이 벌고 싶어 한다. 하지만 어떤 사람들은 더 많은 돈을 원하는 것처럼 보이고 싶어 하지 않는다. 왜냐하면 윤리적 이유 때문이다.

사람들이 돈을 덜 벌어도 만족하는 이유

어느 대학에 역사학과 교수가 있다. 그는 매우 똑똑한 사람이다. 박사 학위도 받았고 SAT 점수도 높다. 어느 기업에서 일하든 돈을 더 많이 벌 수 있는 매우 유능한 사람이다. 그런데 그는 대학에서 역사를 연구하고 가르친다. 왜 그럴까?

다음과 같은 세 가지 이유 때문이다.

1. 역사를 좋아한다

그는 돈을 더 많이 벌 수 있는 능력은 되지만, 자기가 하는 일을 정말 좋아하기 때문에 그러지 않기로 한다. 이는 경제적 선택이다. 기업에서 일하지 않음으로써 포기해야 하는 돈이 얼마든 자기가 좋아하는 일을 할 수 있다는 정신적 이익의 측면에서 볼 때 그만한 가치가 있는 것이다.

나만 해도 그렇다. 글을 쓰는 게 좋아서 월스트리트를 떠나지 않았는가. 지금은 작가로서 돈을 잘 벌지만 이와는 별개로 월스트리트의 엄청난 스트레스에서 벗어났다는 것만으로도 그 선택은 가치가 있었다. 나는 작가로서 사는 지금이 더 행복하다.

동기에 진정성이 있다면 이런 선택은 충분히 받아들일 수 있는 경제적 선택이다. 그리고 사람들은 항상 이런 선택을 한다.

2. 유연한 근무 시간을 선호한다

이 역시 동기에 진정성이 있다면 충분히 받아들일 수 있는 경제적
선택이다.

3. 돈밖에 모르는 사람이 되고 싶지 않다

안타깝게도 돈을 버는 과정에서 어떤 사람은 윤리적 문제에 직면
하고 어떤 사람은 정치적 문제에 부닥친다. 필요 이상으로 돈을
버는 것은 잘못이라고 생각하는 사람들이 있다. (최근에 알게 된 사실
인데 일부 종교에서는 필요 이상으로 큰 집을 소유하면 죄를 짓는 것이라고 한다.)

나는 분명히 돈을 버는 편을 지지한다. 하지만 동기에 진정성
이 있다면 다른 관점도 문제가 없다고 본다.

나는 겉과 속이 다르지 않은 사람이다. 돈을 더 많이 갖고 싶어
하고 그런 바람이 겉으로도 드러난다. 이는 아무 문제 없는 건강
한 현상이다.

더 많은 돈, 더 큰 집, 더 좋은 자동차 등 물질적 재산을 갖고 싶
어 하는 것은 전혀 잘못이 아니다. 그것은 우리가 스스로 부정해
서는 안 되는 지극히 자연스러운 욕구다.

결론은 간단하다. 돈은 선택의 문제다.

우리는 누구나 돈을 얼마나 가질지 스스로 선택할 수 있다. 아
마존을 세운 제프 베조스도 자기가 돈을 얼마나 가질지 선택했
다. 아마더 테레사 도 마찬가지다. 그리고 그들 사이에 있는 사람

들도 모두 그렇다. 각자가 의식적으로 돈을 얼마나 가질지 선택한 것이다.

회사원이라면 어떻게 이것이 선택인지 의아할 것이다. 주는 대로 받는 것인데 말이다.

다음과 같은 일곱 가지 방법으로 더 크게 생각해보기 바란다.

더 크게 생각하기

1. 연봉을 올린다

이는 돈을 더 많이 벌 수 있는 아주 간단한 방법 중 하나다. 큰돈은 아니지만, 조금이라도 말이다. 훌륭한 첫걸음인 셈이다. 당신은 아마 연봉을 어떻게 올릴 수 있을지 궁금할 것이다. 여기서 중요한 것은 상사들은 마음에 들지 않는 직원의 연봉을 올려주지 않는다는 사실이다.

그러니 당신은 매일 하는 일, 그러니까 업무만 하고 있어서는 안 된다. 많은 사람이 순진하게도 최선을 다해 열심히 일하다 보면 돈으로 보상을 받고 승진도 하면서 모든 일이 잘 풀리리라 생각한다.

하지만 현실은 대개는 그렇지 않다. 왜냐하면 상사도 사람이기 때문이다. 백만 명 중 한 명에 해당하는 예외적인 사람을 제외하고 상사는 대개 정말 없어서는 안 될, 능력이 매우 출중한 직원이 아니라면 성과를 객관적으로 판단해서 '일을 가장 잘한다'는 이유로 연봉을 올려주지 않는다. 대부분의 경우 그들은 업무 성과와 관계없이 자신이 가장 좋아하는 직원을 떠올리고 그 사람의 연봉을 올려준다.

그러니 업무만 하고 있어서는 안 된다. 상사와 개인적인 친분을 쌓아야 한다. 점심을 먹으러 나가고, 골프를 치고, 해야 할 일을 하라. 하지만 상사와 개인적인 관계가 좋지 않거나 상사가 당신을 개인적으로 싫어한다면 연봉 인상이나 승진은 물 건너간 일이다.

"나는 정치는 안 해!"라고 말할 수도 있다. 하지만 세상은 온통 정치이자 게임이다. 이 게임을 하지 않으면 당신은 대가를 받을 수 없다. 설명이 더 필요한가?

이 말을 들으면 당신의 기분이 나아질는지 모르겠다. 당신은 업무를 잘하는 동시에 상사와 친해질 수도 있다.

2. 더 오래 일한다

시급 20달러(28,000원)에 하루 8시간 일하고 있다면 12시간 또는 16시간으로 늘려 일하면 된다. 나는 개인적으로 일하는 것을 좋아하기 때문에 당신도 나와 같은 성향이라면 이 방법이 하나의 해결책이 될 수 있다. 돈을 두 배로 벌 수 있으니 두 배로 재미있을 것이다. 하지만 피곤할 것이다. 하나를 얻으려면 다른 하나를 포기해야 하는 법이다. (여기에는 확장성이라는 문제가 있는데, 이는 잠시 후에 설명하겠다.)

3. 일을 한 가지 더 한다

어떤 사람들은 이를 부업이라고 한다. 예를 들어, 당신은 배달을 할 수도 있다. 그러면서 온갖 흥미로운 사람들을 만난다. 아니면 야간에 창고에서 근무할 수도 있다. 당신은 뭐든 할 수 있다. 손해 볼 것이 하나도 없다. 당신은 일을 하고 있는 것이다. 그리고 생각만 하는 데서 벗어나 새롭고 흥미로운 일을 하면서 돈까지 버는 것이다. 정말 즐거운 일 아닌가? (이 방법 또한 확장성이라는 문제를 해결하지는 못한다.)

4. 돈을 더 많이 벌 수 있는 다른 직업을 갖는다

미국은 교사의 급여가 턱없이 낮다. 이제 그 일이 지겨워져서 부동산 중개인이 되기로 했다고 가정해보자. 부동산 중개인은 어떻게 될 수 있을까?

부동산 중개인은 어떤 일을 하는지, 그 일의 좋은 점은 무엇인지 물어보고, 부동산 자격증을 취득하는 방법이나 거래를 성사시키는 방법, 온라인 마케팅 방법도 알아봐야 한다.

여기에는 노력이 필요하다.

사실 연봉 올리기, 근무 시간 늘리기, 새로운 일자리 구하기 등이 모든 일에는 노력이 필요하다. 한 가지 분명한 사실은 '돈이 제 발로 굴러들어 오지 않는다'는 것이다. 당신이 직접 나서서 구해야 한다. 행동에 나서야 하는 것이다.

하지만 직업은 우리의 정체성과 단단히 얽혀 있어서 바꾸기가 매우 어렵다. 예를 들어, 당신이 교사라면 아이들을 돕는 일을 할 테고 교육자로 여겨질 것이다. 거기에는 특정한 사회적 화폐가 있다. 사람들은 교육자를 존경하기 때문이다. 부동산 중개인을 존경하는 사람은 거의 없다.

자신의 정체성을 전부 날려버리는 것은 그리 만만한 일이 아니다. 우리의 직업은 우리의 본질, 즉 도덕심의 일부다. 직업은 곧 우리 자신인 것이다. 그리고 일은 하다 보면 잘하게 되기 마련인데, 새로운 일을 처음부터 다시 배우려면 많은 노력이 필요하다. 직업을 바꾸는 것은 구인 광고를 보고 이력서를 내는 것처럼 간단한 일이 아니라, 한 사람에 대한 정의를 바꾸는 행위다. 정말 어려운 일인 것이다. 그러니 이를 아무 거리낌 없이 시도하는 사람은 거의 없다.

그런데 나는 그 어려운 일을 해냈다. 미국 해안 경비대를 그만두고 월스트리트에서 트레이더가 된 것이다. 꽤나 큰 경력의 변화 아닌가? 공무원 조직에서 자유분방한 금융가로 옮겼으니 말이다. 해안 경비대를 떠날 때 내가 바꿔야 했던 단 한 가지는… 한 마디로 '내 전부'였다.

당신은 당신이 생각하는 사람이 전부가 아닐 수도 있다. 당신은 마음만 먹으면 무엇이든 할 수 있는 사람이다!

5. 돈을 더 많이 벌 수 있는 직업을 갖게 해줄 기술을 익힌다

학교에 다니는 것은 큰 투자다. 나는 1998년부터 2001년까지 경영대학원에 다녔는데 학비가 총 45,000달러(6,000만 원)였다. 그때는 학비가 지금보다 더 저렴했다. 나는 직장도 다니고 학교에서 아르바이트도 하면서 30,000달러(4,000만 원)를 마련했다. 그리고 나머지 15,000달러(2,000만 원)는 대출을 받았다가 첫 상여금을 타면서 모두 갚았다. 결과적으로 꽤 괜찮은 투자였던 셈이다.

그렇게 딴 MBA는 새로운 경력을 위한 발판이 되었다. 학위가 없었다면 나는 월스트리트에서 일할 수 없었을 것이다. 결국 나는 45,000달러를 투자해 약 5년 만에 수입을 45,000달러에서 85,000달러(1억 2,000만 원)로 올렸다. 이는 엄청난 투자 수익이다.

요즘은 교육비가 더 많이 들기 때문에 학교에 다니는 것이 당신의 재정적 목표를 달성하는 데 도움이 되는지 계산을 해봐야 한다. 대학원까지 가려면 학비가 수억인데 졸업 후 수천 만원밖에 벌지 못한다면 좋은 투자가 아니다.

사람들은 대학이 모든 문제를 해결해줄 것으로 생각하는 경향이 있다. 하지만 졸업 후 수입에 대해 현실적으로 생각해야 한다.

6. 고정 수입이 나오는 투자를 시작한다

무슨 말이냐 하면, 집주인이 될 수도 있다는 말이다.

사람들은 '수동 소득'을 아주 좋아한다. 집을 열 채쯤 사서 빌려주고 가만히 앉아서 월세로만 연간 십만 달러(1억 4,000만 원)를 벌고 싶어 한다. 그러나 수동 소득 게임은 매우 어려운 일인 데다 매우 큰 위험이 따른다.

첫째, 수동 소득은 사실 능동 소득이다. 당신이 집주인이라고 해보자. 당신은 막힌 화장실을 뚫어야 하고, 물이 새는 지붕을 고쳐줘야 하며, 술에 취해 소화기를 모조리 분사해버리는 얼간이들을 상대해야 한다. 부동산이 많으면 바빠질 수밖에 없다. 그냥 앉아서 돈만 또박또박 받아 챙기는 게 아니라 많은 일을 해야 한다는 말이다.

둘째, 많은 위험이 따른다. 일반적으로 사람들은 빚을 내서 부동산을 사들이는데, 투자 부동산을 여러 개 소유하고 있다면 부동산 시장의 변동을 크게 탈 수밖에 없다.

게다가 사람들은 대부분 특정 지역의 부동산에 투자하기 때문에 모든 위험이 한곳에 집중된다. 물론 이는 당신에게 유리하게 작용할 수도 있다. 최근 몇 년간 부동산 가격이 상승하는 것을 보고 자기가 천재가 아닌가 하는 사람들도 많다.

두뇌와 강세장을 절대 혼동하지 말라. 2000년대에도 부동산 가치가 크게 하락했던 시기가 있었음을 기억하라. 위험은 항상 존재한다. 그리고 사람들은 대부분 그 위험을 제대로 알지 못한다.

하지만 주택으로만 수동 소득 게임을 할 필요는 없다. 코인 세탁소나 레저용 자동차 공원, 물품 보관 설비, 심지어 치과로도 수동 소득 게임을 할 수 있다. 소득을 창출하는 것이라면 무엇이든 가능하다.

개인적으로 나는 수동 소득을 싫어하지만, 어떤 사람들은 거기서 재미를 본다. 그들은 남는 시간에 그 일을 한다. 그러다 그게 괜찮으면 전적으로 매달린다. 이렇게 해서 사람들은 백만장자가 되고, 또 이렇게 해서 억만장자가 된다. 쉬운 일은 아니다.

7. 사업을 시작한다

이제 우리는 사람들이 인생 역전을 할 만큼 돈을 버는 가장 좋은 방법, 즉 창업에 이르렀다.

사람들은 사업을 시작하고, 성장시키고, 매각한다. 이러한 일은 매년 수천 번씩 일어나는 일이다. 나는 수십억 달러(수조 원) 규모의 투자금 회수를 말하는 것이 아니라, 현금 흐름을 창출하고 규모가 커지면 창업자가 회사를 천만 달러(140억 원)에 매각하고 보안이 좋은 부자 동네로 이사하는 평범한 사업에 관해 이야기하는 것이다.

나는 여러 가지 이유로 기업가정신을 적극 지지하는데, 그중 가장 큰 이유는… 더 행복해질 수 있어서다.

다른 사람의 회사에서 일하는 것은 매우 지긋지긋할 수 있다. 멍청한 상사, 멍청한 정치, 멍청한 프로젝트. 당신은 자신의 시간이나 운명을 결정할 수 없다. 물론 창업에는 위험이 따른다. 하지만 나는 실패하더라도 더 행복해질 거라고 말할 수 있다.

기업가정신은 세상에서 가장 위대한 것이다. 단순히 상사가 없는 것 이상이다. 나도 몇 명의 상사를 거쳤는데, 개인적으로 싫어했던 상사라도 견딜 만했다. 하지만 무에서 유를 창조하는 것은 긍정적인 느낌이 들게 하는 행위다. 내 손으로 직접 무언가를 만들고, 판매에 성공할 때마다 도파민이 분출되는 만족감을 얻는 것이다. 그런 성취감보다 더 좋은 것은 없다.

나는 현재 뉴스레터 사업을 성공적으로 하고 있다. 내가 이 사업을 시작한 것은 금융위기가 한창일 때 월스트리트에서 수십억 원을 날리고서였다. 주식 시장이 폭락해서 처음 몇 달 동안은 수입이 전혀 없었다. 나는 아침에 출근하면 쓰레기통에 머리를 대고 토하는 게 일상일 정도로 완전히 정신이 나가 있었다. 나는 의자에 앉아 컴퓨터를 켜고 쓰레기통에 토하곤 했다. 그때 나는 정말 끔찍한 실수를 저질렀다고 생각했다.

그래도 나는 그 첫해에 23만 5,000달러(3억 3,000만 원)를 벌었는데, 당시 상황으로 봐서는 꽤 괜찮은 금액이었다. 지금 내 뉴스레터는 안정적이고 현금 흐름이 예측 가능한 수백만 달러(수십억 원) 규모의 사업이 되었다. 15년이 지난 지금도 나는 이 일이 지루하지 않다. 나는 여전히 내 일을 사랑한다. 물론 가끔 스트레스를 받기긴 하지만 예전과는 종류가 다른 스트레스인 데다 관리하기도 훨씬 수월하다.

사람들은 이런 식으로 부자가 된다.

사업을 시작한다.

시간이 지남에 따라 사업이 성장한다.

때가 되면 현금 흐름의 몇 배를 받고 사업을 매각한다.

확장 가능한 사업

사업에는 쉬운 것과 어려운 것이 있다. 요식업은 하고 싶어 하는 사람들이 참으로 많은 것 같다. 요식업은 매우 성취감을 주는 일이다. 하지만 여간 잘 해내지 않고서는 대개 수익성이 아주 높지는 않다. 그리고 복잡하기도 하고, 문제가 생길 일도 많다. 하지만 잘만 하면 꽤 먹고 살 만은 하다.

내가 말하는 것은 확장 가능한 사업이다. 인터넷 뉴스레터는 확장 가능한 사업이다. 한 부를 작성하나 백만 부를 작성하나 들어가는 노력은 같다. 그러니 직원이 크게 늘지 않아도 사업이 빠르게 성장할 수 있다. 실제로 수익성이 높은 사업을 살펴보면 모두 확장성이 있고 무겁지 않다. '무겁지 않다'란 대차대조표상 자본 지출이나 자산이 많지 않다는 의미다. 무한히 확장 가능한 컴퓨터 프로그램인 페이스북이 대표적인 예다. 페이스북은 사용자가 1명일 때나 26억 명일 때나 작동하는 방식이 같다.

거의 모든 사업이 확장 가능하다. 하지만 그중에서도 확장하기 더 쉬운 사업이 있다. 음식점은 매장을 더 많이 열어 규모의 경제를 달성함으로써 확장할 수 있다. 부동산 중개업은 중개업소를 인수하고 다른 중개인을 고용해 수수료를 받아 규모의 경제를 달성함으로써 확장할 수 있다. 인터넷 비즈니스만 확장할 수 있는 게 아니란 말이다. 대형 지붕 공사 업체나 공조 업체, 조경 업체들이 있는데 이들 모두 처음부터 컸던 게 아니라 점차 규모가 커진 것이다.

물론 어떤 사람들은 사업을 확장하고 싶어 하지 않는다. 그들은 단순한 도급업을 하면서 그저 연간 십만 달러(1억 4,000만 원) 정도만 벌고 싶을 뿐이다. 이 역시 경제적 선택이다. 우리는 모두 자신이 얼마나 많은 돈을 가질지 선택할 수 있다. 또 어떤 사람들은 다른 사람들보다 야망이 더 크다.

나는 돈은 좀 있지만, 결코 세계적인 부자는 아니다. 내 뉴스레터 사업도 세계 최고의 사업은 아니다. 확장성은 있지만, 성장 속도가 느리다. 이런 사업을 하게 된 것은 어느 정도 내가 선택한 것이라고 할 수 있다. 내가 마케팅을 별로 좋아하지 않기 때문이다. 결국, 나도 얼마를 벌지 스스로 선택한 셈이다.

우리는 모두 자신이 얼마를 벌지 선택한다.

부유한 사람을 보면 팔자가 참 좋아 보이겠지만, 그것은 그들이 얼마나 많이 애를 썼고, 얼마나 큰 위험을 감수했는지 모르고 하는 생각이다.

사고방식의 문제

부자가 되는 것은 정체성, 즉 자신을 어떻게 바라보는지의 문제다. 어쩌면 당신은 자신을 평범한 회사원이나 육체노동자라고 생각할 수도 있다. 내가 말하고 싶은 것은 돈을 더 많이 벌고 싶다면 지금 가진 자신의 정체성을 날려버리고 완전히 다른 방식으로 자기 자신을 생각해야 한다는 것이다.

그런데 그러기가 쉽지 않다. 옷 입는 방식, 행동하는 방식, 말하는 방식, 심지어 다니는 식당까지 바꿔야 하니 말이다.

게다가 당신은 "저런 거만한 사람들과는 어울릴 수 없어"라고 말할 수도 있다. 나는 당신이 돈을 많이 벌어서 거만해지기를 진심으로 바란다! 거만해지는 것은 자신이 무언가를 해냈다는 사실, 그리고 누구나 내가 한 일을 할 수 있지만 하지 않기로 선택했다는 사실을 아는 데서 비롯된다.

이 게임의 바탕에 깔린 게 바로 그것이다. 바로 엄청난 노력.

돈을 벌기란 대부분 어렵고 지름길도 없다. 험하고 정말 고되

다. 내 뉴스레터 사업의 경우 본궤도에 오르기까지 10년이란 세월
이 걸렸다. 이 일이 그렇게 힘들 줄 알았다면 나는 절대로 시작하
지 않았을 것 같다.

하지만 돈을 벌고 싶다면 그 정도는 감수해야 한다. 생전 해보
지도 않았던 노력 말이다. 그러지 않겠다면 원래 자신의 모습을
유지하는 대신, 항상 가고 싶었던 근사한 음식점은 갈 수 없다는
사실을 받아들여라.

돈은 선택의 문제다. 당신은 갖고 싶은 쪽을 선택해야 한다. 돈
은 또한 선택할 수 있는 것들을 말해준다. 돈을 보면 당신이 할 수
있는 일들을 알 수 있다. 돈은 당신에게 어떤 선택지가 있는지를
알려주는 것이다.

부유한 사람에게는 다른 사람들보다 더 많은 선택지가 있다.
예를 들어, 부자가 되면 공항에서 보안 검색대를 거치지 않고 전
용 비행기를 타고 어디든 날아갈 수도 있다. 나는 돈이 내가 할 수
있는 일들을 한 가지로 모아 놓은 것으로 생각한다. 돈이 있으면
무엇이든 가능해진다.

당신은 물질적인 것이 우리를 더 행복하게 해줄 수 있고, 일하
고 노력을 기울이면 훨씬 더 편안해질 수 있다는 신념 체계를 세
워야 한다. 만약 세상을 더 나은 곳으로 만들고 싶으면 남은 것을
기부하면 된다. 돈을 버는 것에 대해 생각할 때 내가 가장 먼저 떠
올리는 것은 그 돈으로 할 수 있는 좋은 일들이다. 돈을 원하지 않

는다면 이런 일을 할 수 있는 능력을 갖출 수 없을 것이다.

세상의 어떤 금융 수업이나 주식 투자 비결, 투자 관련 연구도 당신이 거기에 맞는 태도를 갖추기 전까지는 당신을 부자로 만들어줄 수 없다. 그리고 그런 태도를 갖추면 재정적 스트레스를 극적으로 줄일 수 있다. 이 책이 효과를 발휘하려면 먼저 당신이 거기에 맞는 마음의 자세를 갖춰야 한다.

돈에 대한 당신의 태도가 돈 걱정으로 평생 스트레스 받는 삶을 살지, 스트레스 없이 행복한 삶을 살지 결정할 것이다.

* * *

다음 2부에서는 돈과 건강한 관계를 맺는 균형에 관해 이야기해보겠다. 먼저, 부富는 수많은 작은 결정이 아닌 몇 가지 큰 결정의 산물이라는, 이 책에서 가장 중요한 개념에 대해 알아보자.

NO WORRIES

PART 2

균형

Chapter 2
돈 걱정 없는 삶을 위한
세 가지 중요한 결정

서점의 재테크 관련 도서에는 저자, 블로거, 강연자들로 구성된 생태계가 존재한다. 그리고 이들은 모두 거의 같은 말을 한다.

돈이 있고 없고는 수많은 작은 결정의 산물이라고.

예를 들어, 나는 매일 던킨에서 라지 사이즈 아이스 커피를 3.59달러(5,500원)에 사 먹는데, 만약 던킨에서 커피를 사지 않고 집에서 직접 내려 마시면 연간 250일 동안 하루에 3.59달러씩 절약할 수 있다. 이를 모두 합하면 1년에 900달러(125만 원)를 절약하는 셈이 된다. 이 900달러를 40년 동안 어딘가에 투자한다면 총 36,000달러(5,000만 원)를 투자하는 셈인데, 이를 투자 수익률 12%로 복리 계산을 하면 투자 수익이 총 20만 달러(2억 8,000만 원)가 된다. 그러니 매일 커피를 사서 마시지 않으면 은퇴 자금이 충분히 마련되는 것이다.

이 계산이 맞긴 하다. 다른 변수가 없다면 당신은 40년 후에 20만 달러를 손에 쥘 수 있다. 하지만 비참해질 것이다.

매일 아주 작고 저렴한 사치를 포기하라고 요구하는 프로그램은 효과가 없을 수밖에 없다. 사람들은 계속 그런 식으로 살 수 없기 때문이다. 그들은 돈을 절약하려고 노력하는 게 너무 힘들어서 중간에 포기해버리고 말 것이다. 그리고 자기가 겪는 재정 문제의 진짜 원인을 알지 못하게 될 것이다.

커피가 마시고 싶으면 그냥 마셔라.

작은 집에 살고 낡은 차를 몰며 가진 옷은 몇벌 안 되는 짠순이, 짠돌이지만 은행 계좌는 0이 셀수 없이 많은 부자들이 있다. 그들은 평생 커피도 잘 사 마시지 않고, 옷도 거의 안 사고, 여름휴가 예산도 아끼는 긴축 생활 끝에 큰돈을 모았다.

그러면 그들은 그 돈으로 무엇을 하고 있을까?

그들은 그 돈으로 아무것도 하지 않는다. 팁도 제대로 안 주고, 크리스마스를 제대로 즐기지 않으며, 자선단체에 기부도 하지 않는다. 그리고 매일 은행 계좌에 로그인해 숫자를 들여다본다.

이들은 대부분 같은 책과 블로그를 읽고, 같은 팟캐스트나 유튜브를 구독하고 있다. 그들이 접하는 콘텐츠에서는 무조건 아끼는 긴축이 모든 문제의 해결책이라고 가르친다. 쿠폰을 모으고, 제일 저렴한 음식을 골라 먹고, 가장 싼 옷을 사 입으면 마법의 숫자에 도달할 수 있다고 믿게 만든다.

당신은 얼마 안 되는 월급으로도 아끼고 아끼면 언젠가 큰돈을 모을 수 있다. 충분히 가능하다. 하지만 그렇게 살다간 비참해질 것이다.

오해는 하지 마시라. 나는 욜로족처럼 흥청망청 돈을 쓰는 사람이 아니다. 나 역시 저축을 많이 하는 편이다. 짠테크로 돈을 모을 수 있다. 그러나 나는 이렇게 말하고 싶다. 돈은 수많은 작은 결정의 산물이 아니라 단 몇 가지 큰 결정의 산물이라고. 그러니 큰 결정을 제대로 내린다면 작은 결정을 두고 걱정할 필요가 없다고. 아무리 말해도 지나치지 않으니 다시 말하고 싶다.

큰 결정을 제대로 내리면 작은 결정을 걱정하지 않아도 된다!

우리는 매일 아침 잠자리 정돈처럼 사소한 일들이 중요하며, 좋은 습관을 갖추면 풍요롭고 성공적인 삶을 살 수 있다고 끊임없이 주입하는 문화에서 살고 있다. "방에서 나갈 때는 불을 꺼라. 빨래를 잘 개라"라는 연설처럼 말이다.

하지만 돈에 관한 한 그것은 사실이 아니다. 사소한 일은 사소한 일일 뿐, 사실 중요하지 않다. 정작 중요한 것은 큰 것들이다. 사람들은 이를 완전히 거꾸로 알고 있다.

생활비를 아껴보겠다고 실내 온도 조절기를 만지는 사람들이 있다. 이들은 여름에 실내 온도를 30도까지 올려놓고는 웃통을 벗고 땀을 뻘뻘 흘리며 앉아 있다. 축하한다. 방금 전기 요금을

20달러(28,000원) 절약했다. 이들은 또 겨울이 되면 온도를 15도까지 낮추고 양말을 세 켤레나 신는다. 계속 이런 식으로 살면 1년에 240달러(33만 원) 정도 아낄 수 있다.

이렇게 40년을 모으면 만 달러(1,400만 원) 정도 아낄 수 있고, 거기다 투자 수익까지 볼 수 있다. 계산은 맞다. 40년 동안 계속 불편하게 지내면 만 달러 정도 모을 수 있을 것이다.

이는 재정 상태에 실질적인 영향을 미치지 않는 무의미한 금욕주의지만, 우리는 불행하다거나 불편하다고 느끼면 돈을 절약하고 있는 것이라고 믿도록 훈련받아왔다. 불행하지 않거나 불편하지 않으면 돈을 절약하는 것이 아니라고 믿도록 배운 것이다. 에어컨은 시원하다. 그러니 더울 때 사용하라. 돈이 좋은 이유는 몸을 편하게 해주기 때문이다.

예를 들어, 당신은 피자를 전문점에서 주문해 먹지 않고 집에서 만들어 먹으면 돈을 절약할 수 있다고 생각할 수 있다. 피자를 주문하면 20달러(28,000원)를 써야 하지만 집에서 피자를 만드는 데 들어가는 재료는 다 해봐야 5달러(7,000원) 정도이므로 돈을 절약하는 것이다. 피자를 굽는 데 3시간이 걸린다는 것만 빼면 말이다. 당신의 노동력에 대한 시간당 가치가 25달러(35,000원)라면 당신은 방금 피자를 만드느라 80달러(11만 원) 정도 쓴 셈이다.

피자 전문점이 당신보다 피자를 더 빠르게 더 맛있게 만들 수 있으니 피자는 전문점에 맡기고 당신은 업무를 보거나 야구 경기를 보는 등 다른 곳에 시간을 투자하는 것이 경제적 관점에서 볼때 더 나은 시간 활용이 아닐까?

피자를 만드는 것이 재미있고 의미 있다고 느낀다면 그건 좋다. 하지만 돈을 절약하기 위해 직접 피자를 만드는 것은 다시 생각해보자.

이는 시간과 돈의 관계에 대한 긴 논쟁의 일부일 뿐이다. 극단적인 쿠폰 모으기도 노동의 관점에서 보면 전략이 아닐 수도 있다.

시간은 언제나 돈보다 더 중요하다.

시간과 돈의 관계를 거꾸로 생각하면 결코 성공적으로 부를 축적할 수 없다. 돈은 언제든 더 많이 벌 수 있다. 하지만 시간은 더많이 벌 수 없다.

그렇다면 당신이 제대로 해야 할 몇 가지 큰일이란 무엇일까?

집, 자동차, 학자금
세 가지 대출을 조심하라

몇 가지 예를 들어보자.

당신이 평소보다 10만 달러(1억 4,000만 원) 더 비싼 주택을 구입하는 경우, 현재 이율을 적용하면 주택담보대출 기간에 이자로 11만 달러(1억 5,000만 원)를 내게 된다. 이는 약 100년 동안 커피를 마실 수 있는 금액이다.

　80,000달러(1억 1,000만 원)짜리 자동차를 할부로 사는 경우, 현재 이율로 약 2만 달러(2,700만 원)의 이자를 내게 되는데, 이는 약 20년 동안 커피를 마실 수 있는 금액이다. 학비가 비싼 대학에 진학할 경우, 30만 달러(4억 1,000만 원)의 대출을 받을 수도 있는데, 이는 커피를 평생 마시는 비용의 약 5배에 해당한다.

　다음은 당신이 제대로 해야만 하는 일들이다. 그러지 못하면 당신은 재정적으로 성공할 수 없을 것이다.

· 집
· 자동차
· 학자금 대출

　이 책에서 말하려는 것은 재정적으로 성공하는 것이 아니라는 점을 기억하라. 이 책의 내용은 재정적으로 행복해지는 것에 관한 것이다. 재정적으로 행복해지는 것이란 큰일을 제대로 해내고 작은 일에는 신경 쓰지 않는 것을 말한다.

　이것이 효과를 발휘할 수 있는 이유는 작은 사치보다 큰 사치를 포기하기가 더 쉽기 때문이다. 당신은 80평짜리 집 대신 70평짜리 집에서 살아도 행복할 것이다. 더 큰 집에 살지 못한다고 해서 비참하지는 않을 것이다. 당신은 그 집에서 온전히 행복할 수 있을 뿐만 아니라, 11만 달러(1억 5천만 원)에 달하는 이자도 절약하게 될 것이다.

당신은 BMW 대신 도요타를 산대도 운전할 때 비참한 심정이 되지는 않을 것이다. 보통 사람들은 하루의 약 4%를 운전하는 데 쓰며, 자동차는 여기서 저기로 당신을 데려다주는 수단일 뿐이다. 그런데 자동차에 관한 결정은 대부분 자존심과 사회적 지위(그리고 공격적인 영업사원)에 따라 좌우된다. 그러니 자존심을 접으면 재정적인 손해를 보지 않고 합리적인 가격의 자동차를 구입할 수 있다.

마지막으로, 학비를 감당할 수 없는 학교는 가지 말아야 한다. 사립대학교의 등록금이 몇십만 달러(몇억 원)에 달한다면 주립대학교에 진학해서 장학금을 받는 것을 고려해보라. 아니면 2년제 학교에 다니다 나중에 4년제 학교로 편입하는 방법도 있다.

세 가지를 제대로 수행하면 돈 걱정 없이 살 수 있다.

그리고 커피값, 실내 온도 조절기, 그 밖의 다른 어떤 것도 걱정할 필요가 없을 것이다. 이 세 가지를 실천하지 않으면, 그러니까 집, 자동차, 학자금 대출을 결정할 때 실수를 저지르면 편안한 노후를 보내지 못하거나 그보다 더 나쁜 결과를 맞을 수 있다.

사람들은 집이나 자동차를 살 때 제대로 긴장하지 않는다. 당신은 그래서는 안 된다. 잘못하다간 평생 돈 때문에 힘들어질 수 있다. 주택담보대출 서류에 서명할 때 당신은 손이 덜덜 떨려야 한다. 그렇지 않다는 것은 상황의 심각성을 제대로 파악하지 못하고 있다는 것이다.

무조건 아끼라는 말이 아니다

지출에 문제가 있는 사람들은 돈을 너무 많이 쓰거나, 반대로 돈을 너무 안 쓴다. 사람들은 알코올, 마약, 도박, 섹스 등 온갖 것에 중독될 수 있다. 그리고 물건을 살 때도 마찬가지로 도파민이 분비된다. 이는 돈을 쓰는 데도 중독될 수 있는 이유다.

이러한 상황에서 개인 재무 전문가는 일반적으로 몇 가지 절제 프로그램을 처방한다. 그들은 사람들에게 봉투 같은 데 돈을 넣어두고, 예산을 세우고, 계획을 충실히 지키라는 기계적인 방법을 제시한다. 하지만 이는 소비 중독에 빠진 사람들에게는 효과가 없다. 절제시키는 것만으로 알코올 중독자가 술을 마시지 않게 할 수 없는 것과 같다. 이들에겐 문제 해결을 위한 집중적인 치료나 다른 무언가가 필요하다.

게다가 나는 기계적으로 따라 하는 규칙을 별로 좋아하지 않는다. 반면 사람들은 규칙을 좋아한다. 규칙이 있으면 생각을 안 해도 되기 때문이다. 그 대신 나는 원칙을 선호한다. 복잡한 일련의 규칙보다 "최대한 절약하라"는 원칙 하나를 알려주고 자세한 것은 알아서 하도록 방법이 나에게는 더 잘 맞는다.

나는 가끔 휴가를 가거나 옷을 살 때가 아니면 돈을 많이 쓰지 않는다. 이것은 어떤 체계적인 규칙을 따르기 때문이 아니라, 지출을 줄일수록 돈을 더 많이 모을 수 있고, 그 돈으로 나중에 내가 정말 원하는 물건을 살 수 있다는 것을 알고 있기 때문이다. 다른 말로 이것을 '만족 지연'delayed gratification이라고 한다.

돈을 쓰기 전에 '만족 지연'을 꼭 기억하라. 어떤 것들은 지금 꼭 사지 않아도 된다. 결제 버튼을 누르지 말고 기다려라. 언젠가 당신은 그 돈을 꼭 쓸 수 있다.

과하게 지출하지 않으면, 또는 조금 과하게 지출하더라도 이 세 가지 커다란 결정을 제대로 해내기만 하면 당신은 저축과 투자를 할 수 있다. 집, 자동차, 학자금, 이 세 가지 커다란 결정의 공통점은 바로 부채다.

부채는 다음 장에서 설명하는 재정적 스트레스의 두 가지 원인 중 하나다.

Chapter 3
재정적 스트레스의 두 가지 원인

재정적 스트레스의 근본 원인은 부채와 위험, 오직 이 두 가지뿐이다. 재정적 스트레스의 다른 원인은 없다. 모든 재정적 스트레스는 부채 또는 위험으로 요약할 수 있다.

돈이 없어서 스트레스라고? 아니다, 돈이 없는 것은 재정적 스트레스의 원인이 아니다. 세상에는 빈털터리지만 온전히 행복한 사람들도 많다. 사실 나는 그런 사람들이 부럽다. 그들의 삶은 아주 단순하니 말이다. 그리고 다음 장에서 이야기하겠지만 돈이 충분하지 않은 것은 해결할 수 있는 문제다.

재정적 스트레스의 첫 번째 원인은 '부채'다.

첫 번째 원인, 부채

나는 부채가 악이라고 말하는 사람은 아니다. 당신은 부채로 좋은 일을 많이 할 수도 있으니 말이다. 내가 하고 싶은 말은 부채가 재정적 스트레스를 크게 증가시킬 수 있다는 것이다.

부채가 있으면 매달 고정적으로 일정 금액을 갚아야 한다. 이것이 재정적 스트레스를 유발한다. 부채가 없으면 매달 갚아야 할 돈도 없고, 스트레스도 없다. 간단하다.

나는 지금까지 집이 다섯 채 있었는데, 그중 네 채는 주택담보대출을 받아서 샀고, 나머지 한 채는 값이 저렴해서 현금으로 샀다. 나는 빚 걱정 없는 것이 세상 둘도 없이 좋은 일임을 그때 깨달았다. 자동차 할부금을 갚고 있긴 했지만, 주택담보대출이 없는 것은 정말 놀라운 일이었다. 그 집은 온전히 내 것이었다! 매달 은행 계좌에서 몇천 달러씩 빠져나가는 것도 아니었다. 보험료와 재산세만 내면 끝이었다.

이후에 나는 집을 한 채 더 사면서 주택담보대출을 받았다. 그리고 3년 반 만에 모두 갚았다. 이전 집에서 빚이 없다는 느낌이 너무 좋아서 나는 서둘러 빚을 갚았다. 현재 나는 빚이 전혀 없다. 그러니 갚을 돈도 없고 빚을 걱정할 일도 없다.

빚이 없어서 나는 행복해졌다.

밤마다 청구서를 어떻게 갚을지 걱정하며 잠 못 이루는 사람들

이 있다. 그들은 현금이 부족해서 어떤 청구서를 먼저 낼지 우선
순위를 정하기 시작한다. 집을 잃을 수는 없으니 대출금을 갚아야
한다. 운전은 해야 하니 자동차 할부금도 갚아야 한다. 사람들이
연체하는 것은 대개 신용카드 대금이다. 그러면 상황이 나빠지게
된다. 신용카드 빚은 이자에 이자가 더해져 걷잡을 수 없이 불어
나기 때문이다. 이런 일이 미국에서 매년 수백만 번 반복된다.

부채가 적을수록 갚아야 할 돈도 줄어든다. 주택담보대출이 적
으면 갚아야 할 돈도 적다. 애초에 자동차를 할부로 구입하지 않
는 편이 좋지만 할부로 구매하더라도 소액을 낮은 이율로 계약해
야 한다.

부채를 모두 없애는 것이 목표일까?

궁극적으로 그렇다. 하지만 부채라고 다 같은 게 아니다. 당신
의 재정에 미치는 부정적 영향은 주택담보대출로 인한 부채가 자
동차할부대출보다 덜 하고, 자동차할부대출은 신용카드보다 덜
하며, 신용카드는 학자금 대출보다 덜 하다. 그러니 주택담보대출
은 맨 마지막에 갚아도 된다.

하지만 이런 부채를 하나씩 갚아나가다 보면 물건을 살 때 느
끼는 도파민을 뛰어넘는 실존적 기쁨을 경험하게 될 것이다. 매달
나가는 상환금이 사라지고, 당신이 벌어들이는 여유 현금은 바로
재산, 즉 당신의 순자산이 될 것이다.

부채란 무엇인가?

철학적으로 말하자면 부채란, 돈을 빌릴 때 내는 이자는 내일까지 기다리지 않고 오늘 소비하는 것에 대한 벌칙이다. 반대로 돈을 저축할 때 받는 이자는 소비를 내일로 미룬 대가로 얻는 보상이다.

주택담보대출이 있다면 사실 그 집은 당신의 것이 아닌 은행이 소유한 것이다. 자동차담보대출이 있다면 사실 그 자동차는 당신의 것이 아닌 은행이 소유한 것이다.

아무것도 소유하지 못한 채 산다고 상상해보라.

당신은 집과 자동차를 대출로 구매한 데다 어쩌면 냉장고나 세탁기, 건조기를 살 돈이 없는 사람일 수도 있다. 아무것도 소유한 게 없으면 당신의 삶은 당신 것이 아니며 당신은 항상 다른 사람을 위해 일하고 있는 것이다. 당신은 은행 직원인 셈이다. 당신이 내는 이자가 은행의 수익으로 돌아가니 말이다.

나는 은행을 좋아한다. 건전한 은행 시스템이 건전한 경제를 위해 좋은 일을 하는 것도 맞다. 하지만 나는 필요 이상으로 은행의 수익을 올려주고 싶은 마음이 없다.

현금으로 사는 습관을 들여야 하지만, 현실적으로 빚 없이 살아가기란 어려운 일이다. 현금으로 주택을 사는 경우는 많지 않고(특히 생애 첫 주택 구매자의 경우는 더 그렇다), 자동차도 10대 중 9대는 할부로 판매된다.

시간이 지남에 따라 빚을 없애는 것이 목표가 되어야 하지만, 살다보면 언제나 여기저기서 빚을 내서 써야 할 때가 있기 마련이다. 그러니 되도록 빨리 부채에서 벗어나는 것을 목표로 삼아야 한다.

부채를 먼저 갚으면 좋은 점

나는 월스트리트 출신이지만, 함께 일하던 동료들은 부채에 대한 나의 철학을 전혀 이해하지 못한다. 예를 들어, 4% 이율로 주택담보대출을 받은 상황에서 그것을 갚거나 주식 시장에 투자하여 8%의 잠재 수익을 올리는 것, 둘 중 하나를 선택할 수 있다면 도대체 왜 주택담보대출을 갚는다는 것일까? 이는 경제적으로 말이 안 된다고들 한다.

하지만 주택담보대출을 상환하면 4%의 일정한 수익을 얻을 수 있다. 게다가 주식 시장의 수익률은 불확실하다. 때로는 8%, 때로는 그 이하, 때로는 그 이상이다. 역사적으로 주식 시장이 8%의 수익을 낸 것은 사실이지만, 앞으로 어떻게 될지 우리는 모른다.

이는 결정 이론의 문제다. 당신이라면 주택담보대출을 상환하고 확실한 4%를 챙기겠는가? 아니면 불확실한 8%의 주식 시장 수익을 택하겠는가?

주식 시장이 연 8%의 수익을 내더라도 대부분 사람들은 최적의 수익률을 내지 못하기 때문에 수익이 그보다 훨씬 적을 거라는 점을 명심하라. 사람들은 주가가 오르면 지나치게 낙관적이고, 주가가 내리면 지나치게 비관적으로 된다.

주식 시장에 투자하는 대신 주택담보대출을 갚는 이유는 무엇보다도 '스트레스를 줄이기 위해서'다. 또한 이것은 주식이 아닌 부동산이라는 자산에 투자하는 것이다. 누가 알겠는가? 어쩌면 부동산 수익률이 더 높을 수도 있다.

물론 균형이란 것이 있다. 현금을 몽땅 부채 상환에 사용할 수는 없다. 다양한 은퇴 계좌에 일찍 자주 투자해야 시간이 지나면서 수익이 배가 된다. 사람들은 대부분 빚을 갚기보다 투자를 선호하는데, 이는 투자가 재미있기 때문이다! 주식을 사서 주가가 오르는 것을 보면 천재가 된 기분이 든다. 그러니 사람들이 주식 투자를 즐기는 것도 무리는 아니다. 그런데 주식 거래는 여가 활동임을 알아야 한다. 그래서 안전한 투자보다 위험성 높은 투자에 몰리는 것을 막지 못한다. 그것이 엄청나게 재미있기 때문이다.

주택담보대출 상환은 그리 재미있는 일은 아니다. 그렇다면 당신이 거기서 얻는 것은 무엇인가? 부채를 줄임으로써 스트레스를 줄이고 마음의 평화와 평온을 얻을 수 있다는 사실을 염두에 두고 시간이 지남에 따라 부채라는 산을 깎아내리고 있다는 만족감뿐이다. 나한테는 그게 훨씬 더 나은 소리로 들린다.

주택담보대출금 상환이 지루하기 짝이 없는 일임은 나도 안다. 마치 아침에 양말을 고르는 것만큼이나 따분한 일이다. 하지만 장담컨대 마지막에 얻는 만족감은 절대 지루하지 않을 것이다.

재정적 스트레스의 두 번째 원인은 '위험'이다.

두 번째 원인, 위험

세상에는 다양한 종류의 위험이 존재한다. 여기서는 금융 관련 위험, 특히 금융 시장의 위험에 국한해 이야기하려 한다.

주식이 뭔지 모르는 사람은 거의 없다. 주식은 한 회사의 지분이며 어떤 회사의 주식을 사면 그 회사의 주인이 되는 것이다. 여기까지는 좋다. 그리고 주식은 시간이 지남에 따라 가치가 상승하는 경향이 있다. 내릴 때도 있고, 심지어 더 많이 내릴 때도 있지만 보통은 올라가는 게 사실이다.

미국은 매우 독특한 나라다. 전 세계에서 유일하게 사람들이 퇴직 적립금, 즉 평생 모은 돈을 주식 시장에 맡기는 나라다. 다른 나라에서는 아무도 그렇게 하지 않는다. 유럽에서도 그러지 않는다. 유럽의 주식은 지난 15년 동안 사실상 수익률 제로를 기록했다. 일본도 마찬가지다. 일본 주식은 지난 30년 동안 마이너스 수익률을 기록했다. 사람들이 주식 시장을 장기 투자 수단으로 신뢰

하는 곳은 미국뿐이다. 2005년 조지 W. 부시 대통령은 존 스노우 재무장관과 함께 사회보장기금을 주식 시장에 투자하려는 계획을 제안했다. 사람들은 마구 흥분했다. 바로 여기가 우리가 분명하게 선을 긋는 지점이다.

미국은 미친 도박꾼들의 나라다. 사람들 모두가 주식에 투자하고 있는 상황에서 거의 10년마다 약세장이라는 거대한 쓰나미가 주가를 반토막 내기 때문이다. 그리고 나서 주가가 다시 상승한다. 이것이 지난 100년 동안 우리가 해온 방식이다. 말도 안 되는 일이다.

나는 변동성이 싫다. 변동성은 나를 불안하게 하고 스트레스를 안겨준다. 주가가 오르내리면 당신은 주식 계좌를 확인하려고 앱에 로그인한다. 나는 긴장된 나머지 거의 앱에 들어가보지도 않는다. 변동성의 목적은 사람들이 어리석은 결정을 내리게 하는 것이다.

당신은 주가가 오르면 행복해지고, 주가가 하락하면 불행해진다. 거기서 더 하락하면 자살 충동까지 느낀다. 결국, 당신은 더는 견디지 못하고 저점에서 주식을 몽땅 팔아치운다… 그러면 주가가 다시 상승한다. 이때 당신은 더 높은 가격에 주식을 다시 산다… 그러면 주가는 하락한다. 이것이 일반 개인 투자자가 시장보다 크게 저조한 성과를 내는 이유다.

1984년에는 이런 일이 일어나지 않았을 것이다. 1984년에는 저축 이율이 8%였다. 변동성도 없고 그에 따라 감정이 널뛰는 일

도 없이 당신은 연 8%의 이자를 받을 수 있었던 것이다. 은행에
돈을 맡기면 시간이 지남에 따라 원금이 복리로 불어났다.

요즘 개인 금융에 관한 조언은 대부분은 다음과 같다. "공격적
인 성장형 주식 뮤추얼펀드가 수익률이 가장 높으니 거기다 돈을
모두 투자하라."

이는 내가 들어본 것 중 가장 단순하고 어리석은 말이다. 이 말
은 현실과 동떨어져 있는 데다 수십 년의 금융 역사를 쥐뿔도 모
르고 하는 말이다.

교과서에는 이렇게 나와 있다. 수익률이 높으면 그만큼 위험도
크다. 대략 변동성이 크다는 뜻이다. 역사적으로 보면 공격적인
성장주가 가장 높은 수익률을 기록했지만, 그 대가는 엄청난 변동
성이었다. 그리고 변동성의 목적은 사람들이 어리석은 결정을 내
리게 하는 것이다.

당신이 엄청나게 변동성이 큰 주식에 사람들을 투자하게 한다
고 가정해보자. 처음에 주식 시장이 30% 하락하면 사람들은 공황
상태가 되어 모든 것을 청산할 것이다. 나는 20년 넘게 투자를 해
오면서 이런 상황을 수없이 봐왔다. 당신은 이때 사람들에게 당신
이 바라는 만큼 최대한 '기다리라'고 말하면서 그들이 올바른 결정
을 내리기 위해 할 수 있는 행동들을 제시할 테지만 그들은 매번
일을 망치고 말 것이다.

여기서 얻을 수 있는 교훈은 기대 수익률뿐 아니라 그 수익률에

도달하기 위해 어떤 경로를 밟는지도 중요하다는 것이다. 이를 '경로 의존성'이라고 한다.

꾸준히 4% 상승하는 자산이 크게 오르락내리락하면서 8% 상승하는 자산보다 잠재적인 가치가 더 크다고 할 수 있다. 왜 그럴까? 우리 인간은 감정이 있어서 모두 형편없는 투자자가 될 수밖에 없기 때문이다.

사람들은 장이 좋을 때든 나쁠 때든 뮤추얼펀드에 일정 금액을 불입하는 적립식분할투자dollar-cost average(주가와 관계없이 일정 기간 정기적으로 목표 주식에 같은 금액을 투자하는 것-옮긴이)를 하라는 조언을 받지만, 대부분 장이 나쁠 때는 겁이 나서 불입을 중단하고, 좋을 때는 흥분해서 더 많이 투자한다. 한마디로 고점에 매수하고 저점에 매도하는 것이다. 바로 이 때문에 투자자들이 시장의 평균 수익률인 8%를 실현하지 못하는 것이다.

모든 투자 전략은 위험을 첫 번째 목표로 삼고, 수익률은 두 번째 목표로 삼아야 한다. 위험이 재정적 스트레스의 두 번째 원인이기 때문이다. 위험은 완전히 제거할 수 없다. 그것도 바람직한 일은 아닐 것이다. 그러면 당신은 수익이 0이 되어서 은퇴를 위해 죽도록 일해야 할 테니 말이다. 하지만 당신은 위험을 모두 감수할 수도 없다.

때때로 금융 시장은 상황이 정말 정말 나빠지기도 한다. 세계 금융위기 때를 기억하는가? 대형 은행주들이 단돈 5달러(7,000원)

도 안 되는 가격에 거래되던 것을? 우리가 본격적인 대공황에 빠질 것만 같던 그때를?

장담하건대 위기는 다시 일어난다. 당신은 위기를 극복하고 뮤추얼펀드에 돈을 계속 넣을 수 있다고 생각할지도 모른다. 하지만 그러지 못할 것이다. 당신은 바지에 오줌을 지릴 정도로 공포에 질릴 것이다. 그게 인간이다.

재정적 스트레스의 원인은 부채와 위험이다

재정적 스트레스의 근본 원인은 돈이 충분하지 않기 때문이 아니다. 돈이 없어도 스트레스를 받지 않는 사람들도 많다. 그들에겐 빚도 없고 위험도 없다.

목표는 부자가 되는 것이 아니라 행복해지는 것이지만, 제대로만 한다면 두 마리 토끼를 잡을 수도 있을 것이다. 나는 심하게 불행한 부자들도 알고, 미친 듯이 행복한 빈자들도 안다.

부자든 빈자든 부채와 위험을 최소화한 사람들이 행복하다.

이것이 내 머리로는 비트코인을 이해할 수 없는 이유 중 하나다. 비트코인은 한동안 경이적인 수익률을 기록했지만 현존하는 자산 중 가장 위험하다. 나도 한동안 보유했고 수익도 꽤 괜찮았지만 나는 온종일 비트코인 가격만 쳐다보며 시간을 보냈다. 그러다 마침내 모두 팔고는 더 이상 걱정할 일이 없다는 사실에 안도의 한숨을 크게 내쉬었다. 비트코인은 나에게 스트레스를 줬다. 그걸 해결하고 나서 나는 더할 나위 없이 행복했다.

나와는 다르게 태어난 사람들도 있다. 그들은 위험 회피와는 반대로 위험을 추구한다. 그래서 가장 위험한 주식과 암호화폐를 매수하고 상상할 수 있는 가장 변동성이 큰 포트폴리오를 구축한다. 그들은 도박꾼이다. 그리고 주식 시장이 어떤 사람들에게는 그런 기능을 한다. 이런 사람들은 변동성에서 '안정'을 얻는다.

만약 당신이 그런 사람이라면 차라리 500달러(70,000원)를 들고 주사위 게임 테이블로 가서 재미있게 놀아보라고 하고 싶다. 그리고 실제 금융 생활에서는 평생 모은 돈을 10년마다 쓰레기통에 토해버리지 않을 포트폴리오를 구축하길 바란다. (4부에서 그 방법에 대해 알려주겠다.)

나는 은행에서 가장 돈을 많이 버는 방법에 관한 책을 쓸 수도 있다. 나는 그동안 억만장자를 포함한 매우 부유한 사람들을 만나왔다. 그래서 그들의 신념과 습관에 대해 잘 알고 있다. 그들이 부자가 되기 위해 어떤 일을 했는지도 알고 있다. 당신도 그런 습관을 본받아 부자가 될 수 있다.

하지만 우리의 목표는 억만장자가 되는 것이 아니라 행복해지는 것이다. 이 세상에는 돈 말고 더 걱정해야 할 것들이 많다. 당신은 결혼, 자녀, 직장을 비롯해 위임장에 서명하지 않겠다고 하는 알츠하이머병에 걸린 아버지, 림프종 진단을 받은 사랑하는 고양이를 걱정해야 한다.

걱정해야 할 것은 돈이 아니라 바로 이런 것들이다. 돈 걱정은 어리석은 일이다. 재정적 스트레스는 다른 모든 스트레스를 가중시켜 견딜 수 없게 만든다. 그리고 재정적 스트레스는 일반적으로 사람이 만들어낸 문제여서 완전히 피할 수 있는 것이다.

돈 걱정을 하지 않는 것은 물론, 돈에 대해 생각조차 하지 말아야 한다. 지갑에서 점심값을 낼 때는 생각해야겠지만, 그러고 나서는 하루 종일 생각하지 말아야 한다. 돈 생각을 하지 않으면 다른 모든 것을 돌아볼 마음의 여유가 생긴다. 그리고 훨씬 더 생산적이고 행복해질 수 있다.

다음 장에서는 재정적 스트레스를 줄이는 또 다른 좋은 방법으로 지출보다 수입에 집중하는 것이 어떤 식으로 더 합리적인지에 대해 알아보자.

Chapter 4
수입 측면

지금까지 알려진 가장 위대한 거짓말, 뼈를 깎는 노력으로 아끼며 살면 부자가 될 수 있다!

쪼들리는 생활은 힘들다. 매일, 매주, 매달 계속 그렇게 살기란 쉬운 일이 아니다. 게다가 40년 이상 그렇게 사는 것은 더더욱 어려운 일이다.

다른 사람들이 흔히 누리는 별것 아닌 사치를 평생 거부하고 사는 삶은 너무 가혹하다. 물론 어떤 사람들은 그렇게 산다. 그러면서 잘 살기도 한다. 그러나 어떤 사람들에게는 불필요한 고통과 박탈감을 안겨준다. 그리고 더 중요한 것은 이런 삶이 당신과 돈의 관계를 왜곡할 수도 있다는 사실이다.

이런 식으로 살면 돈은 당신의 친구가 아닌 주인이 된다. 그리고 자판기에서 탄산음료를 뽑느냐 마느냐와 같이 아무리 사소한 결정이라도 이런 틀 안에서 검토해야 한다. 이것이 나한테 꼭 필요한가?

우리는 필요 없는 물건을 산다는 말을 끊임없이 듣는다. 그래서 뭐 어떻단 말인가? 때때로 우리는 재미로 물건을 사기도 한다. 그리고 목이 말라서 음료수를 사기도 한다. 음료수값을 아끼기 위해 집에 가서 마시겠다고 2시간이나 기다리는 불편을 감수할 이유가 없기 때문이다.

돈은 우리를 행복하게 해주지는 못해도 살기 편하게는 해준다. 궁핍한 사람들도 자판기에서 탄산음료 한 병 정도는 뽑아서 마실 수 있다. 하지만 구두쇠들은 하루에 수십 번씩 머릿속으로 계산한다.

그렇게 할 수 없어서 재정적 미래를 포기하거나, 그렇게 할 수 있지만 자신도 비참해지고 주변 사람들까지 비참하게 만드는 것 말이다. 둘 다 좋을 게 하나도 없다.

나는 다행히 20대에 '수입 측면'이라는 중요한 개념을 발견했다. 이것은 한 번 보면 잊을 수 없는 개념 중 하나다.

내가 수입 측면을 발견한 계기

나는 1992년부터 2001년까지 미국 해안 경비대에서 복무했다. 처음에는 해안 경비대 사관학교 생도였는데 나중에 장교까지 되었다. 27살에 해안 경비대에서 전역할 당시 내 수입은 연간 45,000달러(6,000만 원) 정도였다.

당시 나는 이미 매우 검소하게 생활하고 있었지만, 그래도 연간 생활비를 2,000~3,000달러(약 140~280만 원) 정도 더 줄일 수 있었을 것이다. 하지만 나는 지출을 줄이는 대신 수입을 늘릴 방법을 궁리했다. 그래서 조금 더 돈을 많이 버는 일로 직업을 바꾸기로 결심했다. 그래서 MBA를 마치고 월스트리트의 여러 대기업에 입사 지원서를 내고 그중 규모가 큰 회사 한 곳에 취직했다. 5년 만에 내 연봉은 85만 달러(11억 5,000만 원)가 되었다.

돈이 부족하다는 문제의 가장 우아한 해결책은… 돈을 더 많이 버는 것이다.

미국에는 신용점수 580점으로 80,000달러(1억 1,000만 원)짜리 쉐보레 실버라도를 100% 할부로 구입하는 등 돈을 물 쓰듯 쓰는 욜로족에 대한 신화가 있다. 실제로 그런 사람들이 있긴 하지만 내 경험상 우리 생각보다 드물다. 사람들은 대부분 돈을 꽤 잘 다루며 실제로 꽤 검소하다. 대부분 예산을 세우고, 할인할 때 물건을 사고, 불필요한 지출을 줄인다.

하지만 돈을 더 많이 벌려고는 하지 않는다.

비용을 줄이는 것보다 돈을 더 많이 버는 것은 엄청난 재미를 준다. 나는 앞에서 이를 위한 몇 가지 아이디어를 알려줬다. 일을 해서 돈을 버는 경우라면 일반적으로 일을 더 해서 돈을 더 많이 벌 수 있다.

가정도 기업과 크게 다르지 않다. 기업에는 매출과 비용이 있다. 매출은 이해하기 쉽다. 제품이나 서비스를 판매하여 얻은 수입이다. 비용은 급여, 관리, 마케팅 같은 것들로 이를 수입에서 제하면 이익이 된다. 복잡할 것 없다.

당신 또한 근로소득 또는 사업소득으로 벌어들인 수입이 있고, 식비, 휴가비, 의류비와 같은 비용이 있다. 비용에 쓰고 남은 돈, 그것이 바로 은행에 있는 돈이다.

그런데 기업은 때때로 비용을 절감한다. 예를 들어, 직원을 해고하는 식으로 말이다. 일반적으로 기업은 사업이 위축될 때만 그런 일을 하고, 사업이 확장되는 시기에는 얼마나 많이 팔 수 있는지, 즉 '수입 측면'에 집중한다. 주식을 분석하는 월스트리트의 애널리스트들은 무엇보다도 수익, 즉 사업이 성장하고 있는지에 관심을 더 많이 기울인다. 비용에만 집중해서 시장 가치를 높이려는 대기업은 그리 많지 않다.

당신도 그렇게 해서는 안 된다. 가정을 하나의 사업체라고 생각한다면 가장 먼저 자신에게 물어봐야 할 질문은 사업이 성장하고 있는가이다. **당신은 해마다 돈을 더 많이 벌고 있는가?** 수입이 증가하고 있는가? 얼마나 빠르게 성장하고 있는가? 이런 질문을 해봐야 한다.

제프 베조스는 자판기에서 탄산음료를 뽑아 먹을까 말까 단 한 번도 고민해본 적이 없다고 나는 말할 수 있다. 그가 1달러(1,400원)를 두고 그러겠는가? 그는 언제든지 돈을 더 많이 벌 수 있다. 당신도 마찬가지다. 당신도 언제든 돈을 더 많이 벌 수 있다.

물론 수입 측면에 집중하면 위험이 뒤따른다. 이를 불편해하는 사람들은 연봉 인상을 요구하는 것을 작은 위험이라고 생각한다. 그러면 상사의 짜증을 돋울 수 있기 때문이다. 하지만 실제로 일어날 수 있는 최악의 상황은 상사가 거절하는 것뿐이다. 다른 직장을 찾거나 직업을 바꾸는 것이 더 큰 위험이다. 실패할 수도 있으니 말이다. 이걸 못 하겠으면 매일 답답한 사무실에 앉아 인터넷에서 부자가 된 사람들의 이야기나 읽고 있으면 된다.

사람들은 막막해한다. 막막한 것은 매우 나쁜 상태다. 막막함에서 벗어날 방법은 행동을 취하는 것이다. 당신도 살면서 좋은 사업 아이디어가 한 번쯤은 있었을 것이다. 왜 실행하지 않았는가? 너무 어려워서, 많은 것이 관련되어 있어서다. 타투 제거 사업을 시작하고 싶다고 가정해보자. 회사를 설립하고, 필요한 허가를 받고, 사무실을 구하고, 임대료를 내고, 직원을 고용하고, 장비를 임대하고, 회계 시스템을 갖추고, 은행 계좌를 개설하는 등 온갖 것을 준비해야 한다.

아마도 당신은 페이스북을 보면서 '젠장, 꽤 좋은 사업 아이디 어인데 내가 왜 진작 이 생각을 못했지?'라고 생각했을 것이다. 아 이디어만으로 되는 일은 없다. 모든 것은 실행에 달려있다. 당신 은 직접 나가서 일해야 한다. 한 문제를 해결하고, 또 다른 문제를 해결하면서 해결할 수 있는 모든 문제를 해결하고 난 후에야 돈방 석에 앉게 되는 것이다.

나는 월스트리트가 가장 거칠고 흥미진진했던 시기에 거기서 일했다. 대형 은행에서는 아무도 비용을 신경 쓰지 않았다. 오히 려 우리는 돈을 쓸 만큼 충분히 쓰지 않으면 야단을 맞곤 했다. 그 시절 은행권의 사업이 매우 성공적이었던 것은 우연이 아니었다. 그러다 금융위기가 닥치면서 문화가 바뀌었다. 은행이 비용에 집 중하게 된 것이다. 그리고 다시는 전과 같은 상황으로 돌아오지 않았다. 그들이 이제 100달러(14만 원)를 두고도 흥정한다는 것을 거래처인 내가 증명할 수 있을 정도다. 그리고 사업은 어려워졌 다. 그들은 더는 위험을 감수하는 역동적인 기업이 아니다. 2000 년대에는 은행들이 기술이나 급여, 고객 접대에 돈을 썼다. 그럴 수 있었던 것은 항상 돈을 더 많이 벌 수 있다는 확신이 있었기 때 문이다. 하지만 이제는 더 이상 연말 파티를 열지 않는다. 당신이 일하는 업계에서는 아직도 연말 파티를 하고 있는지 확인해보라.

비용이 아니라 수입 쪽에 집중하라.

풍부하다는 사고방식

여기서 정말 중요한 것은 '부족하다는 사고방식'과 '풍부하다는 사고방식'의 차이다.

'부족하다는 사고방식'은 파이가 충분하지 않으므로 파이를 매우 신중하게 배분해야 한다고 말한다. 세상에 존재하는 돈이 한정되어 있다는 생각은 터무니없다. 무엇보다 우리는 윤리나 목적도 따져보지 않고 항상 돈을 더 많이 찍어내고 있으니 말이다. 게다가 부富는 이쪽에 쌓여 있다가 저쪽으로 옮겨간다거나 약탈 또는 도난당하는 정적인 것이 아니다. 부는 창조될 수 있다. 기업가치가 900억 달러(123조 원)에 달하는 성공한 기업은 다른 것의 희생을 통해 그런 가치를 얻은 것이 아니라, 말 그대로 무에서 유를 창조한 것이다. 그것은 해당 기업의 창립자와 직원들이 시간에 따라 성장하는 엄청난 가치를 창출한 결과다.

파이를 점점 더 작게 썰고 자르는 대신 더 크게 키우는 것은 어떨까? 이것이 바로 '풍부하다는 사고방식'이다.

이 사고방식의 끝에는 보상이 있다. 일단 목표에 도달하면 당신은 더 이상 돈 걱정을 할 필요가 없다. 지금 돈에 대해 생각하느라 보내는 모든 시간, 일주일 내내 결정해야 했던 모든 재정적 결정들, 당신은 그런 결정을 내리느라 다시는 걱정할 일이 없을 것이다. 당신은 풍요로운 상태에 이를 것이다. 당신은 외식하러 나가서 월말쯤 수중에 돈이 얼마나 남을지 계산하지 않아도 된다. 그냥 밥값을 내고 차를 몰고 음식점을 나오면 된다.

하지만 우리 가족이 1984년경에 그랬던 것처럼 우표값을 아끼기 위해 편지 봉투에서 도장이 안 찍힌 우표를 아슬아슬하게 뜯어내서는 그렇게 될 수 없다. 그래서 나는 그 대신 돈을 더 많이 벌기로 했다. 그리고 그것은 쉽지 않은 일이었다.

나는 해안 경비대 일과 주식 거래 업무, 대학원 공부를 동시에 하던 시절이 있었다. 그때 나는 하루에 두 시간밖에 자지 못했다. 그렇게 1년이 지나자 수면 부족으로 정신이 혼미해지기도 했다. 게다가 나는 1년에 몇 번씩 뉴욕을 오가며 사람들을 만나 정보를 구하고 인맥을 쌓았다. 이 모든 것을 하면서도 학점은 전부 A를 유지했다. 그때가 내가 인생에서 가장 열심히 일했던 시기였고, 공교롭게도 가장 행복했던 순간이기도 했다. 그리고 그 끝에 얻은 보상은 엄청났다.

지금도 나는 기회가 있을 때마다 돈을 더 많이 벌려고 노력한다. 나는 작가이자 금융 뉴스레터 편집자, 칼럼니스트, 팟캐스터, 라디오 프로그램 진행자다. 그리고 매일 기가바이트에 달하는 양의 콘텐츠를 인터넷에 뿌리고 있다. 솔직히 말해서 이 책으로도 돈을 많이 벌고 싶다.

그 결과, 나는 비용을 걱정하지 않은 지 오래됐다. 나는 내가 언제 처음으로 비용을 걱정하지 않게 되었는지 기억한다. 2012년에

샌프란시스코로 출장 갔을 때였다. 그때 나는 시간이 좀 남아서 한동안 그곳에 머물렀다. 거기서 난생처음 프라다 매장을 방문했다. 나는 프라다가 뭔지도 몰랐지만 매장에 들어섰고 진열대를 살펴보다가 내가 본 것 중 가장 멋진 부츠를 발견했다. 가격표를 살펴보니 1,000달러(140만 원)였다.

그 당시 38세였던 나는 연간 40만 달러(5억 5,000만 원) 정도 벌고 있었다. 적은 금액은 아니지만 소위 상상할 수 없을 정도로 부유했던 것은 아니었다. 게다가 1,000달러짜리 부츠가 꼭 필요하지도 않았다. 내가 어떤 신발을 신고 있었는지 기억나지는 않지만, 아마 100달러(14만 원)짜리 신발이었을 것이다. 하지만 그 순간 나는 자신이 있었다. 내 사업은 계속 성장할 테고, 나는 돈을 점점 더 많이 벌 것이며, 결국에 나는 크게 성공할 거라고 말이다.

나는 그 부츠를 샀다. 그날이 바로 내가 '부족하다는 사고방식'에서 '풍부하다는 사고방식'으로 전환한 날이다.

나는 그 부츠를 신고 여기저기 다녔다. 지금도 그 부츠를 갖고 있다. 내가 궁상맞게 사는 데서 벗어나 평범한 사람처럼 행동하기 시작했던 그날을 기억하려고 소중히 간직하고 있다. 모든 사람이 1,000달러짜리 신발을 사야 한다는 것은 아니다. 당시 내 소득 수준으로 나는 그 부츠를 감당할 수 있었고, 그로 인해 행복해졌다.

그 부츠 말고는 나는 여전히 큰돈을 쓰지 않는다. 최근에 나의 '선택적 지출 비용'discretionary expense을 계산해보니 1년에 10만 달러

(1억 4,000만 원) 정도 된다. 이는 내가 버는 돈의 극히 일부에 불과하다. 어떤 면에서 나는 여전히 내 소득 수준 이하로 사는 셈이다. 비싼 차도 47세가 되어서야 사기로 했는데, 그때는 이미 내가 몇 번이나 백만장자가 되고 난 후였다.

그렇다고 '풍부하다는 사고방식'을 자제력 없는 소비의 핑계로 삼아서는 안 된다. "나는 언제든 돈을 더 많이 벌 수 있으니 먼저 쓰고 볼 거야!" 그러기 위해서는 설명할 몇 가지 기본적인 개인 재정 습관을 익혀야 돈에 있어서 바보가 되지 않을 수 있다. 두 자릿수 이율로 자동차 대출을 받아서는 안 된다, 신용카드 이용 금액이 커서는 안 된다 등 기타 여러 가지 습관들 말이다.

*　　*　　*

2021년 초에 나는 내슈빌의 한 코미디 클럽에 갔다가 유명 코미디언을 봤다. 그는 부자들을 조롱하고 있었다. 그는 "부자한테는 모든 게 아주 쉽다는 거 알아요?"라고 말했다. 그러고는 사람들을 자신의 테니스 클럽 같은 곳에 초대하는 턱이 늘어진 부자 흉내를 냈다. 그는 제대로 알고 있었다.

부자들은 정말 편하게 산다. 그들은 각종 청구서를 어떻게 해결할지, 어떻게 먹고 살아야 할지와 같이 끊임없이 몰려오는 숨막히는 걱정들이 없다. 그런 걱정에서 벗어나면 다른 많은 것들을 할 수 있는 여유가 생긴다. 우선 여유가 생겨야 너그러워지는 법이다. 그리고 마음도 편하고 행복해진다. 부자가 되는 것의 주된 혜택은 당신이 사려는 시계를 살 수 있는 것이 아닌 심리적인 데 있다. 그것은 마음의 평안, 그 이상이다. 부자는 모든 것을 잃어도 세상이 끝났다고 생각하지 않는다. 그들은 잃은 것을 다시 찾을 수 있다고 믿는다. 말 그대로 걱정할 것이 없단 말이다.

이 모든 것은 '수입 측면'에 집중하고 '풍부하다는 사고방식'을 취할 때만 가능하다. 과자에서 소금을 짜내려고 해서는 성공할 수 없다. 그래서 나는 '상승 여력'uside이라는 개념에 주목하게 되었다. 나는 이것 없이는 살 수 없다.

상승 여력

'상승 여력'이란 '돈을 무한정 벌 수 있다는 생각'이다. 당신이 공무원이라면 안전하고 안정된 삶을 위해 포기한 것이므로 상승 여력이 많지 않다. 교사도 상승 여력이 많지 않다. 당신이 부동산 중개인이라면 사업을 얼마나 성장시키고 싶은지, 얼마나 열심히 일할 마음을 먹고 있는지에 따라 상당한 상승 여력이 있다. 투자 포트폴리오 매니저도 상승 여력이 크다. 기술 기업가라면 사실상 상승 여력이 무한하다. 나는 일 년 또는 평생 벌 수 있는 돈에 한계가 있을 수 있다는 생각을 견딜 수 없었다.

월스트리트에 있는 내 모든 친구와 나의 공통점은 모두 엄청난 상승 여력이 있다는 것이다. 우리는 트레이더 아니면 기업가 또는 상당한 성장 잠재력을 가진 비즈니스에 종사하고 있다. 우리 중에서 9시부터 5시까지 일하는 데 만족하는 사람은 없을 것이다.

사람들은 대부분 직장에 다니며 월급을 받는다. 그리고 월급에 맞춰 산다. 연봉이 80,000달러(1억 1,000만 원)이하인 사람들은 지출을 신경 써야 한다. 내 생각에 그들은 가만히 있어서는 돈을 더 많이 벌 일이 없을 것이다. 그러니 그들이 가장 먼저 해야 할 일은 연봉 인상 요구다.

하지만 이게 반드시 필요한 일이긴 해도 그것만으로는 충분하지 않다. 당신은 상승 여력이 있는 위치에 있어야 한다. 이는 종종 자신이 근무하는 회사의 지분을 확보해 수익을 공유할 수 있게 되는 것을 의미한다. 그러면 회사가 성장했을 때 당신도 그 혜택을 보게 된다. 주주가 아니면 당신은 그저 직원일 뿐이며, 사장이 급여를 얼마나 주던 거기에 맞춰 살아야 한다.

살면 살수록 정부나 교육 기관 또는 직원에게 우리 사주를 제공하지 않는 민간 기업에서 일하는 것이 정말 매력적이지 않다는 것을 절감하게 된다. 그런 직장에 다니다 보면 돈 몇 푼을 두고 아등바등하게 되는 '부족하다는 사고방식'에 빠질 수밖에 없다.

상승 여력에 노출되는 또 다른 방법은 주식을 소유하는 것이다. 이론상 주식은 가치가 무한대로 올라갈 수 있다. 대부분은 그렇지 않지만 말이다. 포트폴리오에 주식 30종목을 담아두었다면 그중 한두 종목은 많이 오를 수 있다. 나는 지난 몇 년 동안 전 재산을 주식 한 종목에 투자했다가 몇 배의 수익을 올리고 백만장자가 된 사람들의 이야기를 여러 번 들었다. 이는 잘못된 위험 관리이긴 하지만 모든 사람이 상승 여력의 가능성에 어느 정도 노출되어야 한다는 점을 설명하는 데 도움이 되는 사례인 것은 맞다.

흥미롭게도, 상승 여력에 노출되는 또 다른 방법은… 복권을 사는 것이다. 나는 복권에 대해 다소 색다른 의견을 갖고 있다. 복권은 오락 비용으로 간주하여야 한다는 것이다. 당신은 로또를 구매하고 나서 어떻게 하는가? 당첨되면 그 돈으로 무엇을 할지 일주일 내내 상상할 것이다. 마이애미에 고급 콘도를 산다든가 전용기를 탄다든가 아무튼 온갖 상상을 다 할 것이다. 이는 악의 없고 순수한 재밌거리다.

아내와 나는 가끔 로또를 10장 사서 3일 동안 그 돈으로 무엇을 할지 상상한다. 다른 지출과 마찬가지로 이것도 예산 내에서 지출해야 하는데, 규칙에 따르면 도박이나 복권에 지출하는 비용은 수입의 0.1% 정도면 된다. 복권은 퇴행적이고 어리석은 세금이긴 하지만 재미는 있다. 영화표를 사는 것과 다를 바 없다.

아마 당첨되지는 않겠지만… 하지만 누가 알겠는가? 한 가지 분명한 사실은 복권을 사지 않으면 당첨될 일도 없다는 것이다.

복권을 사지 않으면 상승 여력에 노출될 일도 없다는 말이다. 당신은 행운에 노출되어야 한다.

나는 이성적이고 경험적인 사고방식을 갖고 있지만, 운이 실재한다고 생각한다. 행운은 다른 사람들보다 나에게 좋은 일이 더 자주 일어나는 경향이다. 운은 존재한다. 나는 그동안 일을 하면서 그런 경험을 했다. 나는 내가 세상에서 가장 운이 좋은 사람이라고 굳게 믿고 있다. 하지만 나 또한 행운에 노출될 수 있는 자리를 스스로 찾아가기도 했다.

행운

내가 자주 듣는 말이 있다. 억만장자는 운이 좋아서 된다는 것이다. 하지만 절대 그렇지 않다.

10억 달러(1조 원)를 벌기란 매우 어렵다. 그런데 10억 달러를 벌기보다 더 어려운 것은 그것을 유지하는 것이다. 그만큼 버는 것도 대단한 일인데 그것을 유지해야 한다니! 억만장자는 아무나 되는 게 아니다. 억만장자가 되려면 여러 가지 성격과 능력이 필요하다. 10억 달러가 무릎에 툭 떨어지는 경우는 흔치 않을 테니.

나는 억만장자는 아니지만 아주아주 운이 좋다. 좋은 운에 노출될 상황을 스스로 찾아갔기 때문이다.

나는 퍼시픽코스트옵션거래소에서 직원으로 일한 경험 덕분에 리먼브러더스에 취직하게 되었다. 처음에 나는 학교 직업 센터에서 거래소에서 일하는 사람을 찾아 만나기로 했다.

나는 온 사방이 컴퓨터 화면들로 가득하고 사람들이 알아들을 수 없는 소리를 지르는 어둡고 퀴퀴한 냄새가 나는 공간에서 그와 15분 정도 이야기를 나눴다. 그러고 나서 그곳을 둘러보며 이것저것 살펴봐도 되는지 물어봤다.

나는 눈에 보이는 회사마다 이름을 메모장에 모두 적었다. 나중에 전화해볼 생각이었다. 그때 물병 하나가 내 머리 쪽으로 날아왔다. 중개인 한 명이 쓰레기통에 넣겠다고 던진 물병이 내 머리에 부딪힐 뻔한 것이다.

그는 미안해하며 나에게 물었다. "혹시 일자리를 찾고 있나?" "네, 그렇습니다." 내가 대답했다. "좋아, 그럼, 사람을 한 명 소개해 줄 테니 그와 악수하고 명함을 받게, 그리고 내일 전화하게."

그렇게 된 것이었다. 그는 사무실을 가로질러 웬 빨간 머리의 중년 남자에게 나를 데리고 갔다. 나는 그와 악수를 나누고 명함을 받았다. 그리고 다음 날 전화를 걸었다.

며칠 후, 나는 그의 사무실에서 면접을 보게 되었다. 그들은 질문 몇 가지만 했다. 그리고 얼마 지나지 않아 나는 내가 채용되었다는 소식을 들었다.

나는 물병에 맞을 뻔한 바람에 주식중개 사무소에서 일하게 된

것이다. 나는 스스로 주식중개 사무소를 찾아가서 좋은 일이 생길
수 있는 상황에 있었기 때문에 주식중개 사무소에서 일하게 된 것이
다.

그 우연한 만남이 내 인생을 송두리째 바꿔놓았다. 그 덕분에
내가 오늘 이 책을 쓰고 있는 것이다. 만약 그 일이 일어나지 않았
다면 지금 내가 무엇을 하고 있을지 누가 알겠는가? 어쩌면 어디
선가 아등바등하며 살고 있었을지도 모른다.

내가 집에 그냥 앉아 있었다면 그런 일은 절대 일어나지 않았을
것이 분명하다. 거기서는 운이 나를 찾지 못했을 테니까.

당신의 인생을 바꿀
세 가지 아이디어

**'수입 측면'에 집중하고, '상승 여력'에 노출되고, '행운'에 노출되는
것.** 이 세 가지 아이디어가 모두 서로 연결되어 당신의 인생을 바
꿀 것이다. 그러니 명심하라.

사람들은 자신의 재정 생활을 '출근해서 일하고, 월급 받고, 집
에 가는 것'이라는 매우 좁은 관점에서 바라본다. 부자는 반드시
더 부자가 된다는 말은 사실이다. 그런데 부자가 더 부자가 되는
이유는 무엇일까? 그것은 그들이 이렇게 살기 때문이다.

· 수입 측면에 집중한다
· 상승 여력에 노출된다
· 행운에 노출된다

나는 그간 경력을 쌓으면서 훌륭한 사업 아이디어를 가진 똑똑하고 재능 있는 사람들을 많이 보았다. 그리고 그들 중 많은 이들에게 투자할 기회도 있었다. 그럴 수 있었던 것은 수년 동안 쌓아온 인맥 덕분이었고, 그런 인맥을 만들 수 있었던 것은 내 세상을 더 크게 만들기 위해 끊임없이 노력했기 때문이었다.

우연한 만남 한 번으로도 인생이 송두리째 바뀔 수 있다. 그것은 한순간이다. 하지만 그러기 위해서는 마음의 준비가 되어 있어야 한다.

나는 당신이 이 글을 읽고 나서 아침에 던킨 커피 한 잔을 포기하는 것이 얼마나 무의미한 일인지 깨닫길 바란다.

다음 장에서는 개인 재정에 있어 두 가지 최악의 유형인 '짠또'와 '큰손'에 대해 이야기할 테니 관심을 집중해보라.

Chapter 5
짠또와 큰손

2000년대 초반 내가 뉴저지에서 다닌 이발소는 정말 흥미로운 곳
이었다. 이발사들은 모두 드래그퀸이었고 공연도 했다. 가수 셰어
로 분장한 사람은 진짜 셰어라고 해도 믿을 정도였다. 이 친구들
은 빈둥거리거나 사람들에게 장난을 치면서 즐겁게 일했다. 나는
거기 가는 것이 정말 즐거웠다.

　그 당시 이발비는 14달러(20,000원)였는데, 나는 팁으로 4달러
(5,000원)를 더해 총 18달러(25,000)를 내곤 했다. 그때는 팁이 30%
정도면 넉넉하다고 생각했지만, 지금은 이발할 때 팁을 더 많이
준다. 살면서 만나는 모든 서비스 종사자 중에서 미용사가 가장
중요하다고 생각하기 때문이다.

　어느 날, 내가 이발이 끝나고 계산을 하는데 언제나 그렇듯 예
약 장부에는 사람들의 이름이 적혀 있었다. 그런데 몇몇 이름 옆

에 'Cheap f***'이라는 글자가 적혀 있었다.

"Cheap f***이 뭐예요?"

내 질문에 그는 이렇게 답했다.

"아, 짠또. 짠돌이 또라이에요."

하하하! 우리는 동시에 크게 웃었다. 나는 마음속으로 내 이름 옆에 '짠또'라고 쓰여 있지 않아서 천만다행이라고 생각했다.

하지만 대체 짠또는 팁을 얼마 주길래 그런 별명이 붙은 걸까?

2달러? 3달러? 아니면 아예 안 줬나? 그러다 문득 짠또와 적당히 팁을 주는 사람의 차이가 단돈 1달러일 수도 있겠다는 생각이 들었다. 팁을 아낌없이 주는 사람이라는 평판을 얻는 데 필요한 것이 고작 1달러일 수도 있다는 말이다.

짠또와 큰손, 양극단을 비교해보자. 어느 쪽도 스트레스 없는 재정 생활에 이르는 올바른 방법이 아니다. 그러니 당연히 중간 지점이 어디인지 살펴볼 것이다.

개인 재정에 관한 정설

어떤 책들은 사람들을 짠또로 바꿔놓는다. 돈을 제로섬 게임, 즉 다른 사람이 더 가지면 내가 덜 갖게 되는 게임으로 생각하도록 가르치는 것이다.

당신 주위에도 단돈 1달러에 손을 바들바들 떠는 사람들이 분명 있을 것이다. 그들과 어울리기 힘들지 않은가? 사실 나도 그랬던 적이 있다. 그러다 깨달은 사실은, 그건 중요한 게 아니라는 것이다.

어쩌다 일이 이렇게 되었을까? 이게 다 33평짜리 집에 살면서 20년이 다 된 자동차를 타고 옷이라고는 99달러짜리 정장 한 벌밖에 없는데 은행 계좌에는 수백만 달러(수십억 원)를 넣어둔 사람들의 이야기를 다룬 책 때문이다. 이 책 때문에 우리는 백만장자가 되는 가장 효과적이고 유일한 길이 수년 동안 절약하는 것이라고 믿게 되었다. 하지만 알다시피 중요한 것은 비용 측면이 아닌 수입 측면이다.

개인 금융에서는 언제나 '큰손'을 악당으로 설정하는 게 정설이다. 큰손은 7등급 미만의 신용등급에 신용카드 빚은 수천만 원에 달하며, 식탁 위에는 미납된 청구서가 쌓여있는 사람이다. 이런 사람이 우리의 소비 지향적 문화와 신용카드 부채 등 온갖 문제의 근원이라고들 한다. 이들은 자기 능력을 벗어나 미래를 저당 잡힌 채 살아가고 있다. 이런 곳이 바로 미국이다. 빚쟁이 원숭이들이 모여 사는 곳 말이다.

실제로 저런 사람들이 있다. 많기도 정말 많다. 돈을 펑펑 쓰는 큰손들이 너무 많은 것이다. 그리고 그들의 삶은 재정적 혼란으로 가득 차 있다.

그러나 당신에겐 그 반대의 문제가 있을 수 있다. 당신은 돈을 너무 적게 쓰는 사람일 수 있다. 이런 사람은 파산할 위험은 없지만 다른 종류의 문제를 겪게 된다. 관계의 문제가 생기는 것이다. 짠또와 어울리다 보면 짜증이 난다. 이들은 팁을 제대로 주지 않는다. 그리고 자녀를 사립학교에 보낼 여력이 되는데도 덜 좋은 학교에 보낼 것이다. 그 결과 관계는 긴장되고, 아이들은 불행해진다.

목표는 그 중간 어딘가에서 돈과 건강한 관계를 맺는 것이다. 그러나 사람들이 개인 재정에 대한 지침을 구하면 일반적으로 극단적인 해결책이 제시된다. 이는 극단적인 해결책이 이해하기 쉽고 판매하기도 쉽기 때문이다.

사람들에게 신용카드를 잘라버리고 불편하게 현금으로만 생활하라고 가르치는 것이 얼마나 말도 안 되는지 생각해보라. 그것은 고도로 효율적인 사람들의 습관이 아니다. 그리고 우리는 이 나라 가정 경제가 끔찍한 상태에 빠지게 된 것은 큰손의 책임이 크다며 그들을 악마화한다. 나는 거의 청구서를 해결 못할 지경에 놓여 하루하루 불안불안하게 사는 큰손 몇 명을 알고 있다. 물론 이는 훌륭한 삶의 방식은 아니다. 결국 이자를 많이 내야 해서 정작 저축과 투자는 충분히 하지 못하기 때문이다. 그러니 나라면 선택할 만한 삶의 방식은 아니다. 하지만 나중에 돈을 덜 갖게 된다 해도 지금은 그들에게는 먹히는 방식인 것이다.

물질주의는 좋은 것이다

짠또가 모르는 가장 중요한 사실은 물질적인 것이 우리에게 행복을 가져다준다는 단순한 원리를 자신이 인식하지 못하고 있다는 것이다. 물론 물질적인 것만 행복을 가져다주는 것은 아니다, 하지만 물질이 행복을 가져다주는 것은 사실이다. 물질적 소유물을 축적하려는 것은 인간의 자연스러운 욕망이다. 사람들은 그 욕망을 없애려고 할 때 곤경에 빠지게 된다. 사람들은 물질적 소유가 없어도 실제로 더 행복하다고, 그리고 물질적 욕구보다 정신적 욕구가 더 중요하다고 자신에게 말한다. 그럴지도 모른다. 하지만 그래도 사람에겐 물질적 욕구가 있다.

조기 은퇴FIRE 프로그램으로 들어가보자.

'FIRE'는 '재정적 독립'을 뜻하는 'Financial Independence, Retire Early'의 약자다. 이는 대학 졸업 후 10~15년 동안 금욕적인 삶을 살면서 돈을 백만 달러(14억 원) 넘게 모은 다음 35세에 은퇴하겠다는 것이다. 그리고 꿈이 무엇이든 그것을 추구하며 살겠다는 것이다. 이는 죽을 때까지 백만 달러를 지키려고 애쓰면서 남은 인생을 궁핍하게 살자는 것이다. 이것은 내가 아는 한 가장 멍청한 짓이다. 하지만 많은 젊은이가 이러고 산다. 그들은 작은 집이나 밴에 살면서 전기 자전거를 타고 다니며 돈 한 푼 쓰지 않는다. 그리고 아무것도 소비하지 않고 모두 모으면 이것이 우리가 가진 모든 재정적 문제의 해결책이 될 것이라고 말한다.

　나는 이 생각에 동의하지 않는다. 나는 앞으로 40년 동안 궁핍하게 살려고 15년을 궁핍하게 살고 싶지 않다. 파이어족은 물질적 소유물을 축적하려는 욕구에서 벗어나야 한다고 주장하지만, 우리는 인간의 본성과 싸울 수 없다. 소비 자체가 잘못된 것도 아닌데, 우리는 소비는 악이고, 물건을 사는 것은 잘못이라고 끊임없이 배우고 있다. 결국, 모두 쓰레기 매립장에 버려질 텐데 사서 뭐하냐는 것이다.

　인생에는 최신 휴대전화를 사는 것보다 만족감을 더 주는 다른 즐거움이 있다. 우선 낭만적인 연애의 즐거움이 있다. 부모와 자녀 간의 유대감, 반려동물과 맺는 관계, 종교, 영성, 사회봉사 등이 모든 것이 7년밖에 못 입을 셔츠를 사는 것보다 우리 삶에 더 큰 의미를 가져다준다.

　하지만 우리는 수도승이 아니다. 간디의 방식이 모두에게 적합한 것은 아니란 말이다. 어떤 사람들은 삶을 단순하게 유지하고 가능한 한 물건을 적게 소유하는 게 좋다고 말한다. 하지만 나는 복잡하게 살아도 아무 문제 없다고 말하고 싶다. 나이가 들면서 돈을 더 많이 벌면 무지무지 큰 집에 채워 넣을 물건을 사고 또 사도 된다고 생각한다. 그게 인생이다. 좋은 사람과 나쁜 사람은 없다. 그냥 생각의 차이일 뿐이다.

돈의 지배를 받지 말라

올바른 방법은 돈과 건강한 관계를 맺어야 하는 중도다. 어느 정
도는 저축하고 어느 정도는 쓰면서 돈에 대해 오래 생각하지 않는
것이다.

　짠또와 큰손의 공통점은 둘 다 '돈의 지배'를 받는다는 것이다.

　자신이 돈의 지배를 받고 있는지 어떻게 알 수 있을까? 돈에 대
해 생각해보면 알 수 있다. 짠또와 큰손은 모두 돈에 대해 감정적
으로 반응한다. 제대로 하고 있다면 돈에 대해 생각하는 시간은
당신의 시간 중 1%가 안 되어야 하며, 돈과 관련해 긍정적이거나
부정적인 감정이 없어야 한다. 돈은 그저 돈일 뿐이다.

　나는 개과천선한 짠또다. 프라다 부츠를 사기 전까지 나는 진
짜 짠또였다. 그리고 내 또래 대부분이 학자금 대출을 갚지 못하
고 있던 20대에는 검소하게 살고 현명하게 투자한 덕분에 순자산
이 20만 달러(2,800만 원)였다. 내가 1년에 85만 달러(12억 원)를 벌
었던 리먼브라더스에서 일할 때는 점심에 69센트(1,000원)짜리 캔
에 담긴 파스타를 먹곤 했다. 사람들은 내가 미쳤다고 생각했다.

　미쳤던 것 맞다. 하지만 그때 나는 항상 점심을 시켜 먹는 다른
사람들이 모두 미쳤다고 생각했다. 나는 2003년까지 도요타 테셀
을 몰다가 도요타 캠리를 보란 듯이 사버렸다. 이렇게 말할 수 있
겠다. 나는 내 능력에 한창 못 미치는 생활을 하고 있었던 것이다.

그리고 다시 말해, 우리는 자신의 능력을 훨씬 뛰어넘는 생활을 하는 사람들을 보며 이렇게 말한다. "저 사람들 다 사기꾼이야. 수입 차에 명품에 다 허세야"라고. 하지만 확실히 우리는 연 소득 85만 달러에 50평짜리 집에 살면서 도요타를 몰고 다니는 사람은 아무런 문제가 없다고 생각한다. 우리는 그런 사람을 '검소하다'고 말한다. 현실적이라고도 한다. 이거 아는가? '검소하다'는 말은 과대 평가된 표현이다. 나한테는 이 말이 도덕적 의무감처럼 들린다. 나는 여유가 있으면 때때로 사치를 즐겨야 한다고 생각한다. 그렇지 않으면 돈은 있어 뭐하겠는가?

짠또나 큰손이나 그렇게 타고 나는 것으로 변하기 매우 어렵다. 한 번 짠또는 영원한 짠또, 한 번 큰손은 영원한 큰손이 된다. 당신은 두 가지 모두 돼봐야 한다.

모아라, 그리고 써라

나는 로데오거리의 브리오니 매장에서 600달러(82만 원)짜리 셔츠를 사기도 했는데, 그때는 내가 한창 잘나가던 시절이었다. 미래를 위해 저축하고 투자해야 하지만 막상 미래가 오면 진짜 써야 한다. 하지만 사람들은 대부분 두 번째 단계에 이르지 못한다. 45세 이후에는 모아 놓은 것을 쓰는 모드로 살아야 하는데 그들은 평생 모으기 모드에서 벗어나지 못한다.

이렇게 사는 게 당연한 것 같지만, 어쩌면 그렇지 않을 수도 있다. 인생의 전반부는 자산을 축적하기 위해, 즉 현금을 많이 쌓아두는 데 보내고, 후반부는 자산을 줄이면서 보내야 한다. 현금을 모아서 자신에게 즐거움을 주는 물건 사기, 이를 '지연된 만족'이라고 한다. 20~30대에 열심히 일하고 40~50대에는 여유롭게 앉아 고가의 셔츠를 사는 것을 말한다.

이것이 바로 큰손들이 잘못하는 것이다. 그들은 인생 초기에 소비하고 인생 후반에는 오도 가도 못한다. 이것이 문제가 되는 이유는 50대와 60대가 되면 궁핍하게 살기가 매우 힘들기 때문이다. 젊을 때는 그게 훨씬 더 쉽다. 큰손들은 지연된 만족을 실천하는 방법을 모른다. 그들은 지금 당장 욕구를 채우고 싶어 한다.

재정적으로 성공한 사람들의 공통으로 가지고 있는 것은 지연된 만족, 즉 내일의 더 큰 즐거움을 위해 오늘의 즐거움을 일부 미루는 능력이다. 하지만 때때로 우리는 지연된 만족을 너무 멀리 가져가는 바람에 만족을 얻지 못한다. 은행 계좌에 7,000만 달러 (1,000억 원)가 있다 한들 33평짜리 집에서 살면서 한번 써보지도 못하고 통장을 그대로 쥐고 죽는다면 돈이 주는 즐거움을 어떻게 알겠는가?

이러한 일은 대부분 두려움에서 비롯된다. 언제든 잘못될 수 있다는 두려움 말이다. 물론 잘못될 일은 많다. 시장이 폭락하거나 전쟁, 심지어 전염병 대유행을 겪을 수도 있고, 어쩌면 당장 직장을 잃을까 봐 걱정될 수도 있다. 하지만 사람들이 하는 모든 종말에 대한 심리적 대비는 매우 비생산적이다. 대부분은 아무 일도 일어나지 않는다. 그리고 나만 해도 나중에 나쁜 일이 생기는 바람에 물건 산 것을 후회한 적이 단 한 번도 없었다. 평생을 최악의 상황을 두려워하며 살다 보면 최고의 순간을 놓치게 된다.

미래에 대한 건강한 두려움을 갖는 것은 좋은 일이다. 약간의 주의를 기울이는 것은 좋지만, 그런다고 해서 위험을 완전히 피해 갈 수 있는 것은 아니다.

돈을 쓰는 것은 자기 긍정의 행위다. 은행에 돈이 충분히 있고 집을 살 생각이라면 이렇게 말해야 한다. "나는 그럴 만해." 짠또는 일반적으로 자존감에 큰 문제가 있어서 자기가 집을 살 만하지 않다고 생각하는 경우가 많다. 하지만 큰손들도 자존감에 문제가 있다. 그들은 자신이 그만한 가치가 있다고 생각하지만, 실제로는 그렇지 않다. 자신을 과대평가하지도, 과소평가하지도 않는 적절한 자존감이 있는 것이 중요하다.

이 중 일부는 그냥 산수일 뿐이다. 당신에게 1,500만 달러(208억 원)가 있다면 200만 달러(28억 원)짜리 집을 사도 된다. 집값보다 7배나 돈이 많으니 그래도 된다. 하지만 가진 돈이 하나도 없고 수입도 아주 높은 편이 아니라면 집을 사면 안 된다. 중요한 구매를 할 생각이 있다면 계산이 맞는지 확인부터 해야 한다.

당신이 짠또가 아니라면 아마 자선단체에 기부를 더 많이 할 것이다. 미국인들은 다른 어느 나라 국민보다도 자선단체에 기부를 많이 하지만, 여전히 많은 금액은 아니다. 고소득층과 저소득층을 포함한 모든 납세자의 기부금 중간값은 850달러(120만 원)다. 일반적인 가정에서는 수입의 약 4%를 자선단체에 기부한다. 하지만 우리는 4년마다 대통령 후보들이 세금 신고서를 공개할 때 그들이 자선단체에 기부하는 금액이 '겨우' 10%인 것을 보고 꽤 우쭐해진다. 물론 자선단체에 10% 정도 기부하는 것이 좋다는 게 통념이긴 하다.

10%는 크다. 재산을 모으기 시작하던 시기에 나는 10% 근처에도 간 적이 없다고 확실히 말할 수 있다. 나는 짠또였으니 말이다. 내가 다닌 고등학교에 1,000달러(140만 원), 대학교에 1,000달러를 기부한 게 전부였다. 그때가 연간 50만 달러(7억 원)를 넘게 벌고 있을 때였다. 그건 비극이다.

나는 초년에는 조금 적게 기부하고, 노후에는 조금 더 많이 기부하는 게 합리적이라고 생각한다. 그래야 당신은 그 돈을 투자하고 복리로 불려서 전체적으로 더 많은 돈을 기부할 수 있다.

나는 아직 10% 기부라는 목표에는 미치지 못하지만, 이전에 하던 금액의 스물다섯 배를 기부하고 있다. 내가 이렇게 할 수 있는 것은 돈과 건강한 관계를 맺었기 때문이다. 당신은 돈이 부족할까 봐 두려워하거나 돈을 너무 많이 써서 빚더미 속에 살고 있지 않을 때 마음이 안정되고 너그러워져서 거리낌 없이 기부할 수 있다. 내가 먼저 마스크를 착용해야 다른 사람을 도울 수 있는 법이다.

신용카드 대금을 연체하지 않으려고 아등바등하는 큰손들도 가치 있는 곳에 기부할 여유가 없기는 마찬가지다. 대부분의 경우 돈을 마음껏 쓴다고 해서 관대한 것은 아니다. 다시 말하지만, 돈과 건강한 관계를 맺는 것에는 평화와 행복 그 이상의 이점이 있다. 도움이 필요한 다른 사람들을 도울 수 있는 마음의 여유가 생기는 것이다. 기부는 돈을 놓을 수 없는 짠또에게 상처가 된다. 그리고 큰손에게도 상처가 된다. 왜냐하면 과소비 때문에 해결해야 할 청구서가 줄을 서 있기 때문이다. 재정 문제에서 필요한 것은 균형이다.

나는 수년간 짠또와 큰손을 많이 봐왔다. 후자보다는 전자가 더 많았다. 저렴한 주택에 살면서 중고차를 몰고 옷은 할인점에서 사는 가지각색의 백만장자들도 있었고, 2000년대 중반에 고급 아파트에 와인 냉장고까지 갖추고 살다가 금융위기로 모든 것을 잃고 바닥에서 다시 시작해야 했던 큰손들도 있었다.

양쪽 모두 충격적인 사례들이었다. 돈과 관계가 뒤틀린 사람들 말이다. 솔직히 나는 과거에 짠또였던 게 부끄럽다. 내가 감당할 수 있는 것보다 훨씬 작은 집을 사서 부동산 가격 상승기에 그 덕을 보지 못했기 때문이다. 한마디로 그때 더 큰 집을 샀더라면 지금 나는 더 잘 살 수 있었을 거라는 말이다.

하지만 나는 항상 빚이 두려웠다. 부채가 너무 많으면 이자를 너무 많이 내게 되고, 그러면 은퇴를 위해 저축할 여유가 없어지기 때문에 부채에 대해 건전한 인식을 갖는 것이 좋다. 당신을 바닥으로 떨어뜨릴 수 있는 것은 오로지 빚뿐이다. 집과 자동차가 있고 학자금 대출과 같은 다른 부채가 없다면, 그 어떤 것도 당신을 건드릴 수 없다. 당신은 재정적으로 천하무적인 셈이다.

올바른 부채 사용

빚을 낼 때 사람들은 모두 신중한 태도를 보인다. 그리고 결국 모두 잘 해결된다. 자금이 부족해서 30년 만기 주택담보대출로 집을 산 사람들이 채무 불이행을 하는 경우는 극히 드물다. 내가 부채를 긍정적으로 생각하는 한 가지 이유는 부채가 '결국에는 모두 잘 해결될 것'이라는 낙관주의의 표현이라는 것이다. 비관론자인 짠 또는 경기 침체나 경제 붕괴, 그리고 커다란 외적 요인에 대해 걱정하면서 결국 모든 일이 잘 풀릴 것이라고 믿지 않는다. 그러는 바람에 그들은 인생의 많은 것을 놓치고 만다.

나는 현재 어떤 종류의 부채도 없다. 이보다 기분이 더 좋을 수 있을까 싶다. SNS에 멍청한 말을 올려서 계약이 해지되고 생업을 잃는대도 내겐 이미 돈을 다 낸 집이 있고, 은행에는 예금도 있으니 말이다. 나는 재정적으로 공격을 받을 수 없는 위치에 있는 것이다.

하지만 빚은 다른 방법으로는 할 수 없었을 일들을 해낼 수 있게 해준다. 뉴욕의 매디슨애비뉴를 걸으며 높은 빌딩들을 올려다보라. 장담하건대 그 건물들은 현금으로 지은 것이 아니다. 모두 엄청난 금액의 빚을 썼고, 결국에는 모든 것이 잘 해결되었다. 이자를 내는 것이 부도덕한 행위로 간주하기 때문에 빚이 없는 지역으로 가보라. 높은 건물이 그리 많지 않을 것이다. 나는 그런 곳에서 살고 싶지 않다.

부채에 대해 너무 자세히 이야기하고 싶지는 않지만, 부채를 둘러싼 태도에 대해서는 한마디 해야겠다. 부채는 위험이다. 일이 잘못될 수도 있기 때문이다. 당신은 상황을 낙관적으로 바라보면서 '아무 일도 일어나지 않을 거야', '설사 일이 생기더라도 해결할 수 있을 거야'라고 생각하거나 비관적으로 바라보면서 '뭔가 잘못될 거야, 그러면 난 망할 거야'라고 생각할 수 있다.

나는 신중한 낙관론 쪽을 선호한다. 그리고 수학적 계산을 할 수 있는 것이 중요하다고 생각한다. 당신이 집을 사려고 하는데 주택담보대출과 보험료, 재산세는 x이고, 소득의 y퍼센트를 차지한다. 그리고 어떤 이유로든 당신이 직장을 잃으면 다른 직장을 찾을 때까지 z년 동안 이자를 낼 만큼 저축액이 충분하다. 이렇게 계산이 나오고 이런 위험을 감당할 수 있다면 당신은 집을 사도 된다. 당신이 해서는 안 되는 일은 집과 사랑에 빠진 나머지 거기서 살 아이와 반려동물, 거기에 놓일 물건들을 상상하고는 감정적으로 집을 사기로 하는 것이다. 그러면 나중에 대가를 치르게 될 것이다.

경기 침체에 대한 두려움

모두가 두려워하는 경기 침체에 대해 이야기해보자. 경기 침체는 경제 활동이 위축되는 것으로, 경제가 성장하지 않고 일정 기간 정체되는 상태를 말한다. 경제가 위축되면 일반적으로 사람들이 일자리를 잃는다. 금융위기 당시 수백만 명의 사람들이 일자리를 잃으면서 실업률이 10%에 달했다. 2020년 코로나 대유행 시기에도 실업률이 11%까지 올라갔다가 이후 빠르게 회복되었다. 물론 경기 침체 시에는 정부 기관에서 일하는 사람이 아니라면 직장을 잃을 가능성이 매우 크기 마련이다.

자본주의 경제에는 경제 주기란 것이 있다. 경제가 몇 년간 성장하다가 몇 년간 위축되는 것을 말한다. 한마디로 경제가 확장하다가 수축하는 것이다. 두 걸음 앞으로 갔다가 한 걸음 뒤로 가는 식이다. 설명하기에는 너무 복잡한 이유로 현재 우리는 10년에 한 번 정도 매우 드물게 경기 침체를 겪고 있다. 하지만 경기 침체가 한번 시작되면 상황은 매우 심각하고 고통스럽게 진행된다. 노동 시장의 경우 사람들은 1년, 2년 또는 그 이상 실직 상태에 놓일 수 있다. 직장을 잃는 것 말고도 사업을 하는 경우 경제 활동이 위축되면서 수익이 감소할 가능성이 크다. 이를 피하기는 어렵다.

세상의 온갖 금융 기법으로도 우리는 여전히 경기 침체를 예측하지 못한다. 그리고 앞으로도 그럴 것이다. 하지만 당신은 우리가 경기 순환 주기의 어디쯤 와있는지 정도는 파악할 수 있다. 당신이 2010년에 부동산을 보고 있었다면, 경기가 바닥을 쳤음을 크게 확신할 수 있었을 것이다. 2021년에 부동산을 보고 있었다면, 경기 침체가 언제 시작될지는 모르지만, 경기가 바닥은 아니라는 걸 확신할 수 있었을 것이다.

짠또는 경기 침체기에도 살아남지만, 큰손은 그러지 못할 때도 있다. 그러나 경기 확장기에 돈을 버는 사람은 큰손이다. 반면 짠또는 뒤처진다. 이것이 내가 큰손을 옳다 그르다 크게 뭐라고 하지 못하는 이유다. 양쪽 모두 비용과 이점이 존재한다.

비상 자금은 일반적으로 6개월치 비용 또는 만 달러(1,400만 원) 중 더 큰 금액을 준비해야 한다는 게 통념이다. 경제 주기가 더 길고 깊어졌다는 점을 고려하면 그보다 더 많은 금액을 준비해야 할 수도 있다. 몇 년치 정도면 충분할 것이다. 그리고 당신은 이솝우화 개미와 베짱이처럼 경기가 좋을 때 돈을 모아두었다가 경기 침체기에 굶주리지 않아야 한다.

그리고 경제 확장기에는 번창할 수 있도록 위험을 충분히 감수해야 하고 경기 침체기를 잘 넘길 수 있도록 돈을 충분히 모아두어야 한다. 다시 말하지만, 당신은 적당히 중간에 있어야 한다.

하지만 경기 침체가 세상의 종말은 아니다. 겪는 동안에는 그렇게 느껴지지만, 경기 침체는 자본capital, 신념conviction, 용기courage라는 3C를 갖춘 사람들에게는 엄청난 기회를 제공하는 경우가 많다. 금융위기가 한창일 때 부동산과 주식, 기타 자산에 엄청난 기회가 있었다. 당시 실업률이 치솟으면서 사람들이 공황 상태에 빠지는 바람에 대부분 이를 깨닫지 못했을 뿐이다. 그렇지만 물건들은 큰 폭으로 할인된 가격에 거래되고 있었다. 자본과 신념, 용기가 있다면 당신은 이러한 기회를 활용할 수 있다.

짠또는 경기가 바닥일 때 자본 확보가 상당히 쉽다. 하지만 마음이 너무 불안한 나머지 낮은 물가를 활용하지 못한다. 큰손은 대개 기회가 왔다는 것을 알아차리기는 하지만 손에 쥔 돈이 없어서 기회를 활용하지 못한다.

다시 말하지만, 경기 침체기에 저평가된 자산에 뛰어들 수 있도록 경기가 좋을 때 신중하게 돈을 모아두는 것이 가장 좋은 방법이다. 경기 침체기에는 집만 싼 것이 아니라는 점을 기억하라. 자동차도 공짜로 받을 수 있고, 베스트바이 매장 통째로 물건을 살수도 있다. 온통 할인 판매 중이니 말이다.

짠또는 자기가 모든 것을 다 알고 있고, 잘못된 것은 나머지 세상이라고 생각한다. 큰손도 마찬가지다. 각각의 경우 일부 매우 좋지 않은 심리가 작용하고 있다. 사람들이 돈과 나쁜 관계를 맺는 이유는 대개 어린 시절의 재정적 트라우마 때문인 경우가 많다. 부유했던 부모가 직장을 잃어 온 가족이 하루아침에 정부 보조를 받게 되는 경우도 있고, 부모가 대학 등록금을 내줄 수 없을 정도로 너무 가난해서 자녀가 주립대에 진학하게 될 때도 있다. 나는 짠또 부모의 자녀는 큰손이 되고, 그 반대의 경우는 다음 세대에서 인색해지는 쪽으로 역전되는 경향이 있다는 것을 알게 되었다. 심리학 박사 학위가 없어도 이 정도는 알 수 있는 사실이다.

지나치게 인색하거나 지나치게 씀씀이가 헤픈 것은 사실 정신 질환의 한 형태다. 문제는 우리가 한 가지 정신 질환을 이상적인 것으로 간주하고 사람들에게 힘들어도 그렇게 살라고 강요하는 것이다. 나는 이 모든 것에 화가 난다. 그냥 냉정하게 생각하고 현명하게 행동하면 될 일이다.

돈을 좋아하든 싫어하든, 돈과의 관계가 건강하지 못하면 본인뿐만 아니라 주변 사람들의 삶도 비참해질 수 있다. 다음 장에서는 인간관계와 돈에 관해 이야기해보자.

Chapter 6
인간관계와 돈

개인의 삶에서 가장 중요한 재무 관련 결정은 무엇인가?

어떤 주식을 매수할지, 어떤 뮤추얼펀드에 투자할지가 아니다. 15년 만기 주택담보대출을 받을지 30년 만기 주택담보대출을 받을지도 아니다. 신용카드 빚을 갚을 때 눈덩이 방식snowball method(소액 채무부터 차근차근 상환해 나가는 방식-옮긴이)을 사용하느냐 마느냐도 아니다.

인생에서 가장 중요한 재무 관련 결정은 바로 이거다.

'누구와 결혼할 것인가?'

배우자를 선택할 때 당신은 돈에 대한 가치관을 공유하는 사람을 선택하고 싶을 것이다. 한마디로 짠또는 큰손과 결혼할 수 없으며, 그 반대의 경우도 마찬가지다. 그렇게 되면 결혼 생활이 삐걱거릴 것이다.

삐걱거릴 뿐만 아니라 초신성처럼 폭발해버리고 말 것이다. 이
것이 현실이다. 결혼은 돈 때문에 끝장난다. 항상 그렇다. 얼마 되
지도 않는 돈 때문에 고래고래 소리를 지르며 싸우는 사람들도 있
다. 맙소사, 그렇게 살면 안 된다.

결혼 생활을 하다 보면 경제적 의사 결정 과정에서 크고 작은
갈등이 수없이 일어난다. 당신이 결혼을 했다면 무슨 말인지 더
잘 알 것이다. 만일 한쪽이 짠또이고 다른 한쪽이 큰손이라면, 큰
손이 사고 싶어 하는 고가의 브랜드에 대해 짠또는 기겁을 한다.
짠또는 큰손을 이해하지 못해 화가 나고, 큰손은 짠또 때문에 원
하는 것을 사지 못해 화가 난다.

사람들은 대부분 결혼을 하면 재정 생활을 포함한 삶의 모든 측
면이 합쳐질 거라고 생각한다. 어떤 사람들은 부부가 공동 은행 계
좌를 만들 때까지는 온전히 결혼한 게 아니라고 하기도 한다. 그들
은 이렇게 말한다. "이제 더 이상 네 돈 내 돈이 아니라 우리 돈이
야. 우리는 한 팀이지. 그리고 우리가 부부로서 함께 결정을 내려
야 한다면 각자 가진 것을 합쳐야 해." 충분히 일리 있는 말이다.

하지만 문제는 부부 각자가 이 돈이 누구 돈이고, 저 돈이 누구
돈인지 따지기를 멈추지 않는다는 것이다. 돈은 공동 계좌에 있지
만 각자 그중 자기가 댄 돈이 얼마인지 알고 있기 때문에 여전히
남편이 아내가 자기 돈을 쓰고 있다고 생각하거나 아내가 남편이
자기 돈을 쓰고 있다고 생각한다. 이러한 감정적 애착을 없앨 수는

없다. 따라서 이에 대한 최선의 해결책은 믿거나 말거나 이거다.

돈은 각자 관리하라.

짠또 부부의 이야기

나는 23세라는 아주 어린 나이에 결혼했다. 그 당시 나는 엄청난 짠또였는데, 다행히도 더 심한 짠또 배우자를 만났다. 아내는 나보다 더 가난하게 자란 사람이었다. 나는 실용적이고 보수적인 느낌의 브랜드 스웨터를 즐겨 입으며 식당에서 팁을 정확히 18% 주려고 계산기를 꺼내 드는 꼴통들의 땅인 코네티컷에서 살면서 짠또식 생활 방식을 터득했다. 처가댁은 한동안 3,000달러(410만 원)로 1년을 살기도 했다. 장인어른은 박제사였는데 박제사는 돈을 잘 버는 성공한 직업이 아니었다. 그래서 처가댁은 음식을 대부분 사냥하거나 텃밭에서 농사를 지어 해결했다.

아내와 나는 뛰어난 짠또였다. 우리는 워싱턴주의 작은 마을로 이사할 때 가장 저렴한 아파트를 찾았다. 결혼하자마자 우리는 돈을 어떻게 관리할 것인지 의논했는데, 둘 다 서로의 돈을 아예 분리하는 것이 제일 나은 방법이라는 데 동의했다.

내 돈은 내 돈이고, 아내의 돈은 아내의 돈이다. 그렇게 하면 돈 때문에 싸울 일이 없다. 내가 물건을 산대도 아내가 뭐라고 할 수 없고, 아내가 물건을 산대도 내가 뭐라고 할 수 없으니 말이다.

공동으로 지출하는 비용은 있었다. 매달 집세로 350달러(50만 원)를 내야 했다. 그래서 우리는 각자의 수입에 비례하여 월세를 부담하기로 합의했다. 결국, 나는 한 달에 160달러(22만 원)를 내고, 아내는 당시 나보다 돈을 더 많이 벌었기 때문에 190달러(28만 원)를 냈다. 우리는 공과금도 같은 방식으로 나누었다. 식비는 더 많이 먹는 내가 3분의 2를 부담하기로 합의했고, 자동차 보험료는 각자 알아서 하기로 했다. 그 외의 비용은 모두 반반으로 나누었다.

주택담보대출은 어떻게 했느냐고? 우리는 25살이 갓 넘은 1999년에 처음으로 집을 샀다. 대출 상환금이 얼마였는지 정확히 기억나지 않지만 한 달에 1,500달러(210만 원) 정도였던 것 같다. 당시 이율은 7% 정도였다.

우리는 주택담보대출 상환금도 집세와 마찬가지로 분담했다. 나는 엑셀로 스프레드시트를 만들어 주택담보대출의 상환표를 작성하고 각자 상환한 원금을 기록했다. 나는 각자의 납입 원금과 선납금(역시 반반 부담)을 합해 집에 대한 각자의 자본이 얼마인지 구한 다음 각자의 지분을 결정했다. 나는 집의 약 53%를, 아내는 약 47%를 소유하므로 집을 팔았을 때 나는 53%의 현금을, 아내는 47%의 현금을 가졌다. 이는 우리의 결혼 생활을 위해서, 그리고 다툼을 없애기 위해서였다. 현재 우리 집은 내가 약 87%, 아내가 약 13%를 소유하고 있다. 이 집을 팔고 그 수익금을 다음 집에 투자할 때도 똑같이 스프레드시트를 작성하고 각자의 지분 기여도를 따질 것이다.

이쯤에서 현명한 사람이라면 "이혼하면 어떻게 되나요? 어차피 절반은 아내가 가져가겠지요"라고 물을 수도 있다. 그럴지도 모른다. 우리는 원만하게 헤어지면 각자 가진 돈으로 각자의 길을 가고, 그렇지 않은 경우(외도 등의 경우)에는 변호사를 통해 아내가 절반을 가져가기로 합의했다. 이런 것이 매우 복잡하게 들릴 수도 있지만, 우리가 26년 동안 살면서 돈 문제로 싸운 건 단 한 가지, 세금 때문이었다.

우리는 돈은 따로 관리하지만, 세금은 공동으로 신고한다. 그래야 절세를 할 수 있으니 이는 경제적으로 합리적인 결정이다. 직장인인 아내는 급여에서 세금을 원천 징수하고, 나는 사업에 대한 추정세를 납부한다. 그리고 연말에 우리는 합산 실효 세율을 적용받는다.

한동안 아내는 자기가 소득이 적기 때문에 더 낮은 세율을 적용받아야 한다고 주장했다. 하지만 나는 내 소득 덕분에 우리 모두 더 높은 생활 수준을 누리고 있고, 게다가 아내가 세금을 덜 내면 내가 세금을 더 많이 내야 하는데 때로는 그게 40%가 넘을 수도 있다고 주장했다. 몇 년 동안 나는 세금표를 살펴보고 아내의 낮은 소득에 해당하는 세금이 얼마인지 계산했다. 하지만 그러기 너무 힘들기도 하고 매년 아내에게 수천 달러의 수표를 써주는 것도 지겨워졌다.

우리는 아직도 이 일에 대한 정답을 찾지 못했다. 그래도 나는 내 방식이 옳다고 생각한다. 그리고 내가 우리 수입의 약 95%를 벌어들이는 상황까지 왔기 때문에 이 문제는 거의 논란의 여지가 없다고 본다. 우리가 돈 때문에 싸운 건 이번이 유일하다. 그리고 싸웠다 해도 그렇게 나쁘진 않았다.

물론 우리는 다른 것 때문에 싸운 적은 있다. 하지만 돈 때문에 싸운 적은 없다. 이게 중요하다. 돈 때문에 싸우는 것은 어리석은 일이다. 돈에 관한 논쟁은 다른 모든 논쟁을 더 복잡하게 만들어 상황을 악화시킬 뿐이니 말이다. 결혼 생활을 하다 보면 걱정해야 할 것이 많지만, 돈이 그중 하나가 되어서는 안 된다.

우리 부부가 돈 문제에 있어 가치관이 같다는 것은 결혼 생활에 도움이 된다. 우리가 돈을 분리해서 관리하는 것도 잘하는 일이지만, 그래도 만약 우리 중 한 사람은 큰손이고 한 사람은 짠또라면 결혼 생활이 순탄치 않을 것이다. 그런데 내 말을 듣다 보면 짠또에게 큰손은 과소비로 빚을 지니 그런 사람과 결혼하지 말라는 것 같이 들릴 수도 있을 것이다. 하지만 큰손도 짠또가 분위기나 깨는 따분한 사람이라고 느끼게 될 테니 결혼하지 않는 게 낫다.

당신의 배우자는 비록 큰 부자가 아니더라도 돈에 대한 가치관을 공유할 수 있는 사람이어야 한다.

중요한 결정은 부부가 함께 내려야 한다

또 한 가지 중요한 점은 내 아내가 항상 우리 가정의 재정과 관련해 한 가지 역할을 했다는 점이다. 아내는 청구서를 처리해왔고, 돈이 어디로 나가는지 알고 있었다. 아내는 내 계좌가 어디에 어떻게 개설되어 있는지 모두 알고 있고, 나도 아내의 계좌가 어디에 어떻게 개설되어 있는지 알고 있다.

우리 부부는 한 사람이 돈을 관리하고 다른 한 사람은 완전히 그쪽에 깜깜한 상태로 살지 않는다. 그건 좋지 않다. 부부가 그런 식으로 살면 한 사람이 칼자루를 휘두르는 관계가 된다. 그러면 상대방은 그 관계에 갇혀서 떠날 수 없다. 이는 단순히 대신해주는 것의 문제가 아니라 안전에 관한 문제다. "아, 남편이 돈 문제는 다 알아서 하겠지"라며 재정 문제는 신경 쓰지 않고 살고 싶기도 할 테지만, 결국에는 그 대가를 치르게 된다. 모든 사람은 재정에 관한 교육을 받을 의무가 있다.

이것이 내가 좀 더 강조하고 싶은 부분이다. 알다시피 학교에서는 개인 재정에 관련된 지식을 가르쳐주지 않는다. 일부 주에서 고등학교 교과 과정에 개인 재정 관련 과목을 추가하는 등 변화가 시작되고 있긴 하지만, 대부분의 경우 우리는 돈에 대해 어디서 배우지 못하고 스스로 알아내야 한다. 그것을 잘하는 사람도 있고 못 하는 사람도 있지만, 이는 완전히 자기가 주도해야 하는 일인 것이다.

그 결과 문제가 많이 생기는데, 그중 가장 큰 문제는 금융 쪽에 문맹인 사람들이 '사기'에 매우 취약하다는 사실이다. 그렇지만 더 흔하게는, 자동차 대리점에서 그런 사람들에게 몇천 달러씩 바가지를 씌우는 것 같은 일이 벌어진다. 금융 쪽에 까막눈이면 적지 않은 대가를 치를 수 있다. 그것은 읽고 쓰는 능력만큼이나 중요하다. 그리고 연애를 하는 두 사람은 모두 어느 정도의 금융 지식을 갖춰야 한다.

두 사람은 한 팀이므로 이런 일을 함께해야 한다. 목표를 공유한다고 해서 서로의 재정을 합쳐야 하는 것은 아니다. 나는 아내와 항상 공동의 목표를 가지고 있다. 다섯 채의 집, 일곱 대의 자동차, 세 번의 대학원 진학 등 우리는 공동 계좌를 단 한 개도 만들지 않고 이 모든 것을 해낼 수 있었다.

부부가 한 팀이 되어 집, 자동차, 학자금 대출 등 중요한 결정을 내려야 한다는 것을 기억하라.

특히 주택 구매는 인생에서 가장 중요한 재정적 결정이다. 그리고 부부가 함께 내려야 하는 결정이기도 하다. 뒤에서 주택과 주택담보대출에 대해 더 자세히 설명하겠지만, 여기서는 부부가 집을 고를 때 거치는 의사 결정 과정을 살펴보려고 한다.

냉정하고 이성적인 재정적 결정이어야 할 것이 감정적인 결정이 되는 경우가 있다. 대부분의 경우 부부는 어떤 집과 사랑에 빠지고, 좋은 동네에 좋은 학교가 있는 그 집에서 자녀를 키우겠다는 비전을 품는다. 그런데 문제는 그 집이 자신이 감당할 수 있는 수준보다 조금 비싸다는 사실이다.

모든 결혼에는 일반적으로 숫자를 계산하는 좌뇌형 배우자와 감정적 부담을 떠안는 우뇌형 배우자가 한 명씩 있다. 그런데 이런 논쟁에서 좌뇌가 이기는 경우는 거의 없다. 빚을 너무 많이 지고 너무 큰 집을 사들이면 큰 문제가 될 수 있다. 은퇴를 위한 저축이나 휴가처럼 즐거운 일을 위한 저축을 할 수 없게 되기 때문이다.

계산을 해보라. 세후 월 소득을 파악한 다음 주택담보대출과 보험료, 재산세를 계산해보는 것이다. 그리고 주거비는 소득의 25%가 넘지 않게 해야 한다.

가족, 친구와의 금전 관계

돈은 부부뿐만 아니라 부모와 자녀, 형제자매, 친구 등 모든 관계와 관련이 있다. 그리고 내가 집중하고 싶은 한 가지 문제는 가족과 친구에게 돈을 빌려주는 것이다.

간단하다. 관계를 망칠 수 있으니 돈을 빌려주지 말아라.

그 이유는 다음과 같다.

처남이 트랙터 사업을 하겠다고 2만 5,000달러(3,500만 원)를 빌려달라고 한다고 해보자. 당신에겐 선택권이 있다. 돈을 빌려주거나 빌려주지 않는 것. 돈을 빌려주지 않으면 처남은 기분 나빠 하면서 다른 사람에게 돈을 빌릴 것이다. 돈을 빌려줄 경우, 처남이 돈을 갚으면 위험이 사라질 테고, 돈을 갚지 못하면 관계가 어색해질 것이다. 당신은 처남의 휴대전화에 불이 나게 전화를 걸어 빚 독촉을 하게 될 것이다. 그러면 처남은 당신한테 빚진 돈이 있으니 전화를 피할 것이다.

여기서부터 관계는 망가진다. 사실 처남이 돈을 빌려달라고 한 시점부터 관계는 이미 망가진 것이다. 그래도 돈을 빌려주지 않고 그를 섭섭하게 만드는 게 결과적으로는 더 낫다.

사람들은 돈을 빌리고 싶으면 은행으로 간다. 은행에서 창구 직원들과 컴퓨터, 사무실 분위기를 보면 돈을 빌리고 있다는 게 아주 실감 난다. 은행에서는 당신의 신용을 조회하고 당신은 모든 서류에 서명해야 한다. 이는 매우 형식적인 절차다. 그런데 이러는 데는 한 가지 목적이 있다. 은행은 일이 잘못되면 주저 없이 담보권을 행사해야 하는데 그때 이 일을 가능한 한 비인격적으로 처리하려는 것이다.

그런데 처남이 당신한테 돈을 빌리러 온다면 그것은 둘 중 하나다. 처남이 자기가 빚을 갚지 못할 가능성이 있다는 것과 은행과 달리 당신에겐 법적 구제 수단이 없다는 것을 알고 있어서 이런 공식적인 절차를 밟고 싶지 않은 경우, 아니면 신용이 너무 나빠서 대출해주는 은행도 없고, 다른 가능성도 이미 다 써버린 경우다. 두 시나리오 모두 돈을 빌려주는 당신에게는 좋지 않은 상황이다. "25,000달러 좀 빌려주실래요?"라는 질문에는 언제나 "아니오"라고 대답해야 한다.

이런 경우가 아니라면…

처남이 당신에게 중요한 사람이거나, 부탁을 거절하면 가족 관계에 문제가 생기거나, 아니면 다른 어떤 멍청한 이유(분명히 멍청한 이유라고 장담한다)가 있는 경우가 아니라면 말이다. 당신이 망해가는 처남의 트랙터 사업에 25,000달러를 빌려주기로 했다고 치자. 당신은 이 돈을 선물로 생각해야 한다. 돈을 건네는 순간 그 돈은 사라지고 다시는 볼 수 없을 것이다. 당신은 그 돈을 없는 돈으로 쳐야 한다. 돈을 돌려받는다면 그건 보너스다.

이것을 무기한 상환 가능한 대출로 만들어 두는 것이 가장 좋은 방법이다. "갚을 수 있을 때 갚아." 이렇게 말이다. 그래야 하는 이유는 처남이 빌린 돈을 갚지 않은 상태에서는 돈을 더 빌려달라고 할 가능성은 거의 없기 때문이다.

또는 변호사를 통해 대출 계약서를 작성하고 처남에게 이자를 청구할 수도 있다. 여기서 이자는 금액이 아주 커야 할 것이다. 왜냐하면 처남은 다른 모든 가능성을 이미 다 써버려서 돈을 빌려줄 사람이 없을 테니 말이다. 그러니까 그래도 된다. 하지만 처남이 동의할지는 모르겠다.

중요한 것은 당신이 그 돈을 처남에게 선물로 준 셈 치는 것이다. 그러지 않으면 처남이 원수처럼 여겨지면서 그 감정에서 헤어 나올 수 없을 테니까. 그리고 누군가를 원수처럼 여기는 것은 상대 방이 독을 마시고 죽기를 기다리는 것과 같다는 말을 기억하라. 처 남이 아니라 당신의 정신 건강을 지키기 위해서 다 그러는 것이다.

살다 보면 한 번은 자기 사업에 투자해달라는 친구나 가족이 있 을 수 있다. 이런 경우 당신은 비판적으로 평가해야 한다. 때로는 그 가족이 똑똑하고 성실한 데다 가진 아이디어도 정말 좋아서 그 아이디어를 실행할 수 있을 것으로 보이기 때문이다. 이러한 기회 는 장점을 기반으로 평가해야 한다. 소개받은 사업 아이디어가 매 력적으로 들릴 수 있다. 하지만 그것이 당신이 아직 제안받지 않 은 다른 가능한 사업 아이디어들과 비교해서도 선택할 수 있는 아 이디어인가?

나는 투자를 아주 잘해서 수백만 달러(약 수십억 원)를 벌어들인 가족을 알고 있다. 내 친구네 가족이다. 그 친구네 가족은 운동용 자전거 회사에 25,000달러를 투자했는데, 그 회사가 상장되면서 투자금이 900만 달러(125억 원)로 불어났다. 이 회사가 바로 펠로톤 이다.

사업 초기 단계에 투자하는 것은 사실상 상승 여력이 무한한 가 장 수익성 높은 행위 중 하나다. 하지만 투자금이 전체 순자산의 10%를 넘어서는 안 된다. 벤처 기업은 대부분 초창기에 실패한 다. 몇몇 회사만 괜찮은 성과를 거둘 뿐이다. 게다가 대박이 나는 경우는 극히 드물다. 신생 기업에 투자하는 것은 앞서 이야기한 것처럼 상승 여력을 확보할 수 있는 좋은 방법이다. 하지만 망해가는 트랙터 사업에 투자하는 것은 좋은 생각이 아닐 수 있다.

여기서 중요한 원칙은 사업이 먼저고 친구가 두 번째라는 것이다. 그 반대가 아니다. 친구를 앞에 두고 사업을 뒤에 두면 결국 두 사람은 친구로 남지 못할 가능성이 크다.

자녀에게 돈에 대해 가르치기

부모와 자녀의 관계에서 자녀에게 돈에 대해 가르치는 방법에 관해서는 여러 가지 상반된 철학이 존재한다. 금액은 다양해도 부모들은 대부분 자녀에게 용돈을 준다. 이는 흔한 일이다. 하지만 아예 용돈을 주지 않고 집안일을 한 대가로 돈을 주면서 자녀를 회사의 직원처럼 대하는 부모들도 있다. 그리고 어떤 부모들은 두 가지 방법을 병행한다. 나는 주당 10달러의 용돈을 받고 세차나 눈 치우기를 해서 돈을 더 받았다.

사람들은 대부분 용돈을 월급으로 생각한다. 아이가 나쁜 행동을 하면 용돈을 줄일 수 있다. 아이들이 돈을 무한정 쓸 수 있다고 배우면 안 된다는 것을 제외하면 여기에 정답은 없다. 자녀의 필요와 욕구를 모두 충족시킬 수 있는 능력이 되는 부유한 가정에서는 실제로 아이들에게 그렇게 하는 경우가 많다. 그 결과 아이들은 돈의 가치를 배우지 못한다. 나는 어머니와 할머니 밑에서 자랐는데, 할머니는 식당에서 커피를 마시는 동안 비디오 게임을 하라고 나한테 동전 2개를 주곤 하셨다. 나는 2달러 이상 받아본 적이 없다. 그 덕분에 비디오 게임을 정말 잘하게 되었다.

부모가 자녀를 키울 때 직면하게 되는 가장 큰 재정적 문제는 대학 학비를 누가 부담할 것인가다. 어떤 부모는 고등 교육비 부담이 전적으로 자기 몫이라고 생각하고, 어떤 부모는 자녀가 그 책임을 분담하기를 바란다. 또 어떤 부모는 자녀의 대학 학비를 아예 부담하지 않으려고 한다.

나는 좀 더 진보적으로 생각하는 편으로 부모가 자녀의 대학 학비를 전부 또는 대부분 부담해야 한다고 생각한다. 학비가 연간 80,000달러(1,100만 원)에 달하는 사립 인문계 대학은 그렇게 큰 가치가 없을 수 있으므로 어떤 대학의 학비를 대줄지에 대한 결정은 남는다. 하지만 나는 자녀가 대학 교육을 받기를 원한다면 부모가 자녀에게 기본적인 대학 교육을 제공할 책임이 있다고 생각한다. 그런데도 자녀가 특정 학교에 마음을 두고 있는데 부모가 학비를 대주지 않는다면 부모와 자식 간에 불화가 생겨 그런 상태가 수십 년 동안 지속될 수도 있다.

현실적으로 보면 아이비리그와 같은 명문 대학교는 온갖 종류의 유무형 혜택을 제공한다. 그리고 졸업과 함께 연봉이 높은 좋은 회사에 취업하는 게 거의 보장되어 있다. 우등생 프로그램과 같은 저렴한 주립 대학교를 선택하고 싶을 수도 있겠지만, 이는 쉽게 가는 방법이 아니라 어렵게 가는 방법이다. 명문 학교는 일반적으로 사는 데 오랫동안 도움을 줄 인맥을 지닌 부유한 학생들을 입학시키니 말이다.

부모가 십 대 자녀에게 자동차를 사줘야 할까? 이에 대해서는 여러 가지 의견이 있다. 나는 15세가 되기 직전에 할머니가 돌아가시는 바람에 이런 고민이 필요 없었다. 나는 16세가 되면서 차를 물려받았는데 보험료는 어머니께서 내주셨다. 내가 물려받은 차는 1986년식 갈색 폰티악 1000이었다. 그 당시 나는 교회 오르간 연주자로 일하고 있었지만 버는 돈이 기름값만 충당할 정도여서 그것까지는 낼 수 없었다. 도움을 주신 어머니께 감사할 따름이다.

나는 자녀에게 자동차를 사주는 게 자녀를 잘못 키우는 것이라고 생각하지 않는다. 그리고 어쩌면 자녀가 자동찻값을 적게라도 분담하는 것이 더 나은 절충안일 수 있다.

다만 요즘에는 일하면서 돈을 버는 청소년이 많지 않다는 이야기를 들어봤을 것이다. 안타까운 일이 아닐 수 없다. 아무리 힘들어도 십 대들은 일해서 돈을 벌어야 한다. 자녀가 22세가 되어서야 첫 직장을 얻는 것은 부모가 원치 않는 일이다. 십 대가 아르바이트를 통해 습득하는 기술은 당신이 생각하는 그런 기술이 아니다. 햄버거 만드는 기술을 배워서 나중에 햄버거를 만드는 직업을 가지려는 사람은 아무도 없다. 하지만 정시에 출근하고, 적절한 복장을 갖추고, 일할 준비를 하고, 최대한 노력을 기울이는 것은 22세가 아닌 16세에 배워야 할 기술이다.

＊　　＊　　＊

사람들은 대부분 자기 돈과 관련된 습관이 인간관계에 미치는 영향에 대해 생각하지 않는다. 짠또는 인간관계를 정말로 해칠 수 있다. 그들의 자녀는 언젠가 심리 치료사에게 아버지가 대학 등록금을 내주지 않았다고 말할 것이다. 큰손도 마찬가지다. 배우자가 당신이 돈을 쓰지 못하게 하려고 비밀 계좌를 만들고 돈을 숨길 수도 있다.

여기서 우리의 목표는 돈을 잘 벌고, 존중하며, 신중하게 쓰고, 남는 것은 투자하는 등 돈과 건강한 관계를 맺는 것이다. 사람들이 당신을 지켜보고 있다. 그리고 당신의 행동을 모방할 것이다.

재정 생활을 균형 있게 꾸려나가고 돈과 건강한 관계를 맺기 위해 노력해야 한다. **돈을 지나치게 많이 사랑하거나 지나치게 덜 사랑하면 안 된다.** 우리 자신뿐만 아니라 주변 사람들을 위해서도 그렇다.

다음 장에서는 부채, 특히 특정 종류의 부채에 대해 자세히 살펴보자. 당신의 새로운 재정 생활의 기초가 될 것이다.

NO WORRIES

PART 3

부채
스트레스

Chapter 7
현금의 힘

현금을 보유해야 하는 이유

나와 당신, 이렇게 두 사람으로 구성된 경제가 있다고 가정해 보자. 나는 금융 뉴스레터를 작성하고 당신은 노즐을 만든다. 나는 내가 쓴 뉴스레터를 들고 노즐을 구하러 당신 집으로 간다. 이를 물물교환이라고 한다. 뉴스레터와 노즐을 교환하는 것이다.

하지만 당신이 뉴스레터 말고 다른 것을 원할 수도 있다. 당신은 치킨이 먹고 싶을 수도 있다. 그렇다면 나한테 뉴스레터를 받고 노즐을 준 다음, 노즐이나 뉴스레터 중 하나를 치킨과 교환하고 싶을 것이다.

물물교환은 잘 작동하지 않는다. 그래서 우리에게 돈이 있는 것이다.

돈은 이런 식으로 작동한다. 나는 뉴스레터를 작성해서 가치를 창출하고 이를 돈과 교환한다. 그러고 나서 돈을 내가 원하는 다른 것, 말 그대로 그 무엇과도 교환할 수 있다. 다른 사람들 모두 노즐이나 치킨을 만들어 돈으로 바꾸기 때문이다.

돈은 가치의 한 단위, 즉 우리가 가치를 측정하는 단위다. 돈은 가치 저장 수단으로 집에 무기한 보관했다가 나중에 그것으로 물건을 사면 된다.

돈은 또한 모든 사람이 보편적으로 받아들이는 교환의 매개체이기도 하다. 부채 스트레스에 대한 이 장을 현금에 관한 이야기로 시작하는 것은 부채가 작동하는 방식을 이해하려면 먼저 돈이 어떻게 작동하는지 이해해야 하기 때문이다.

은행에 현금 넣어두기

집은 모아둔 돈을 보관하기에 그리 편리한 장소가 아니다. 도둑이 들어 훔쳐 갈 수도 있기 때문이다. 돈을 안전하게 보관할 수 있는 곳이 있으면 좋지 않을까?

은행에 가보라. 은행은 돈을 안전하게 보관할 수 있는 장소다. 그런데 은행은 이상하게도 돈을 보관해주면서 그 대가를 제공하곤 했다. 이는 이해하기 어려운 일이다. 그러다 제로 금리가 오랫

동안 지속되었다. 은행에 돈을 맡기고 1년에 이자로 2달러(2,800원)를 받았던 것이다. 은행이 이자를 더 많이 준다면 사람들은 은행에 돈을 더 많이 예치하고, 주식 시장에는 투자를 덜 할 것이다. 하지만 이는 더 긴 논의가 필요한 부분이다.

믿기 어렵겠지만, 그리 멀지 않은 과거에는 이율이 꽤 높아서 은행에 돈을 넣어두는 것이 현실적인 투자 전략이 되었다. 은행에 돈을 예치해두고 연 8%의 이자를 받을 수 있다면, 그러니까 그것이 확실하다면 굳이 주식에 투자할 이유가 없을 것이다.

요즘에도 돈을 은행에 넣어두려는 것이 최악의 생각은 아니다. 은행에 돈을 넣어두면 좋은 점은 돈을 잃어버릴 염려가 없다는 것이다. 그런데 이는 은행에 있는 돈의 특성을 매우 과소평가한 생각이다. 은행 계좌에 있는 돈은 최대 25만 달러(3억 5,000만 원)까지 연방예금보험공사 보험에 가입되어 있으니 말이다.

사람들은 대부분 투자에 서툴다. JP모건이 수행한 1999년부터 2019년까지의 투자 수익률에 관한 연구를 보면, 이 기간에 주식은 연 5.6%의 수익률을 기록했지만, 보통 투자자의 수익률은 1.9%로 채권보다 더 나빴다. 보통 투자자가 1.9%의 수익을 내고 있다는 것은 특정 투자자들, 즉 투자자의 30%는 주가가 크게 상승하는 장에서도 사실 마이너스 수익을 내고 있다는 것을 의미한다. 즉, 주가가 상승하고 있는데도 손실을 보고 있다는 말이다. 말도 안 되는 일 아닌가?

이 1/3의 사람들은 주식 시장에 투자해서는 안 된다. 그리고 당신도 30%에 속할 가능성이 크다. 은행 계좌에 현금을 넣어두는 것도 괜찮은 전략이다. 왜냐고? 은행에서 한 푼도 못 버는 것이 주식 시장에서 손실을 보는 것보다 낫기 때문이다.

2011년부터 2021년까지 모든 사람들이 정말로 흥분해 있었다. 주식 투자가 식은 죽 먹기처럼 보였기 때문이다. 하지만 나는 매우 쉽지 않은 시기가 올 거라고 장담한다. 내가 라디오 프로그램을 진행할 때 가장 많이 받은 질문은 이런 것이었다. "주식 투자는 어떻게 하나요?" 나는 저축액이라고는 2,000달러(280만 원)밖에 없는 우버 운전자들에게서 이런 질문을 받곤 했다. 그러면 나는 이렇게 답했다. "선생님은 먼저 다른 일부터 해야 합니다."

다우나 S&P 500과 같은 주가지수에서 사람들이 내는 수익은 당신이 모든 것을 제대로 하지 않는 한 환상일 뿐이다. 적립식분할투자를 하면서 절대 팔지 않는 경우가 아니라면 말이다. 진화론적 관점에서 보면 인간은 나쁜 투자자가 될 수밖에 없다. 나도 마찬가지다. 우리는 돈을 잃을 방법을 찾을 것이다. 그래서 은행에서 돈 한 푼 못 버는 것이 세상에서 최악은 아닌 것이다. 단 한 가지, 그러니까 인플레이션만 주의한다면 말이다.

인플레이션이 높은 시기에는 은행에 돈을 넣어두는 것이 합리적이지 않다. 이 글을 쓰는 시점인 2023년은 높은 인플레이션을 경험하고 있는 시기다. 따라서 은행에 돈을 보관하라는 제안은 큰 매력이 없다. 물가상승률이 6%인데 은행에서 이자를 0% 받는다면 수익이 마이너스 6%인 것이나 마찬가지니 말이다.

그래도 당신이 은행에 돈을 보관해야 하는 이유는 많다.

비상 자금

현금을 보유해야 하는 첫 번째 이유는 비상 자금으로 써야 하기 때문이다. 비상시를 대비해 6~12개월치 생활비를 은행에 예금해 두는 것은 반드시 지켜야 할 매우 중요한 규칙이다. 우리가 언제 어떻게 될지 아무도 모르기 때문이다.

한 달에 집세 2,000달러(280만 원), 휴대전화와 공과금 등 기타 모든 비용 수백 달러(수십만 원), 식비 500달러(70만 원)를 쓴다고 했을 때, 이 모든 비용을 합치면 한 달에 4,000달러(560만 원)가 필요하다. 1년이면 48,000달러(6,600만 원)가 필요한 셈이다. 이 말은 당신의 은행 계좌에 비상 자금으로 최소 24,000달러(3,300만 원)가 항상 준비되어 있어야 한다는 뜻이다. 될 수 있으면 최대 48,000달러(6,600만 원)까지 보유하는 게 좋다.

왜 그래야 할까?

최악의 상황이 발생하여 실직하는 경우 비상 자금이 있으면 다른 일자리를 찾을 때까지 6~12개월 동안 걱정 없이 생활할 수 있기 때문이다. 거기다 실업 수당도 함께 받는다면 더 오래 버틸 수 있을 것이다.

이 책은 스트레스 없는 재정 생활에 관한 것이라는 사실을 기억하라. 직장을 잃는 등 그 어떤 일이 일어나도 끄떡없는 상태가 되었다고 상상해보라. 자동차 변속기가 고장 나도 걱정 없고, 고양이가 아파도 걱정 없다. 그게 바로 돈이 있어야 하는 이유다. 동물 애호가인 나는 주인이 치료비를 대지 못해 매년 수백만 마리의 반려동물이 생명을 구하지 못하고 안락사당한다는 사실에 크게 충격받았다. 이를 '경제적 안락사'라고 한다. 나는 그렇게 하고 싶지 않다. 비상 자금을 마련해두면 이런 불행을 막을 수 있다.

비상금에 인색하기 굴지 말라. 비상금을 따로 떼어 예금해두고 (필요하면 계좌를 따로 만들어도 된다) 그만큼 지출했다고 생각하라. 그 돈은 예상치 못한 지출을 충당하기 위한 것이니 보험을 든 셈 치면 된다.

그리고 제발 비상 자금으로는 투자하지 말라. 이자를 하나도 못 받든, 인플레이션으로 손해를 보든 그냥 예금 계좌에 그대로 남겨두는 게 좋다. 비상 자금을 암호화폐에 투자하는 사람들도 있다는데, 그건 미친 짓이다.

다른 일을 하기 전에 비상 자금부터 먼저 마련해두어라. 집을 사기 전에, 자동차를 사기 전에, 주식을 사기 전에, 암호화폐를 사기 전에 말이다. 이 큰돈을 비상 자금으로 썩혀야 하나 싶겠지만,

그렇게 생각하지 말라. 내가 떼어둔 비상 자금은 그보다 훨씬 더 큰 금액이다. 하지만 내 비상 자금은 비상시만을 위한 것이 아니라 다른 용도로도 사용된다.

이제 현금의 선택가치해당 자원을 현재 사용하지 않기 때문에 지금은 사용가치가 없지만, 나중을 위하여 보전해 두기를 원하는 미래의 예상가치-옮긴이에 대해 알아보자.

현금의 선택가치

현금은 선택의 폭이 넓다. 은행 계좌에 50,000달러(7,000만 원)가 있다고 치자. 이 돈은 아무 일도 하지 않고 그냥 거기 머물러 있다. 하지만 뭔가 하고 있는 것일 수도 있다. 그렇다면 당신은 이 돈으로 무엇을 하고 있을 수 있단 말인가?

그러니까 좋은 투자 기회가 찾아올 수도 있다. 아니면 여행 중에 꿈에 그리던 집을 발견할 수도 있다. 항상 갖고 싶었던 빈티지 자동차가 올라왔을 수도 있다. 투자든 소비든, 이러한 기회를 잡으려면 현금이 필요하다. 현금이 없으면 이런 일을 하나도 못 한다.

2015년에 구매한 내가 현재 사는 집은 내가 은행에 상당한 금액의 현금을 가지고 있었던 덕분에 살 수 있었다. 나는 계약금 수표만 썼을 뿐, 주식을 팔거나 대출을 받아 집값을 마련하는 등의 고민을 전혀 하지 않았다. 수표만 쓰고 모든 일이 끝난 것이다.

당신에게는 낯선 개념처럼 보일 수 있지만 살다 보면 이런 기회가 온다. 주식이든, 처남의 사업이든, 헤지펀드든, 심지어 재미있는 물건이든, 살다 보면 이런 기회가 여러 번 찾아올 것이다. 그래서 그때를 대비해 현금을 많이 확보해두어야 한다.

궁극적으로 순자산의 20%는 비상시나 기회가 왔을 때, 또는 4부에서 설명할 포트폴리오상의 이유로 현금으로 보유하는 것이 좋다. 이는 스트레스 없는 재정 생활을 위한 것으로 현금을 많이 보유하면 재정적 스트레스를 크게 줄일 수 있다.

내가 가장 좋아하는 영화 중 하나는 2014년 리메이크된 마크 월버그 주연의 〈겜블러〉다. 존 굿맨이 사채업자를 연기하는데, 거기서 그는 내가 본 영화 중 돈에 관한 최고의 말을 한다. 욕설이 난무하는 이 말의 핵심은 빚이 없고 현금이 많으면 불멸의 존재가 된다는 것이다. 이는 'F*** you'의 위치에 도달하는 것이라고 한다. 어떤 설명으로도 다 설명할 수 없으니 영화를 직접 봐야 한다. 마크 월버그의 연기는 최악일지 몰라도 영화는 훌륭하다.

거래할 때 막대한 현금을 가지고 있으면 권력을 손에 쥔 것과 같다. 왜 그런지, 거액의 주식 포트폴리오가 있다고 가정해보자.

첫 번째 시나리오는 주가가 상승했는데 팔고 싶지 않은 경우다. 두 번째 시나리오는 주가가 하락해서 팔고 싶지 않은 경우다. 어떤 경우든 당신은 주식을 팔고 싶지 않을 것이다. 주식을 좋아하고 좋은 투자라고 생각하기 때문이다. 따라서 당신은 자산 부자인 동시에 현금 빈곤층이 된다.

자산이 많으면 당신은 매우 취약해진다. 그런데 현금 포지션이 크면 취약성이 줄어든다. 당신은 오히려 무적의 존재가 될 수도 있다.

물론 장단점이 있다. 수익률과 안전성은 상충관계다. 나는 수익률보다 안전성에 더 높은 가치를 둔다. 백만장자가 되는 것이 목표가 아니라 스트레스 없는 재정 생활을 하는 것이 목표라는 점을 기억하라.

아주 많은 사람이 주식 시장의 수익을 '놓치고 있다'고 생각하기 때문에 은행에 현금을 예치하지 않는다. 그들은 "현금은 있어 봐야 별 도움이 되지 않는다"고 말한다.

아니다. 현금을 은행에 예치해두자. 그러면 목적을 이룰 수 있다. 그 목적이란 당신의 정신 건강이다. 그보다 더 중요한 것은 아무것도 없다.

유동성

유동성이란 자산을 현금으로 쉽게 바꿀 수 있는 속성을 말한다. 현금은 유동성을 정의하는 것이니 유동성은 이미 현금인 셈이다.

대부분의 주식은 유동성이 있어 매도하기 어렵지 않지만, 일부 주식은 거래량이 적어 보유량이 많으면 빠져나오는 데 시간이 걸린다. 뮤추얼펀드는 주식과 채권 모두 유동성이 있다. 뮤추얼펀드 회사는 법률에 따라 환매 요구를 충족해야 하기 때문이다.

부동산은 그리 유동성이 좋지 않다. 집을 팔려면 3개월은 걸린다. 서둘러 돈을 찾아야 하는 경우 좋은 일이 아니다. 이것이 부동산 투자의 가장 큰 문제다. 임대 중인 집 10~12채를 팔려면 1년이 걸리는데 그사이에 경기가 침체하면 한순간에 날벼락을 맞게 되는 것이다.

마찬가지로 개인 기업의 주식도 유동성이 좋지 않다. 당신은 아마 인수나 기업공개와 같은 일종의 경영권 변동에 따른 유동화 기회liquid event가 발생할 때까지 그 주식을 보유하게 될 것이다. 그러니 개인 회사에 투자할 기회가 있다면 자본이 장기간 동결될 수 있다는 점을 염두에 두어야 한다.

스트레스 없는 재정 생활을 한다는 것은 항상 유동성이 풍부한 상태를 유지하는 것을 의미한다. 부동산 투자자로서 주택을 10~12채 보유하고 있어도 현금을 많이 보유해야 한다. 자산이 많은 현금 빈곤층이 돼서는 안 된다. 그러면 문제가 생길 수 있다. 그런데 안타깝게도 이렇게 사는 사람들이 많다.

현금이 있으면 긴급 상황에 대처할 수 있는 유동성이 생기고, 적절한 시기에 투자할 수 있는 유동성이 생기며, 원하는 방식으로 시간을 보낼 수 있는 유동성이 생긴다. 현금은 매우, 매우 과소평가되어 있다.

돈을 현금으로 보관하기

문제는 현금을 어디에 보관하느냐다. 은행에? 아니면 어디 다른 곳에? 의외의 답이 나올 수도 있는데, 나는 현금의 상당 부분은 지폐와 같은 실제 현금으로 보관해야 한다고 생각한다.

예를 들어보겠다. 폭풍이 불어와 지붕 위쪽에 있는 나무가 쓰러졌다고 해보자. 그래서 전기까지 나갔다. 당신은 지붕 위에 떨어진 나무를 어떻게 치우겠는가? 치워줄 사람에게 전화했는데 신용카드를 안 받는다면 어떻게 비용을 지불해야 할까? 신용카드를 받더라도 현금으로 5,000달러(700만 원)를 주겠다면 그가 먼저 달려와 줄 가능성이 크지 않을까?

나는 또한 현금인출기에 가서 40달러(50,000원)만 찾는 사람들도 이해할 수 없다. 그들은 이틀 만에 돈을 다 쓰고 다시 현금인출기를 찾을 것이다. 사람들은 강도를 당할지도 모른다는 근거 없는 두려움이 있다. 물론 지갑에 500달러(70만 원)를 넣고 다니고 싶지 않은 지역도 있긴 하다. 하지만 그렇지 않은 경우라면 강도를 당할 확률은 극히 미미하며, 당하더라도 더 걱정해야 할 것은 500달러가 아니다.

또한 지갑을 잃어버릴 수도 있다. 그때 지갑에 현금이 많이 들어 있었다면 화가 날 수도 있다. 하지만 많은 경우 현금은 신용카드를 모두 분실 신고하고 새 면허증을 발급받기 위해 해야 하는 여러 가지 절차에 비하면 걱정이 덜 되는 부분이다.

나는 현금인출기에서 600달러(84만 원)를 50달러(7만 원) 지폐로 찾는다. 그러면 몇 주 정도는 쓸 수 있다. 그리고 여러 가지 이유로 물건을 살 때 되도록 현금으로 결제하려고 한다. 그중 한 가지 이유는 사생활 보호다. 의심받을 일을 하는 것은 아니지만 내가 매일 어디에서 점심을 먹는지 기록으로 남길 이유가 없으니 말이다.

하지만 더 큰 이유는 지갑에 가득 들어 있던 현금을 쓰다 보면 현금이 다 떨어지기 때문이다. 그러면 끝이다. 쓸 돈이 없어지는 것이다. 얼마 전 어떤 사람이 몇 달간 신용카드를 사용하지 않고 현금만 가지고 다니는 '현금 다이어트'라는 아이디어를 생각해냈다. 이는 자신이 얼마나 돈을 많이 쓰는지 알아보는 좋은 방법이다. 사람들은 대부분 신용카드를 사용할 때는 그걸 잘 모른다. 하지만 지갑에 있던 현금을 다 써버리고 나면, 한 달 지출은 다 한 게 되는 것이다. 이런 비법과 요령들이 때로는 관심을 끌기 위한 교묘한 수법 같기도 하지만, 나는 이 현금 다이어트에 전적으로 찬성한다.

나는 또한 신용카드로 물건을 사지 않으려 한다. 나는 돈도 있고 소비 습관도 꽤 좋지만, 언젠가 카드 청구 금액이 커져서 갚지 못하게 될 수도 있다는 생각에 마음이 불편하다. 현금 결제는 정말 좋은 습관이다. 게다가 현금으로 결제하면 할인 혜택을 주는 경우도 몇 번 있었다. 한 보석 가게에서 그랬다.

비상 자금으로 24,000달러(3,300만 원) 정도 필요하다는 계산이 나오면, 그중 약 5,000~10,000달러(700만~1,400만 원)는 집에 현금으로 보관하는 것도 나쁘지 않다. 불안하다면 금고를 구하면 된다. 아니면 돈을 숨길 수 있는 비밀 장소를 찾아보라.

이 모든 것을 떠나, 나는 가끔 은행에서 현금을 인출하는 데 어려움을 겪은 적이 있다. 요즘 은행은 강도가 들 때를 대비해 현금을 많이 보관하지 않는다. 한 번은 은행에 갔는데 한 남자가 자기 집에서 일하는 사람에게 줄 현금 7,000달러(1,000만 원)를 찾으러 왔다. 그런데 창구 직원이 은행에 그렇게 많은 돈이 없다고 했다. 하지만 그것은 거짓말이었을 것이다. 은행 직원은 7,000달러를 현금으로 찾으려면 일주일 전에 미리 요청해야 한다고 했는데, 그 남자는 완전히 속은 것이다. 나는 3,000달러(400만 원)씩 증액해 인출하면 아무 문제 없다는 사실을 알게 되었다. 하지만 그들은 항상 현금을 찾아야 하는 이유를 묻는다. 나는 그냥 "금융 시스템 밖에서 돈이 필요해서요"라고 말한다. 그러면 그들도 할 말이 없는 것 같다.

당신은 한 번에 만 달러를 넘게 찾으면 정부에 신고된다(우리나라는 1,000만 원 거래 시 신고된다-옮긴이)는 사실을 알고 있을 것이다. 이를 피해 한 번에 9,000달러(1,200만 원)만 찾는 사람들도 있는데, 실제로 이를 분할거래라 하여 금지하는 법이 있으니 그렇게 하지 말라. 만 달러라는 한도는 1970년대에 정해진 후 그간 물가 상승에 맞춰 조정되지 않았기 때문에 이 모든 것이 사기다. 만약 조정되었다면 한도가 지금은 70,000달러(1억 원)가 되었을 것이다.

다른 현금 보관처

현금을 집 말고 어디에 보관하면 좋을까? 당연히 은행이다. 은행은 안전한 데다 보험에도 가입되어 있기 때문이다. 문제는 이자를 전혀 지급하지 않거나 매우 낮다는 것이다. 대안으로 머니마켓뮤추얼펀드money market mutual fund, 즉 MMF가 있지만 이 글을 쓰는 시점의 단기 금융 업계는 매우 좋지 않은 상황이다. 그나마 다행인 점은 MMF가 유동성이 좋다는 것이다.

현금으로 조금이라도 이자를 받고 싶다면 양도성예금증서CD 또는 고수익 저축 예금 계좌를 선택하면 된다. 이들은 이자를 많이 주는 편이 아니지만, 요즘에는 그래도 이율에 변동이 있는 것 같다. 알다시피 CD는 이자를 더 받는 대신 일정 기간 돈을 묶어두어야 한다. 실제로 나는 CD를 구매한 적이 없다. 은행에 현금을

예치하는 것의 가장 큰 장점은 즉시 사용할 수 있다는 것인데 CD
에서 돈을 인출하려면 위약금을 내야 하기 때문이다. 앞서 말했듯
이 CD와 MMF는 수익률이 낮아서 일반적으로 그다지 가치가 없
지만, 2022년부터 그런 상황이 바뀌기 시작했다.

　잘 알려지지 않은 현금 보관처 중 하나로는 장단기 미국 채권을
직접 구매할 수 있는 정부 웹사이트 트레저리다이렉트Treasury Direct
가 있다. 사람들은 대부분 이곳에서 만기 1년 미만의 채권인 단기
채T-bills를 산다. 나는 트레저리다이렉트에서 30년 만기 채권을 사
는 사람을 본 적은 없다. 하지만 최근 2022년까지만 해도 은행에
서는 불가능한 5%의 수익률을 제공하는 단기채를 살 수 있었다.
또한 인플레이션이 높은 시기에 크게 관심을 끄는 인플레이션 연
동 채권인 아이본즈I bonds도 트레저리다이렉트에서 구매할 수 있
는데 구매 금액이 만 달러(1,400만 원)로 제한되어 있다.

금

금에 대해서는 말하고 싶지 않지만 마지못해 여기서 한마디해야
겠다. 금에 대해서는 이성적인 토론을 하기 쉽지 않다. 금에는 정
치적 의미가 있다. 당신이 금을 소유하고 있다면 기본적으로 제대
로 돌아가지 않는 정부가 돈을 너무 많이 찍어내 인플레이션을 일

으킬 것으로 생각한다는 뜻이다. 금을 가지고 있지 않다면 그것은 정부가 제대로 일을 할 것이라는 믿음의 표현이다.

좌익 성향의 사람들은 그렇지 않은데, 우익 성향의 사람들은 금을 좋아하는 경향이 있다. 어떤 우익 성향의 사람들은 금벌레처럼 모든 자산을 금에 투자하고는 금 관련 뉴스레터와 음모론 웹사이트를 읽으며 시간을 보내기도 한다. 확실히 금에는 특이한 요소가 있다. 하지만 금도 투자처의 역할을 한다.

많은 이들이 금에 노출되어야 하는지 궁금해한다. 문제는 부자가 아닌데 금을 실물로 구매하려면 거래 비용이 매우 많이 들어서 소액 지옥에 갇히게 된다는 것이다. 하지만 다행히도 동전과 금괴를 사서 집에 보관하는 번거로움 없이 금에 노출될 수 있는 저렴하고 쉬운 방법이 있다.

내가 리먼브러더스에서 ETFExchange Traded Fund(주식처럼 거래가 가능하고, 특정 주가지수의 움직임에 따라 수익률이 결정되는 펀드) 거래 책임자로 일하던 2005년에 스테이트스트리트State Street와 세계금협회World Gold Council에서 두 사람이 나를 찾아왔다. 그들은 런던의 지하 금고에 있는 실물 금으로 뒷받침되는 금 ETF를 만들고 싶다고 했다. 이 펀드는 연간 0.4%의 비용이 발생했는데, 이는 펀드에서 공개 시장에 금고에 있는 금을 조금씩 매각해서 지급했다. 출시가 성공적이었다고 말하는 것으로는 부족했다. 이보다 더 짧은 시간에 자산을 더 많이 모은 것은 비트코인 선물 ETF뿐이었다.

요즘에는 누구나 금을 증권화된 형태로 구매할 수 있다. 금벌레들은 금을 직접 보유하지 않으면, 그러니까 동전이나 금괴를 집에 두지 않으면 금을 소유한 게 아니라고 말하는 성가신 순수주의자들이다. 금을 실물로 보유하려는 이유가 금융 시스템이 붕괴하여 금화로 삼겹살을 사야 하는 만일의 사태에 대비하기 위해서란 말인가? 세계 종말에 대한 헤지hedge(위험 회피) 수단 외에도 금을 보유해야 하는 다른 이유가 있다. 많은 사람이 금을 안전자산으로 생각하지만 실제로는 그렇지 않다. 이에 대해서는 나중에 이야기해보자.

* * *

현금은 매우, 매우 과소평가되어 있다. 금융업 종사자들은 대부분 현금을 부정적인 시각으로 본다. 그들은 현금이 수익에 걸림돌이 된다며 전부 투자해야 한다고 말한다. 이는 10년 동안 시장이 줄곧 상승할 때는 하기 쉬운 말이다.

현금은 미래에 물건을 더 싸게 살 수 있는 선택권이다. 그리고 선택권은 매우, 매우 중요하다. 내가 가지고 있던 현금으로 샀던 해변 근처의 땅에 관해 이야기해주겠다. 6개월 후에 그 땅은 가격이 두 배로 뛰었다. 눈을 뜨고 있으면 인생은 기회로 가득 차 있다. 그리고 그 기회를 잡으려면 현금이 필요하다.

현금 보유가 주는 안정감과 스트레스 해소에 대해 알려줬으니 이제는 신용카드를 시작으로 스트레스를 유발하는 네 가지 부채 영역에 대해 살펴보자.

Chapter 8
돈 걱정을 일으키는
신용카드

순간을 사는 삶은 나름대로 장점이 있다. 내가 가장 좋아하는 말 중 하나는 "지금 당장 결정하지 않아도 돼. 그런 걱정은 나중에 해도 돼"라는 말이다.

이 말의 목적은 단기적으로 스트레스를 줄이기 위한 것이다.

몇 년 전 나는 사무실에 놓으려고 현금으로 구매한 시계에 'NOW'라는 말을 크게 적어 놓았다. 과거나 미래에 살면 비참해지고 '현재'에 살아야만 행복하다는 것을 떠올리기 위해서였다.

하지만 우리가 지금 내리는 구매 결정은 미래까지 영향을 주는 결과를 낳는다. 만약 당신이 타겟Target에서 200달러(28만 원)짜리 액자를 신용카드로 결제부터 하고, 돈 낼 일은 나중에 걱정하기로 했다면 정말로 나중에 걱정하게 된다. 신용카드로 샀다고 물건값을 낼 걱정에서 벗어날 수 있는 것은 아니란 말이다. 신용카드는 그 걱정을 나중으로 미뤄주는데, 그 나중이란 당신이 미뤄둔 모든 결정의 총합이 매달 거금의 청구서가 되어 당신의 얼굴을 쳐다보고 있는 바로 그 순간이다.

지금부터 진짜 스트레스가 시작된다.

신용카드는 매우 신중하게 사용해야 한다. 신용카드는 편리한 결제 수단이므로 그 편리가 꼭 필요한 경우에만 사용해야 한다. 현금이 확보된 구매가 아니라면 신용카드를 사용해 경솔하게 지출하면 안 된다. 이 말인즉, 이미 은행 계좌에 돈이 그만큼 있어야 한다는 뜻이다.

나는 비싼 옷을 살 때는 은행 계좌에 즉시 결제할 수 있는 현금이 있는 경우에만 '구매' 버튼을 누른다. 당신은 없어도 되는 물건을 사면서 이자를 내는 일이 없어야 한다. 혹시라도 연체를 해서 큰 이자를 낼 일은 절대로 만들지 말아야 하는데, 특히 굳이 안 해도 되는 일로 이자를 내는 일은 없어야 한다.

내가 좋아하는 것이지만 고가인 경우에도 신용카드를 사용하지 않으려고 매번 현금으로 2,000달러(270만 원)를 들고 갔다. "내가 어떤 일로 이자를 내면 가장 멍청한 짓을 하는 걸까?"라고 자신에게 물어보라.

나는 비싼 옷이나 취향보다 차라리 식료품처럼 다른 필수품에 이자를 지급하는 편이 훨씬 낫다고 생각한다.

＊　　＊　　＊

어떤 사람들은 신용카드가 모든 악의 근원이라고 말한다. 나는 거기에 동의하지 않는다.

나는 신용카드는 악이라며 신용카드를 사용하지 않거나 잘라 버리고 편리한 세상을 떠나 항상 현금을 사용할 수도 있다. 그러면 신용카드 문제는 확실히 해결할 수 있겠지만 삶이 엄청나게 힘들어질 것이다. 나는 이렇게 사는 것은 매우 효율적인 사람들의 습관이 아니라고 말하고 싶다.

신용카드를 사용하면서 사용 대금을 잘 내는 사람들은 단기적으로 신용을 쌓아두는 것이 장기적으로 주택이나 자동차, 대학 등 중요한 결정에 필요한 비용을 마련하는 데 중요한 부분임을 잘 아는 사람들이다. 신용불량자는 주택담보대출을 받을 수 없다. 21세기에 신용카드 없이 호텔이나 렌터카를 예약하기란 매우 어렵다. 아니, 불가능하다. 요즘은 전자적으로 편리하게 결제할 수 있는 수단이 없으면 문명사회의 일원이 될 수 없다.

하지만 신용카드를 어디에 사용하는 것이 경제적으로 합당한지 결정해야 한다. 신용카드는 유용하지만 재정적으로 큰 스트레스를 유발할 수 있다. 만약 당신이 어떤 달에 청구액을 모두 결제하지 못한 적이 있다면, 최소 결제액을 내면서 잘못하면 곧 파산할 것 같은 느낌이 들 것이다. 남은 금액이 시간이 갈수록 점점 더 불어나리라는 것을 알기 때문이다.

신용카드 빚이 점점 더 커지는 이유 중 하나는 신용카드는 할부 부채가 아니라 리볼빙 부채이기 때문이다. 주택담보대출은 할부 부채로 원금과 이자로 구성된 고정된 금액을 매달 상환하면 된다. 반면 리볼빙 부채는 이자가 매월 계산되며, 시간이 갈수록 이자에 이자가 더해져 부채가 기하급수적으로 증가한다.

아인슈타인이 말한 것으로 잘못 추정되는 명언이 있다. "복리 이자는 세상의 여덟 번째 불가사의다." 마이너스 복리 이자는 허 벅지 뒤쪽을 치즈 강판으로 긁어내는 것처럼 고통스럽다.

당신의 돈은 복리로 매년 조금씩 이자(또는 주식 시장에서의 수익)에 이자가 붙어서 시간이 가면서 몇 배로 불어나야 한다. 신용카드의 세상에 갇혀서 재산이 마이너스 복리로 줄어들고 있다면 이런 세상으로 들어오겠다는 희망은 아예 버려라. 이런 일은 다른 종류의 부채가 아니라 신용카드 부채에서만 일어나는 일이다. 그래서 신용카드 부채가 매우 위험하다는 것이다.

신용카드가 편리한 결제 수단이라고 말하면 그럴듯하고 친절 해 보일 수도 있겠지만, 나는 신용카드의 해로움을 과소평가하고 싶지 않다. 조금만 부주의하게 신용카드를 쓰면 대금을 연체하게 된다. 그리고 나서 연체금을 또 연체하게 되는 것이다.

사람들은 신용카드를 현금처럼 보지 않는다. 신용카드 같은 것 이 없던 시절에는 현금이 없으면 비싼 재킷을 사고 싶어도 살 수 없었다. 그러니 매장에 서 있을 때 재킷값을 낼 계획이 서지 않으면 재킷을 사지 말아야 한다.

신용카드는 공짜 돈이 아니다. 지금 결제하든 나중에 결제하든 결국은 돈을 내야 한다. 그리고 내야 할 돈으로 오래 남아있으면 결국 거기에 이자가 붙어서 원금과 같은 금액 또는 그 이상의 금액을 더 내게 될 수도 있다. 그러면 재킷 몇 벌 값을 내는 셈이 된다.

신용카드가 없으면 우리 삶은 불편해질 것이다. 우리 모두 거액을 현금으로 들고 다녀야 하고, 마트에서는 계산대에 서서 거스름돈을 세고 있어야 할 것이다. 신용카드는 시간을 절약해주는 발명품이다. 하지만 잘못 사용하면 큰 불행을 초래할 수 있다.

*　　*　　*

그렇다면 신용카드를 올바르게 사용하는 방법에 관해 이야기해보자.

방법은 간단하다. 매달 청구액을 갚아나가라.

행동보다 말이 쉬운 일이 있다. 이것이 그런 일이 되어서는 안 된다. 당신이 스트레스 해소를 원한다면 신용카드와의 관계를 재평가할 필요가 있다.

신용카드는 물건값을 지불하는 편리한 수단이라고 알아두어라. 하지만 신용카드는 돈을 빌리는 데 극히 나쁜 수단이다.

"말은 쉽죠, 딜리안. 매달 청구서를 해결할 돈이 없는걸요."라고 당신은 말한다. 이를 해결할 간단한 방법이 있다. 지출을 줄이면 된다. 하지만 당신은 그럴 수 없다고 말한다.

자, 이제 식탁 앞에 의자를 끌어다 놓고 앉아서 예산을 세워볼 때가 왔다. 세후 수입이 얼마인지 알아보고, 신용카드 명세서를 꺼내서 월별 지출을 도표로 만들어 적자가 얼마인지 계산해보라. 적자가 난다면 신용카드가 문제가 아니라 지출이 문제인 것이다.

신용카드는 내일의 생활 수준을 낮추는 대가로 오늘 더 높은 생활 수준을 누릴 수 있게 해준다. 이 부채가 결국 당신의 발목을 잡을 것이다. 그리고 이를 해결할 수 있는 유일한 방법은 지출을 줄이는 것뿐이다. 이는 신용카드의 문제가 아니라 예산 관리의 문제다. 신용카드는 당신이 정말로 문제가 없다고 믿게 만든다. 당신은 시간이 가면서 계속 늘어나는 이 신용카드 청구액을 갚느라 남은 인생을 바쳐야 할 것이다. 그러다 크게 각성하고 모두 상환하거나 파산하게 될 것이다. 아니면 이자를 평생 내다보면 시간이 흘러 그동안 낸 이자만 수만 달러(몇천만 원)가 될 수도 있다. 이는 당신이 더 생산적인 일에 사용할 수도 있었을 돈이다.

그렇다면 끝이 없어 보이는 이 영혼을 갉아먹는 빚의 굴레에서 어떻게 벗어날 수 있을까?

매달 청구액 상환하기

사람들은 이렇게 하면서 힘들어하기 때문에 반복해서 강조한다.

예전에는 신용카드로 얼마를 사용했는지 쉽게 파악할 방법이 없었다. 인터넷이 생기기 전에 우리는 월말에 우편으로 날아온 청구서를 보고 깜짝 놀라곤 했다. 이제는 다행히도 신용카드앱이 있어서 언제든지 이용 내역을 확인할 수 있게 되었다.

내가 추천하는 방법은? 일주일에 한 번 이용 내역을 확인하는 것이다. 기분 좋은 금요일 오후가 좋을 것 같다.

휴대전화에서 신용카드 앱 버튼을 누르는 데 재미를 붙여야 한다. 그러려면 노력이 필요하다. 나쁜 소식을 듣고 싶어 하는 사람은 없으니 말이다. 내 생각에 휴대전화의 신용카드앱 버튼을 누르면 다섯 번 중 네 번은 나쁜 소식을 듣게 될 것 같다.

나는 내가 신용카드로 얼마나 지출하고 있는지 대략 알고 있다. 우리 모두 그렇다. 나는 액수가 큰 구매는 항상 염두에 두지만, 치폴레 여행에서 쓴 돈들처럼 자잘한 것들은 다 잊어버리기 쉽다. 그러면 이런 것은 모두 합해서 기억하면 된다.

버튼을 누르면 불쾌해질 것이다. 그렇다면 왜 불쾌한 일을 해야 할까?

대답은 간단하다. 필요하면 월말이 오기 전에 지출을 조정할 수 있기 때문이다. 예금 계좌에 3,000달러(410만 원)가 있는데 월말 신용카드 예상 청구액을 확인했더니 2,000달러(270만 원)라면, 지출 속도를 크게 줄여야 월말에 청구액을 전액 결제할 수 있다는 것을 알 수 있다. 앱의 버튼을 누르지 않으면 이 사실을 모르고 계속 지출하게 될 것이다.

청구액을 한꺼번에 상환하려면 힘든 일도 해야 한다. 이를 '단련'이라고 부르는 사람들도 있다. 나는 이게 쉽게 할 수 있는 일이라고는 말하지 않았다.

앞서 말했듯이 25년 전에는 그달 청구 예상액을 확인할 길이 없었다. 요즘은 엄지손가락을 버튼 위에서 1㎜만 움직이면 된다. 세상에서 가장 쉽고도 힘든 일이라는 걸 이해한다. 하지만 해내야만 한다. 나는 하고 있고, 당신도 그래야 한다.

그리고 월말이 되면 나는 항상 내 지출 내역을 돌아보며 "꼭 필요한 일이었을까? 그럴 만한 가치가 있었을까?"라고 자문한다. 이렇게 하면 다음 달에는 쓸데없는 곳에 돈을 쓰지 않게 된다. 이렇게 끊임없이 고쳐나가는 것이다.

지출 습관 점검하기

애초에 카드 청구 금액을 낮게 유지할 방법은 무엇일까? 이는 지출에 대한 더 큰 철학의 일부로 필요한 것과 필요하지 않은 것에 대해 생각하는 것이다.

어떤 사람들은 상점에 들어갈 때마다 뭐든 사야 한다고 생각한다. 내 주변에도 그런 사람이 있다. 하지만 매장에 들어갔다고 해서 물건을 다 사야 하는 것은 아니다. 아마존에 로그인해서도 물건을 사지 않을 수 있다.

소비 습관에 대해 자신에게 물어볼 두 가지 질문이 있다.

첫째, 하루에 돈을 얼마 쓰는가?

둘째, 불필요한 물건을 얼마나 많이 사는가?

먼저, 하루에 돈을 얼마 쓰는가? 한 5년 전에 나는 미국 사람들은 하루 평균 67달러(93,000원)를 지출한다는 기사를 읽은 적이 있다. 인플레이션으로 인해 지금은 더 높아졌겠지만, 대략 얼마인지 짐작이 갈 것이다. 67달러는 집세나 주택담보대출 상환액 같은 주거비를 제외한 금액이다. 나는 이런 생각을 많이 한다. 일과를 마치고 집에 돌아오면 점심값으로 20달러(28,000원), 기름값으로 50달러(68,000원)를 썼다고 생각하는 것이다. 전부 70달러(96,000원)를 썼으니 적당히 쓴 셈이었다. 하지만 케이블 요금, 주택 관리비, 해충 퇴치기 요금까지 합치면 지출이 금방 늘어나기 시작한다. 예산을 세울 때, 한 달 동안 지출하는 금액뿐만 아니라 하루 기준으로도 비용을 계산해보기를 강력하게 추천한다. 그러면 임의 지출을 할 여유가 별로 없다는 것을 알게 될 것이다.

그리고 불필요한 물건을 얼마나 많이 사는가? 우리 집에는 물

건이 상당히 많다. 우리가 7년 동안 살고 있는 이 집은 처음 이사
왔을 때는 비어 있었다. 하지만 예전 집보다 넓은 이 집이 지금은
물건으로 가득 차 있다. 나는 집에 더 이상 물건을 들여놓고 싶지
않다. 나이 49세에 26년치 물건이 있으니 말이다. 지금 나는 당신
한테 재정적 미니멀리즘을 추구하면서 밴에서 살라는 것이 아니
다. 어떤 사람들은 그렇게 살기도 하지만 말이다. 나는 물건에 파
묻혀 있다고 느끼지는 않지만, 그래도 지상 낙원과 같은 섬에서
휴가를 보내고 있다면 다른 30개의 커피잔과 함께 놓을 커피잔을
기념품으로 사지 않을 것이다. 시간이 지나면 당신은 어떤 물건이
의미가 있고 없는지 다 알 수 있다.

카드에 너무 집착하지 말라

많은 사람들이 카드를 몇 장 보유해야 좋을지 고민한다. 구글에서
검색해봐도 되지만 일반적인 답은 4~5장이라고 할 수 있다. 나는
3장을 추천한다.

　쓰던 신용카드가 거절되어 다른 카드를 써야 할 상황이 생길
수 있기 때문이다. 그리고 백업을 위한 백업이 필요할 수도 있다.
나는 2012년에 뉴욕에서 옷을 아주 많이 샀는데, 그때 1,000달
러(140만 원)를 아끼려고 네 번째 카드를 만드는 바람에 현재 카드

가 4장이다. 매장 브랜드 연계 신용카드를 새로 만들면 보상으로 1,000달러를 할인해준다기에 만든 것이었다.

그런데 이러지 말자.

5장이 넘는 신용카드의 만기일과 청구 금액을 관리하는 것이 얼마나 스트레스가 될지 생각해보라. 복잡하지 않을수록 좋다.

한 가지 해답은 체크카드다. 신용카드 4장에 체크카드 1장이 좋은 조합이다. 하지만 체크카드도 신용카드와 마찬가지로 지출 내역을 파악하기 어렵다는 문제가 있다.

포인트에 대한 몇 가지 포인트

사람들은 포인트에 지나치게 집착한다. 그런데 어마어마한 양의 포인트와 마일리지가 사용되지 않고 쓸모없이 소멸되어버리니 이는 기이한 현상이다. 사람들은 어떤 카드가 포인트와 마일리지를 가장 많이 적립해주는지를 신경 쓰고 정작 그것을 절대로 현금화하지 않는다.

신용카드 회사들은 매우 영리하다. 우리는 그들이 포인트와 리워드를 기준으로 카드 마케팅을 한다는 사실을 알아야 한다. 그들은 어떤 카드의 이율이 가장 낮은지를 기준으로 마케팅을 하지 않는다. 이율이 낮다고 광고하는 신용카드 광고를 본 적이 있는가?

포인트는 사실상 비용이 거의 들지 않기 때문에 신용카드 회사 차원에서는 공짜 마케팅인 셈이다. 모두들 포인트에 대한 기대감에 부풀어 있다가도 정작 사용하지는 않으니 말이다.

나는 포인트와 마일리지를 꽤 많이 쌓아서 사용하고 있다. 1년에 한두 번 정도 무료 항공권을 받고, 가끔 포인트를 사용해 라스베이거스의 호텔 방을 예약하기도 한다.

하지만 포인트와 마일리지에 대해 기억해야 할 점은 이로 인해 장기적으로는 돈을 더 많이 지출하게 된다는 것이다. 마일리지를 사용해 비행기를 타고 어딘가 가면 렌터카, 호텔 숙박비, 식비 등을 지출해야 한다. 이는 소비를 줄이는 효과적인 도구가 아니다. 공짜로 무언가를 얻는 것은 맞지만, 그것이 없었다면 하지 않았을 값비싼 여행을 하게 되기 때문이다.

또한 사람들은 포인트 계산을 잘 못한다. 일반적으로 구매 금액의 1~2%가 적립되는 포인트는 큰돈이 아니다. 그러니까 연간 만 달러(1,400만 원)를 카드로 써봐야 겨우 100달러(14만 원)를 돌려받는다는 뜻이다. 주유비를 5% 절약해주는 카드가 있다면, 일반적으로 미국 사람들이 연간 약 3,000달러(420만 원)를 주유비로 지출하므로 고작 150달러(20만 원)를 절약하는 셈이라는 사실을 기억하라. 그러면서 이 사람들은 엄청난 카드 할부금을 유지하고 수천 달러(수백만 원)의 이자를 부담하는 것이다.

포인트에 대해 마지막으로 한마디 하겠다. 카드 할부금이 조금이라도 있으면 포인트에 집중하는 것이 무의미하다. 포인트로 절약하는 돈보다 이자로 나가는 돈이 더 많기 때문이다. 포인트는 매달 청구 금액을 전액 납부하는 사람들만을 위한 것이다.

여기서 잠시 포인트를 적립하는 대신 명세서의 청구액을 내는 데 사용할 수 있는 현금을 주는 캐시백 카드에 관해 이야기해보겠다. 포인트를 사용하면 결국 돈을 더 많이 쓰게 되므로 개인의 재정적 관점에서 볼 때 캐시백 카드가 일반적으로 더 낫다. 캐시백 카드는 지루하다는 거 안다, 내 생각이 그렇다는 말이다.

높은 이율 때문에 스트레스를 받아야 하는가?

신용카드의 이율은 왜 그렇게 높은 걸까? 카드사가 무슨 사채업자란 말인가?

사실 그건 아니다. 우선, 신용카드사는 간접비가 엄청나다. 기술도 많이 필요하고, 콜센터도 있어야 하며, 플라스틱 카드도 만들어야 하고, 광고도 많이 하기 때문이다. 거기가 2009년 미국 정부에서 신용카드 회사의 이율 인상을 금지하는 법안까지 통과시켰다.

이제 그들은 시작부터 모든 사람에게 20%에 가까운, 전보다 훨씬 더 높은 이율을 부과한다. 이 법안이 통과되기 전까지만 해도 신용카드의 이율은 12~14% 정도였다. 나는 이런 것을 진보라고 표현하고 싶지 않다.

신용카드사는 은행이다. 당신이 카드를 발급받으면 은행 계좌가 개설된다. 하지만 이 계좌는 역방향 계좌라고 할 수 있다. 돈을 입금하고 이자를 받는 대신 돈을 인출하고 이자를 내기 때문이다. 은행은 낮은 이율로 빌려서 마련한 돈을 높은 이율로 당신에게 빌려줌으로써 돈을 번다. 은행은 거기서 비용을 제하고 남은 금액을 버는 것이다. 신용카드 대출은 수익성이 아주 높은 사업이라고 할 수 없다. 이 사업은 경기를 아주 많이 탄다. 가끔 경기가 침체하면 사람들은 일자리를 잃고 신용카드 대출을 갚지 못한다. 2007~2008년 금융위기 당시 카드사들은 큰 타격을 입었다. 그렇다고 내가 신용카드사를 불쌍히 여겨 달라고 하는 것은 아니다. 신용카드 사업이 위험한 사업이라는 것은 알아두라는 것이다.

신용카드 대출은 무담보이기 때문에 위험한 대출이다. 그들은 부동산을 담보로 하지 않는다. 주택담보대출은 원리금 상환을 중단하면 은행이 집을 압류하고 가져갈 수 있으므로 그다지 위험하지 않다. 자동차 대출도 마찬가지다. 할부금 상환을 중단하면 채권추심원이 찾아온다. 그들은 차를 팔아 돈을 대부분 회수한다.

하지만 신용카드 대출은 아무것도 담보로 잡지 않는다. 그러니 카드사가 압류할 것이 없다. 돈을 돌려받기 위해 카드사가 할 수 있는 것이라고는 애원하고 간청하는 수밖에 없다. 아니면 온종일 전화를 걸어 당신을 괴롭히는 방법뿐이다. 그렇게 해도 당신이 카드 사용 대금 80,000달러(1억 1,000만 원)를 갚지 않으면 신용카드 사는 정말 할 수 있는 게 별로 없다. 신용카드에 이자를 20%나 내야 하는 이유가 궁금한가? 이것이 신용카드 이율이 다른 무엇보다 높은 주된 이유다. 은행은 증가된 위험에 대한 보상책을 마련해야 돼야 한다는 데 진짜 이유가 있는 것이다.

나는 이제까지 신용카드 청구액을 모두 갚지 못한 적이 딱 한 번 있었다. 갚지 않으면 어떻게 되는지 보고 싶었다. 그랬더니 이자로 50달러(70,000원)가 청구되었다. 이게 그 결과였다.

나는 매번 청구액을 모두 결제했다. 고가의 제품을 구매했을 때를 포함해 매번 말이다. 앞서 말했듯이 나는 신용카드로 큰 금액을 쓸 때 반드시 내가 현금으로도 그 물건을 살 수 있는지 확인한다. 은행 계좌에 구매 금액에 해당하는 현금이 없으면 나는 신용카드를 사용하지 않는다.

현재 신용카드의 이율은 약 19%다. 신용카드 할부금을 1년간 만 달러로 유지한다면 이자만 1,900달러(260만 원)를 내야 한다는 의미다. 복리로 인해 실제로 내는 금액은 더 클 것이다. 당신은 이자를 내는 것이 재미있어서 그러는가? 거기서 뭐라도 얻는 것이 있는가?

돈을 빌리는 것이 목적이라면 은행에서 이율 8%짜리 개인 대출을 받아라. 이것도 대출과 매우 비슷하게 느껴질 것이다. 정장을 차려입은 직원이 사무실에서 당신 앞에 앉아 몇 가지 서류에 서명할 것이다. 그런 다음 당신은 대출금을 모두 상환할 때까지 매달 돈을 갚아야 한다. 대출과 비슷하다.

신용점수 때문에 스트레스를 받아야 하는가?

신용카드 회사는 신용점수를 통해 개인 대출자의 위험을 계산한다. 신용점수의 범위는 300점에서 850점으로(한국은 0점에서 1000점-옮긴이) 300점은 완전 바닥을 의미하고 850점은 부자 중의 부자를 말한다. 이 점수는 소득과는 큰 상관관계가 없지만, 대출과 관련된 습관에는 영향을 받는다.

　나는 신용점수가 500점이 안 되는 사람을 본 적은 없지만, 있긴 있으리라 생각한다. 내 신용점수는 한동안 850점이었는데 주택담보대출을 갚고 나니 점수가 하락했다.

　사람들은 일반적으로 자신의 신용점수가 얼마인지, 그리고 신용점수의 상승 및 하락 요인이 무엇인지 알고 있다. 예전에는 신용점수를 알아보는 것이 번거로운 일이었지만, 지금은 무료로 제공하는 앱과 신용카드사가 많다. **신용점수를 오르고 내리게 하는 두 가지 요인은 청구서를 제때 납부하느냐와 부채 활용률이다.**

　나는 신용점수 문제는 크게 신경 쓰지 않을 것이다. 평균 점수가 많이 올랐기 때문이다. 미국 사람들이 최근 몇 년 동안 자신의 신용에 대해 훨씬 더 똑똑해진 것이다.

신용점수의 흥미로운 점은 대출 기관이 신용점수를 사람의 성격을 알아보는 수학적 척도로 사용한다는 것이다. 하지만 이것은 특정 유형의 성격, 즉 대출과 관련된 당신의 행동일 뿐이다. 청구서를 제때 내기란 매우 간단하다. 게으름피우지 말고 적극적으로 행동하면 된다. 매달 제때 청구서를 낼 수 있도록 휴대전화에 알림을 설정하라. 필요하면 알림을 여러 개 설정하라. 한 번만 연체해도 신용점수가 70~100점까지 떨어질 수 있으니 말이다.

신용점수는 암묵적으로 당신의 성실성과 정리 정돈 능력을 측정한다. 정리 정돈을 잘하고 제때 결제하면 높은 점수를 받을 수 있다. 잊어버리고 늦게 결제하면 점수가 낮아진다. 신용점수가 낮으면 대출을 신청할 때 더 높은 이율을 적용받거나 대출이 거절될 수 있다. 꿈에 그리던 집을 찾았는데 주택담보대출을 받을 자격이 없다면 어떻겠는가?

항상 나쁜 고객이 되어야 한다

카드 사용률은 당신이 사용 한도액 대비 카드를 얼마나 많이 사용하고 있느냐를 알려주는 수치다. 신용카드 사용 한도액이 20,000

달러(2,800만 원)인 신용카드를 만 달러(1,400만 원) 사용하면 당신의 카드 사용률은 50%다. 당신은 신용카드 사용 한도액의 절반을 사용하고 있는 것이다. 신용카드사는 이 비율이 20~30% 미만이기를 바란다. 당신이 신용카드 사용 한도액을 거의 모두 사용하고 있다면 신용카드사는 당신의 재정 상태가 좋지 않다고 볼 것이다. 이는 당신이 어느 날 카드를 더 사용하려 할 가능성이 있고, 그러면 신용카드사가 승인하지 않을 거라는 의미다.

높은 카드 사용률로 인해 신용점수가 크게 낮아질 수 있다. 신용카드를 한 번도 빠짐 없이 결제하고 있는데도 신용점수가 600점대에 머물며 비우량 신용등급에 속하는 사람들이 있다. 신용카드사가 원하는 고객은 바로 이런 사람들이다. 카드 사용액도 많고, 이자도 많이 내는 사람들 말이다. 이들은 은행의 우량 고객이다. 그들은 은행을 더 부자로 만들면서 정작 자신은 점점 더 가난해지고 있다.

당신은 은행의 나쁜 고객이 되어야 한다. 수익성이 없는 고객이 되어야 한다는 말이다. 매달 청구액을 결제하고 포인트를 모두 현금화하면 그렇게 된다. 그래도 은행은 수수료(연회비·사용 수수료·잔액 이체 수수료·연체료 등)를 통해 당신한테 약간의 돈을 벌어가겠지만, 신용카드 할부금이 80,000달러(1억 1,000만 원)인 사람한테서 벌어들이는 것만큼은 못할 것이다.

나는 은행을 나쁘게 보는 것 같은 인상을 주고 싶지 않다. 대금융 위기가 발생하고 몇 년이 지난 지금도 사람들은 은행과 은행원을 부정적인 시각으로 본다. 하지만 은행에는 좋은 사람들이 많이 일하고 있다. 일반적으로 은행원들은 친절하고 도움이 되는 사람들이다. 그들은 당신이 재정적 목표를 달성할 수 있게 도움을 주고 싶어 한다. 은행이 없으면 어떻게 집을 사겠는가? 그리고 요즘 은행이 부과하는 이율은 결코 고리대금업 수준이 아니다. 은행은 금리를 결정하지 않는다. 주택담보대출 이율을 결정하는 것은 은행 CEO가 아닌 '시장의 힘'이다.

예상 밖으로 신용카드 회사는 매우 친절하다. 문제가 발생해서 전화로 문의하면 이자와 위약금 없이 당신이 자신에게 적합한 결제 계획을 세울 수 있도록 도와준다. 신용카드사에 전화를 걸어 그 복잡한 메뉴들을 여기저기 뒤져보라.

그리고 상담원과 연결되면 재정적 어려움을 겪고 있다고 말하고 어떻게 도움을 받을 수 있는지 물어보라. 연기를 잘하면 도움이 될 수 있다. 당신은 상담원의 반응에 크게 놀랄 것이다. 그들은 당신을 도우려고 무진 애를 쓸 것이다. 당신이 파산하면 돈을 돌려받을 수 없기 때문이다. 그들은 그런 위험이 생겼다는 것을 알게 되면 모든 사람에게 상황에 적합한 해결책을 제안하여 일부 또는 대부분의 돈을 돌려받으려고 애쓸 것이다. 이것이 무담보 대출의 본질이다. 그들은 기본적으로 카드 사용자들을 믿는다.

당신에게 더 이상의 선택지가 없어지면

이 기회에 최후의 수단인 파산에 관해 이야기해보자. 그런데 많은 경우 파산은 최악의 선택이 아니다.

최악의 선택은 엄청난 빚더미에서 헤어 나오지 못하고 여윳돈이 생기는 족족 신용카드 연체금의 이자로 내면서 힘들게 사는 것이다. 부채는 치명적일 수 있다. 돌이킬 수 없는 지경에 이르렀다면 파산을 선언하는 것도 나쁜 생각은 아니다.

파산에는 생각지도 못했던 결과를 비롯해 여러 가지 결과가 따를 수 있다. 파산 선언을 한 적이 있는 사람은 금융 업계에서 영영 일할 수 없게 된다. 그 사실은 10년 동안 당신의 신용 보고서에 기록되고, 당신의 신용등급은 급락할 것이다. 당분간은 돈도 빌릴 수 없다. 당신은 신용점수를 다시 올리기 위해 보안신용카드(선불신용카드) 같은 것을 사용하게 될 것이다. 재미없는 일이다. 파산이 모든 문제의 해결책인 것처럼 보이게 하고 싶지는 않지만, 이것이 다른 대안보다 나을 수도 있다.

신용카드가 없던 시절로 돌아갈 수 있다면 솔직히 나는 그러고 싶다. 연구에 따르면 신용카드가 소비를 10% 더 하게 한다고 한다. 그러니까 사람들이 현금만 가지고 있을 때보다 물건을 10% 더 많이 산다는 것이다. 그리고 이 모든 것들이 신용카드사에 이자를 새로 만들어주는데, 이는 우리에게 신용카드 할부금이 없었다면 존재하지 못했을 돈이다. 맞다. 모든 사람이 매달 청구서를 전액 결제한다면 신용카드 회사는 쪼그라들다 망할 것이다. 아니면 적어도 주가가 80%는 하락할 것이다.

다시 말하지만, 나는 은행을 좋아한다. 그리고 은행에서 일하는 사람들도 좋은 사람들이다. 하지만 여기에는 내가 그냥 지나치지 못할 '기생적인 측면'이 있다. 우리가 느낄 수 있는 신용카드의 유일한 장점은 500달러(70만 원)짜리 재킷을 3개월 더 빨리 가질 수 있다는 것이다. 그 정도면 괜찮은 것 같다. 하지만 신용카드가 없었다면 우리는 욕구 충족을 늦췄을 것이다. 3개월 동안 돈을 모아서 재킷을 살 거라는 말이다. 그리고 그렇게 사는 게 맞다.

나는 뭐든 우선 갖고 보자는 식으로 사는 데 반대한다. 하지만 이것은 미국 사람들이 살아가는 방식이다. 미국인은 빚을 너무 좋아한다.

나는 빚을 좋아하지 않는다. 빚은 재정적 스트레스를 유발하는 주요 원인이기 때문이다. 당신도 알다시피 사람들은 정말로 파산한다. 매년 수십만 명이 파산한다. 이것도 그나마 좋은 시절의 이야기다. 신용카드로 인해 사람들이 스트레스를 많이 받고, 많이 불행해진다. 모두 굳이 당하지 않아도 될 일인데 말이다.

＊　　＊　　＊

나는 신용카드로 인해 재정적인 스트레스를 받은 적이 단 한 번
도 없다. 카드를 일시불로 사용하고 제때 상환하니 당연한 일이
다. 게다가 나는 소비를 많이 하는 편도 아니고, 현재 수입이 높은
수준인데도 돈을 모아서 물건을 산다. 재정 목표를 설정하는 것이
다. 나는 사고 싶은 멋진 물건이 있으면 그 물건을 사기 전에 얼마
만큼 돈을 모아야 한다는 목표를 세운다. 신용카드로 결제부터 하
고 나중에 갚을 일을 걱정하지 않는다는 말이다. 저렇게 사는 것
은 매우 효율적인 사람들의 습관이 아니다. 하지만 욜로족이 되면
절대 안 된다. 이 점을 진지하게 받아들여라.

　내가 신용카드사와 문제가 있었던 이야기, 그리고 누구에게나
일어날 수 있는 이야기를 잠깐 들려주겠다.

　2000년에 나는 MBNA의 해안 경비대 사관학교 동창회 신용카
드를 가지고 있었다. 그리고 몇 년 후 뱅크오브아메리카는 MBNA
를 인수했다. 그것은 내가 가지고 있던 신용카드 3장 중 하나였
다. 당시 나는 대학원생 짠또였고, 다른 일을 할 여유가 없었기 때
문에 카드 사용액이 많지 않았다. 이번 달엔 50달러(70,000원), 그
다음 달엔 100달러(14만 원), 뭐 이런 정도였다. 여기서 신용카드
결제가 온라인화되기 전이었다는 것이 중요하다. 그래서 나는 여
전히 종이로 된 청구서를 받고 있었다.

그때 마침 나는 뉴욕의 리먼브러더스로부터 일자리를 제안받고 동부 해안으로 이사할 예정이었다. 우리는 뉴저지의 한 부동산 중개인과 연결이 닿아서 아파트를 구매하는 데 그의 도움을 받았다. 부동산 중개인은 내게 주택담보대출을 사전 승인해줄 기관을 연결해 줬는데, 나는 연체한 적이 없었기 때문에 결과를 전혀 걱정하지 않았다.

그런데 어느 날 주택담보대출 기관에서 전화가 왔다. 그들은 내 신용점수가 너무 낮은 데다가 신용카드 계좌 중 하나가 추심 중이라 대출을 사전 승인할 수 없다고 했다.

'뭐라고?'

어떤 계좌냐고 물었더니 MBNA 계좌라고 했다. 나는 무슨 일인지 알아보려고 MBNA에 전화를 걸었다. 그리고 문득 MBNA로부터 몇 달 동안 명세서를 받지 못했다는 생각이 떠올랐다. 우편함에서 모두 분실되었거나(그럴 리는 없겠지만) 그들이 우편물 발송을 중단한 것이었다.

MBNA 담당자는 친절한 사람이 아니었다. 전혀 아니었다. 내가 그 회사에서 명세서 발송을 중단했다고 말하자 "딜리안 씨, 저희가 명세서를 보내든 안 보내든 카드 사용 대금을 갚을 책임은 딜리안 씨에게 있는 겁니다"라고 하는 것이었다. 내 계좌에는 54달러(75,000원)가 청구되었는데, 몇 달에 걸쳐 이자와 연체료, 수수료가 붙어 그 돈이 600달러로 불어나 있었다. 나는 그 자리에서 연체금을 내겠다고 했다. 청구 금액을 지급하고 카드를 해지하면 서 문제가 해결되었고, 담당자가 말한 대로 내 신용점수는 원래 상태로 회복되었다. 결국, 나는 주택담보대출을 받았다.

나는 지금까지도 그게 어떻게 된 상황인지 궁금하다. 한 달 에 50달러를 사용하는 짠또 고객이 있다고 생각해보라. 당신이 MBNA라면 어쩌겠는가? 이 고객에게 명세서 발송을 중단하고 그 가 잊어버리기를 바라면서 수수료를 계속 부과해 쌓아두면 어떨 까? 전적으로 불가능한 일은 아니다. 그리고 내가 통화했던 그 사 람 말이 맞는다. 그들이 나에게 명세서를 보내든 안 보내든 돈을 상환하는 것은 내 책임이었다. 명세서가 오지 않으면 왜 그런지 내가 알아봤어야 했다. 그런데 나는 그냥 정신을 놓고 있다가 큰 일날 뻔한 것이다.

요즘에는 신용카드사가 의도적으로 그런 짓을 할 수는 없을 것 같다. 감시도 아주 심하고 인터넷에 불만을 제기할 수 있는 곳도 많아서 신용카드사에서 나쁜 짓을 하고 있으면 사람들이 금방 알 아차릴 테니 말이다. 하지만 이런 일은 심각한 일이다. 이 얼굴 없 는 거대한 기업들은 당신의 이익을 위해서 최선을 다하지 않는다 는 점을 명심하라. 그러니 당신이 주의를 기울여야 한다. 이래서 매주 주말에 신용카드 청구액을 확인해야 한다. 뜻밖에 600달러 (82만 원)를 지출할 일이 생겼는데 예산이 없어서 엄청난 스트레스 를 받지 않으려면 말이다.

아멕스 플래티넘 카드와 같은 프리미엄 카드나 VIP 카드가 있으면 당신은 더 나은 대접을 받을 수 있을 것이다. 하지만 은행에 넣어둔 몇천 달러(몇백만 원)밖에 가진 게 없는 27세의 나는 MBNA에 그저 숫자에 불과했던 것이다. 다른 설명이 필요 없다.

그러니 장단점에 유의하라. 신용카드는 당신의 삶을 더 쉽고 편리하게 만들어 줄 수 있다. 하지만 삶을 끝도 없이 나락으로 떨어뜨릴 수도 있다. 그리고 절대로 신용카드사에 좋은 고객이 되어서는 안 된다는 것을 명심하라.

이제 인생에서 가장 큰 부채인 주택담보대출에 관해 이야기해 보자. 실수하면 안 된다.

Chapter 9
집을 잘못 사면 빚더미에 앉는다

앞서 말했듯이 누구와 결혼할지는 인생에서 가장 중요한 재정적 결정이다. 집을 사는 것은 인생에서 두 번째로 중요한 재정적 결정이다. 그리고 사람들은 일상적으로 이 결정을 엉망으로 내린다.

왜 엉망으로 하는 걸까? 집을 사는 것은 인생에서 가장 감정적인 재정적 결정이기 때문이다. 집을 살 때 사람들은 이성을 잃는다.

잠시 뒤로 물러서서 생각해보자. 당신은 집을 어떻게 사는가?

당신은 집을 어떻게 사는가?

사람들은 흔히 살고 싶은 동네를 직접 돌아다니며 집을 알아본다.

그러다가 집 앞에 '판매 중'이라는 간판이 붙어있는 집을 발견하면 부동산 중개인의 전화번호를 적어두었다가 전화를 걸어 만날 약속을 잡는다.

이제 부동산 중개인이 가장 먼저 할 일은 당신이 주택담보대출 사전 심사를 받도록 하는 것이다. 이는 은행에 가서 이름과 생년월일, 주민등록번호, 소득을 알려주면 사전 승인 여부와 결정적으로 대출 최고 한도액을 알려주는 매우 간단한 절차다. 금액은 상황에 따라 달라지지만, 은행은 주택담보대출 상환액과 보험료, 재산세를 합쳐 지역마다 다르지만 소득의 약 42%가 되도록 이를 산출한다. 그런 다음 당신은 살 수 있는 가장 비싼 집을 보러 다닌다.

이러면 안 된다.

소득의 25% 이상을 주거비로 써서는 안 되기 때문이다. 왜 그럴까? 그러면 은퇴를 대비한 저축과 같은 다른 재정적 목표를 추구할 수 없기 때문이다. 주택담보대출이 가용 현금을 모두 빨아들이고 만다. 당신이 주택담보대출을 갚지 못해 집을 잃을 거라고 말하는 게 아니다. 사실 그런 일은 2008년을 제외하고는 흔한 일이 아니다. 내가 말하고 싶은 것은 모든 돈이 집에 들어가서 다른 데 쓸 돈이 없을 거라는 사실이다.

캘리포니아 같은 특정 지역에서는 소득의 25% 미만을 주거비로 쓰기가 거의 불가능하다. 집값이 너무 비싸기 때문이다. 그래도 해볼 만큼 해봐야 한다. 캘리포니아를 떠날 수도 있다. 이는 당신이 올바르게 내려야 하는 큰 결정 중 하나다. 집을 잘못 고르면 커피를 아무리 많이 포기해도 고생을 면하지 못할 것이다.

집을 살 때 저지르는 가장 큰 실수

사람들이 저지르는 가장 중대한 실수는 필요 이상으로 너무 큰 집을 구하는 것이다. 사실 당신은 그렇게 큰 집이 필요 없다. 15평 더 작은 집을 얻더라도 집이 너무 작아서 비참하게 살지는 않을 것이다. 당신은 괜찮을 것이다. 나도 작은 집에서 몇 번 살아봤지만, '이 집은 형편없어. 빨리 더 큰 집을 구하고 싶어'라고 생각한 적은 없다.

사람들은 큰 사치는 쉽게 포기할 수 있어도 작은 사치는 그러지 못한다.

커피나 음식, 옷과 같이 사소한 것들을 매일 아끼며 사는 것이 훨씬 더 어렵다. 이렇게 생각해보라. 집이 작아지면 다른 것들은 모두 줄이지 않아도 된다. 당신은 더 행복해질 것이고, 이것이 바로 이 프로그램이 추구하는 것, 즉 더 행복해지는 것이다.

대부분의 사람들에게 집을 사는 것은 이성적인 결정이 아니라 감정적인 결정이다. 그들은 집을 보러 다니다가 운명의 집을 발견한다. 그 집은 완벽하다. 아이들이 뒷마당에서 놀 수 있고, 마트까지 걸어갈 수 있으며, 학교는 좋은 동네에 있고, 소파는 여기에, TV는 저기에 둘 수 있다. 사람들은 그 집에 사는 모습을 상상하며 그 집을 꼭 가져야 한다고 생각한다.

"물론 10만 달러(1억 4,000만 원)가 더 들지만, 우리라면 못 할 것도 없어." 문제는 10만 달러 더 비싼 주택을 구입하면서 선납금을 내지 않는다고 가정할 때, 현재 이율이면 대출 기간에 이자로만 11만 달러(1억 5,000만 원)를 내야 한다는 것이다. 게다가 그 이자의 대부분은 대출 초기에 부과된다. 나는 이런 상황을 수도 없이 본다. 이것이 45세가 되어서도 은퇴를 위한 저축이 없는 사람들의 모습이다.

미국은 사는 지역에 따라 자녀 교육의 질이 결정되는 독특한 시스템이 있다. '좋은' 동네에 살면 자녀가 좋은 학교에 다닐 수 있고, 그렇지 않으면 좋지 않은 학교에 다니게 된다. 학군이 '좋은' 지역은 누구나 그곳에 살고 싶어 하기 때문에 집값이 부풀려지는 경향이 있다. 이것이 많은 사람들에게 가장 중요한 관심사이며, 이 때문에 그들은 더 비싼 집을 구하게 된다.

미국의 경제학자 토머스 소웰이 그랬듯이 여기에는 해결책은 없고 거래만 있을 뿐이다. 자녀를 좋은 학교에 입학시키려면 경제적 거래를 해야 한다. 그리고 그 대가가 있다는 것을 알아두어야 한다. 만약 당신이 그렇게 하고 있다면, 정신을 바짝 차려야 한다.

어쨌든 집을 사는 것은 인생에서 가장 큰 재정적 결정이다. 그러니 최종적으로 대출 서류에 서명할 때 손이 떨리지 않는다면 당신은 그에 따른 위험을 제대로 인식하지 못하고 있는 것이다. 결국 이것은 수십만 달러(수억 원) 또는 수백만 달러(수십억 원)가 걸린 일이다. 그런데 그런 일이 주택 시장이 매우 유동적이고 견고하며 제도화되고 주류화된 미국에서 벌어진다. 그러므로 그 과정은 실제로 매우 쉽게 진행된다. 그리고 도움을 줄 수 있는 사람들도 많다. 한마디 하자면, 나는 25세가 되자마자 처음 집을 샀다. 그때 나는 내가 뭘 하는지 아무것도 몰랐다. 나는 주택담보대출이 무엇인지도, 그것이 어떻게 작동하는지도 몰랐다. 그저 사람들이 하라는 대로 여기저기 서명만 했을 뿐이었다. 나는 어린애였고, 아는 게 없어서 무서운 줄도 몰랐다.

나는 평생 다섯 채의 집을 샀다가 팔았고, 지금은 여섯 번째 집을 짓는 중이다. 아마 이것이 마지막 집이 될 것이다. 나는 이런 경험이 많아서 요즘에는 위험에 매우 익숙하다. 모든 집이 재정적으로 좋은 결정이었던 것은 아니었다. 그리고 생활 방식 면에서도 모든 집이 좋은 결정은 아니었다. 좋은 집도 있었고, 나쁜 집도 있었다. 하지만 나는 내가 감당할 수 있는 것보다 더 비싼 집을 산 적은 단 한 번도 없었다.

집은 투자가 아니다

먼저 말해둘 게 있다. 집은 투자가 아니다.

주식도 투자고, 채권도 투자다. 하지만 집은 그렇지 않다. 주식과 채권은 배당금과 이자를 지급한다. 집은 배당금과 이자를 지급하지 않을 뿐만 아니라 사실 소유하는 데 비용도 든다. 보험료, 재산세, 공과금을 내야 한다. 그리고 결정적으로 유지 관리비도 내야 한다. 평균적으로 매년 집값의 1%를 유지비로 써야 할 것으로 예상된다. 어떤 해에는 비용이 더 적게 들 수도 있고, 어떤 해에는 지붕을 교체해야 할 수도 있다. 하지만 50만 달러(7억 원)짜리 주택을 소유하고 있다면 유지비로 평균 연간 5,000달러(700만 원)를 쓰게 될 것이다.

주식은 세금과 보험료를 내지 않아도 되고, 유지비도 들지 않는다. 따라서 주식과 채권은 포지티브캐리positive carry(자금을 빌려 투자 활동을 할 때, 차입 금리가 투자 수익률보다 낮은 상태-옮긴이), 주택은 네거티브캐리negative carry(자금을 빌려 투자 활동을 할 때, 차입 금리가 투자 수익률보다 높은 상태-옮긴이)라고 할 수 있다. 게다가 집은 시간이 지남에 따라 물리적으로 가치가 떨어진다. 자동차처럼 감가상각이 일어나지만, 속도는 조금 더 느리다. 당신이 50년 동안 한 집에 산다면, 50년이 지난 후에는 그 집이 더 나쁜 동네에 있는 더 나쁜 집이 될 수도 있다는 말이다. 세상일이 다 그렇다.

하지만 사람들은 이렇게 말한다.

"집값은 시간이 지나면 오르잖아요!"

정말 그럴까?

2000년대 후반에는 한동안 그렇지 않았다. 시간이 간다고 집값이 반드시 오른다는 법은 없다. 집값은 하락할 수도 있다. 현재 주택 가격은 여러 가지 거시적 요인으로 많이 오른 상태다. 그 요인 중 하나는 금융위기 이후 인구 증가를 따라잡을 만큼 주택을 충분히 짓지 못한 것이고, 또 다른 요인은 금리가 많이 하락한 것이다. 하지만 요즘 주택 가격 상승을 이끈 조건은 언젠가 바뀔 수 있으며, 그러면 주택 가격이 하락할 수도 있다. 집은 자산이기 때문에 값이 오르고 내릴 수 있는 것이다. 그리고 금융위기 당시 주택 가격이 하락했을 때 어떤 일이 벌어지는지 우리는 보았다.

말은 이렇게 했지만, 시간이 지남에 따라 주택 가격이 상승하는 것은 사실이다(실제로 물가상승률에 맞춰 매년 4% 정도 오르고 있다). 그리고 사실, 크게 오를 때도 있다. 많은 사람이 부동산에 투자해서 주식에 투자한 것만큼, 더 나은 성과를 거두는 것 또한 사실이다. 부동산에 투자하려면 주식 가치를 평가할 때와는 매우 다른 전문적인 지식이 필요하다. 집은 개인 재정의 목적으로는 투자 대상이 될 수 없지만, 투자의 목적으로는 투자 대상일 수도 있다. 현실적으로 집은 둘 다 될 수 있다. 집은 거주하고 소비하는 물건이자 일반적으로 거주 지역이나 기타 요인에 따라 시간이 가면서 가치가 상승하기도 하는 물건이다.

집을 살 때 집값을 모두 현금으로 내는 사람도 있지만, 대부분은 그러지 않는다. 현금으로 20% 정도 내고 나머지는 대출을 받는다. 이것이 바로 주택 구입이 가장 위험한 결정인 이유다. 레버리지(차입자본으로 투기를 하는 것-옮긴이)가 수반되기 때문이다.

일반 주택보다 조금 더 비싼 50만 달러(7억 원)짜리 주택을 구매한다고 가정해보자. 당신은 계약금으로 10만 달러(1억 4,000만 원), 그러니까 집값의 20%를 낸다. 집값이 50만 달러(7억 원)에서 60만 달러(8억 4,000만 원)가 되면 집에 대한 자기자본은 10만 달러(1억 4,000만 원)에서 20만 달러(2억 8,000만 원)가 된다.

당신은 선납금으로 겨우 집값의 20%를 냈지만, 그 돈에 대한 수익률이 100%가 된 것이다. 그런데 집값이 40만 달러(5억 5,000만 원)로 하락하면 자기자본은 전부 사라지고 그에 대한 투자 수익률은 -100%가 된다. 전부 잃는 셈이다. 이는 집값이 그보다 더 떨어지면 당신은 언더워터underwater(주택 가액보다 담보대출금이 더 높은 상태를 일컫는 말-옮긴이) 상태가 된다. 이는 집을 팔면 돈을 내고 나와야 한다는 뜻이다. 2008년에 이런 상황에 놓인 사람들이 많았다. 그들은 깡통 주택에 갇혀 오도 가도 못했다. 그러니 당신은 대출 서류에 서명할 때 손이 떨려야 한다.

그런 일이 다시 일어날 것이라는 말은 아니다… 하지만 다시 일어날 가능성이 없지는 않다. 우리가 하는 모든 일에는 위험이 존재한다. 15년이 지난 지금, 사람들은 2008년의 일을 이미 까맣게 잊어버렸다. 집값은 늘 오르는 게 아니다. 당신은 오르지 않을 경우를 대비한 비상 계획을 마련해두어야 한다.

주택담보대출

이제, 주택담보대출이 무엇인지 알아보자. 주택담보대출은 부동산을 담보로 하는 대출이다. 대개 은행의 시각에서 봤을 때 주택담보대출은 위험한 게 아니다. 당신이 주택담보대출을 갚지 못하면 은행은 당신을 집에서 쫓아내고 집을 팔아서 돈을 대부분 회수할 수 있기 때문이다. 그래서 주택담보대출의 이율은 신용카드나 다른 대출에 비해 매우 낮다. 이율이 낮은 또 다른 이유는 '패니메이'나 '프레디맥'(미국의 양대 국책 주택담보금융업체-옮긴이)과 같은 정부 지원 기업GSE들 때문이다. 이 회사들에 대해 들어본 적이 있을 것이다. 이들은 어떤 일을 할까?

흥미롭게도 자본주의 국가인 미국의 주거용 부동산 시장은 매우 사회화되어 있다. 패니와 프레디가 주택담보대출을 증권화하는 것이다. 그들은 은행으로부터 개별 주택담보대출을 매입해 한데 모은 다음, 모든 주택담보대출의 이자와 원금을 지급하고 주택저당증권MBS이라는 채권으로 만들어 판매한다. 그러면 전 세계의 투자자들이 이 주택저당증권을 구매한다.

따라서 당신이 은행에 주택담보대출 원리금을 상환하면 그것은 은행이 아니라 덴마크에 사는 얼굴도 모르는 투자자에게 상환하는 것이 될 가능성이 매우 크다. 당신이 은행에서 청구서를 받는다면, 그것은 해당 은행이 당신의 주택담보대출을 계속 제공하고 있기 때문이며, 대출 기간 중 어느 시점에 다른 제공업체가 당신의 주택담보대출을 인수할 수도 있다.

예전에는 은행이 대차대조표에 대출금을 기록해두었다. 그래서 당신이 대출금을 갚지 않으면 은행이 손실을 보게 된다. 하지만 지금은 덴마크에 사는 익명의 남자에게 피해를 주는 것이다. 주택담보대출의 유동화securitization는 기적과도 같은 일로 빌리는 자와 빌려주는 자의 관계를 재정의했다. 오늘날 은행은 주택담보대출을 대차대조표에서 없애고 자유롭게 새로운 대출을 일으키며 대출 개시 수수료를 챙기고 싶어 한다.

그러면 흥미로운 일이 벌어진다. 패니메이와 프레디맥을 자본 시장에서 채권을 발행해 조달한 자금으로 방금 자기가 발행한 MBS를 다시 매입할 수 있게 되는 것이다. 이들은 수백만 건의 주택담보대출과 함께 수천 개의 MBS를 보유하고 이자와 원금을 회수한다. 하지만 여기에는 많은 위험이 따른다.

우선, 주택담보대출 포트폴리오는 금리에 매우 민감하기 때문에 금리가 불리하게 오르거나 내리면 큰 타격을 입을 수 있다. 거기다 2008년에 그랬듯이 사람들이 주택담보대출 상환을 중단하면 패니메이와 프레디맥도 곤경에 처할 수 있다. 당시 그들은 천억 달러(137조 원)가 넘는 손실을 보고 정부로부터 구제 금융을 받아야 했다. 그리고 결국 파산한 패니와 프레디는 지난 15년 동안 정부 보호 관리하에 있다. 그들이 정부 보호에서 벗어나 민간 기업으로 회생하게 하려는 시도가 있긴 했지만, 그것이 정치 쟁점으로 변질되는 바람에 당분간은 아무것도 바뀌지 않을 것이다. 그 결과, 납세자들의 막대한 보조금을 받는 주택 시장이 형성되었다.

이 모든 것이 당신에게 어떻게 도움이 되는지 궁금하다면, 정부 보조금이 없었다면 주택담보대출 금리가 1% 정도 더 높았을 것이라는 연구 결과를 보면 된다. 그러니 이 모든 일로 당신은 한 달에 몇백 달러(몇십만 원)를 절약할 수 있게 된 것이다.

하지만 그게 다가 아니다. 미국에는 저소득층 대출자와 재향군인을 위한 연방주택국FHA 융자 및 재향군인국VA 융자도 있다. VA 또는 FHA 융자로 주택을 구매할 기회가 있더라도 나는 그냥 넘어가라고 말하고 싶다.

VA 융자를 이용하면 현금 없이 집값의 100%를 대출받을 수 있고, FHA 융자를 이용하면 집값의 3.5%만 현금으로 내면 된다. 현금을 안 내도 되니 이 얼마나 대단한가! 하지만 실제로 이것은 최악의 조건이다. 누군가에게 집값의 100%를 대출해주는 것은 그 사람에게 호의를 베푸는 것이 아니다. 현금이 거의 또는 아예 없는 대출을 받아서는 자산을 형성하기가 매우 어렵기 때문이다.

예를 들어, VA 융자로 집값의 100%를 대출받으면 집값의 20%를 자기자본으로 확보하는 데만 거의 10년이 걸릴 것이다. 이는 당신이 그 집에 죽을 때까지 살아야 할 가능성이 아주 크다는 의미다. 왜냐하면 집값에 변화가 없더라도 집을 팔 때 약 6%의 거래비용이 발생하므로 현금이 없으면 이사를 할 수 없기 때문이다. 시작부터 수렁에 빠지는 셈이니 정말 최악이다.

당신은 FHA 융자와 VA 융자에 이런 문제가 있다는 사실을 잘 모를 수도 있다. 이들 대출도 지니메이Ginnie Mae(주택도시개발부의 별칭-옮긴이)라는 다른 기관에 의해 증권화된다. 지니메이가 패니와 프레디처럼 이런 대출을 묶어서 만든 채권을 판매하는 것이다. 하지만 지니메이 MBS는 미국 정부의 전적인 믿음과 신용이 뒷받침하므로 본질적으로 안전하다. 따라서 누군가가 FHA 융자를 채무불이행하면 납세자들이 그 비용을 부담해야 한다. 이것은 내가 지어낸 이야기가 아니다. 다행히도 FHA와 VA 융자는 전체 주택담보대출 시장에서 차지하는 비중이 그래도 매우 작다. 우리 같은 사람들은 20%를 현금으로 내야 한다.

그게 잘하는 것이다. 아무한테나 100% 융자를 내주면서 호의를 베푸는 사람은 없다.

고가의 주택을 사는 경우 점보론jumbo loan(미국 연방주택금융청에서 정한 금액 이상의 주택담보대출로, 미국 정부에서 보증해주지 않음-옮긴이)을 받을 가능성이 아주 크다. 패니메이와 프레디 맥은 특정 규모(적격 대출이라고 함)의 주택담보대출만 채권화한다. 그 이상이면 점보론을 받게 된다. 그런데 점보론의 금리는 일반적으로 더 높다(때로는 더 낮기도 하지만). 고액 대출 시장은 증권화되지 않아서 유동성이 떨어지기 때문이다. 점보론을 이용하게 되더라도 걱정할 것은 없다. 금액이 큰 주택담보대출일뿐 특별한 게 있는 것은 아니니 말이다.

때때로 이러한 대출에는 리캐스팅 기능이 있어 원금을 추가로 납입하면 주택담보대출 기간이 단축되는 대신 실제로 납입금이 줄어드는 경우가 있는데, 이는 정말 멋진 일이다. 리캐스팅 기능이 있는 대출을 받을 기회가 있다면 적극적으로 추천한다.

담보인정비율

주택 구입 시 최소한 집값의 20%를 자기 돈으로 내야 하지만, 실제로는 가능한 한 더 많이 내는 게 좋다. 그러면 자기자본을 더 많이 확보할 수 있고 상환액도 더 적어진다. 나는 2015년에 집을 살 때 35%를 현금으로 냈지만, 한순간도 후회한 적이 없다.

주택담보대출 업계에서는 이를 담보인정비율Loan-to-value을 뜻하는 'LTV'라고 한다. LTV는 주택 가치에 대한 주택담보대출의 비율이다. 예를 들어, 나는 35%를 냈으니 LTV가 65%다. 그러니까 나는 집값의 65%에 해당하는 금액을 대출받은 것이다.

LTV가 흥미로운 것은 이것이 채무 불이행의 가장 큰 예측 변수라는 점이다. 집에 자기자본이 한 푼도 없는 사람은 대출을 상환하지 못하고 은행에 집을 넘기기 아주 쉽다. 빈털터리로 집을 나오면 그만이니 말이다. 하지만 자기자본이 35%인 사람은 주택담보대출을 갚을 수 없다고 해도 집을 포기할 가능성이 거의 없다. 그들은 무슨 수라도 쓸 것이다. 안 그러면 자기자본이 날아가 버릴 판이니 말이다. 금융위기의 시기에 집값이 크게 곤두박질쳐서 모든 사람이 집에 들어간 자기 돈이 사라지는 경험을 했다. 그 바람에 사람들이 유워크어웨이닷컴youwalkaway.com(집을 포기하려는 소유자들에게 상세한 지침을 제공하는 인터넷 사이트-옮긴이)을 찾았다. 모든 LTV가 100%를 넘었던 것이다. 따라서 계약금을 가능한 한 많이 내는 것이 당신과 은행 모두에게 이익이 된다. 그것이 모두에게 좋은 일이다.

드문 일이긴 해도 은행에서 계약금을 집값의 20%보다 적게 내는 것을 허용하는 경우, 당신은 PMI, 즉 '개인 주택담보대출 보험'에 가입해야 한다. 이는 기본적으로 당신이 대출 기관을 대신해 주택담보대출 보험에 가입하는 것이다. 큰돈이 드는 것은 아니지만 귀찮은 일이다. 그리고 이미 알려준 이유로 자기 돈을 적게 내는 것은 좋은 생각이 아니다. 그런데도 나는 첫 번째 집 콘도에 선납금을 15%만 냈는데 다행히 모든 일이 잘 풀렸다. 그리고 나는 그 기간 내내 주택담보대출 보험료를 냈다.

30년 만기 주택담보대출

30년 만기 고정금리 주택담보대출은 아마도 20세기의 가장 중요한 금융 혁신일 것이다. 왜 그럴까? 사람들이 장기간 주택담보대출을 상환하는 과정에서 부를 축적할 수 있기 때문이다.

생각해보라. 세상에는 저축에 서투른 나머지 한 푼도 저축하지 못하는 사람이 많다. 하지만 그런 사람들도 주택담보대출은 갚을 수 있다. 게다가 모든 주택담보대출 상환에는 원금 상환이 포함되어 있다. 이렇게 원금과 이자를 갚아나가다 보면 시간이 지나면서 자산이 증가한다.

나는 머틀비치 지역에 살고 있다. 이곳에는 브루클린 같은 곳에서 이주해온 사람들이 아주 많다. 이들은 1970년대 후반에 7만 달러(1억 원)를 주고 집을 사서 주택담보대출을 다 갚은 다음, 90만 달러(12억 원)에 팔고 남쪽으로 내려왔다. 그리고 현금 25만 달러(3억 4,000만 원)로 집을 사고 남은 돈으로 살았다. 그들은 은행에 한 푼이라도 저축하거나 은퇴 계좌에 불입한 적이 없었다. 육체노동자인 그들이 큰 부자가 된 것은 시간이 지나면서 불어난 자산과 한 세대에 걸친 주택 가격 상승이 합쳐진 덕분이다. 정말 대단한 일이다. 이렇게 많은 사람이 그야말로 전 재산이 집에 묶여 있는 것이다.

이는 좋은 생각이 아니다. 우리는 4부에서 자산 배분에 관해 이야기하면서 부동산에 자산을 얼마나 배분해야 하는지(일반적으로 약 20%)와 돈이 모두 한 가지 자산에 집중되어 있다면 반드시 어떻게 분산 투자를 해야 하는지(분산 투자를 하지 않아도 일이 잘 풀리는 사람들이 많긴 하지만) 알아볼 것이다. 나는 어떤 해에 집값이 오를지 내릴지는 모르지만 30년 동안 오르지 않을 거라는 것은 쉽게 예측할 수 있을 것 같다.

30년 만기 주택담보대출은 사실 사람들이 이사를 많이 다니지 않던 시절에 의미가 더 컸다. 사람들이 한 공장에 취직해 30년간 일하면서 같은 집에서 살던 시절 말이다. 요즘은 사람들이 더 많이 이동한다(안타깝게도 이동성이 다소 감소하고 있긴 하지만).

요즘에는 한 집에서 30년 동안 사는 사람이 많지 않은 것 같다. 그렇다면 만기가 더 짧은 주택담보대출을 받는 것이 합리적이지 않을까? 15년 만기 주택담보대출은 훌륭한 해결책이지만, 많은 사람이 월 상환액이 높아서 선호하지 않는다. 그렇긴 하지만 15년 만기 주택담보대출은 30년 만기 주택담보대출보다 원금 상환 비율이 훨씬 높다. 그러니 자산을 훨씬 더 빨리 형성할 수 있다.

이에 대한 나의 원칙은 이렇다. 당신은 원하면 30년 만기 주택담보대출을 받아도 되지만, 15년 만기 주택담보대출을 받아도 될 정도의 자산이 있는 경우에만 그 집을 사도 된다고 생각해야 한다. 원해서가 아니라 어쩔 수 없이 30년 만기 주택담보대출을 받아야 한다면, 그 집은 당신에게 너무 크고 너무 비싼 것이니 사지 말아야 한다. 거기다 더 중요한 사실은 그렇게 집을 사면 당신은 스트레스를 많이 받게 되리라는 것이다.

조기 상환

30년 만기 고정금리 주택담보대출은 조기 상환을 할 수 있다는 점에서 마법 같은 상품이다. 소유한 주택의 대출 상환금을 온라인이나 오프라인으로 내본 적이 있는 사람이라면 대출 잔액을 추가 상환할 금액을 입력할 수 있는 빈칸이 있다는 것을 알고 있을 것이다.

이에 대해서는 의견이 상반된다. 어떤 사람들은 유동성을 잃기 때문에 주택담보대출을 조기 상환하면 안 된다고 말하는데, 그 이유는 한 번 돈을 갚아버리면 다시는 뺄 수 없기 때문이라는 것이다. 이는 틀린 말이다.

주택담보대출은 되도록 빨리 조기 상환해야 한다. 그것도 10년 안에 전액을 갚는 것을 목표로 삼아야 한다. 이런 목표가 비현실적으로 들릴지 모르지만 사실 달성 가능한 일이다. 나는 마지막 주택담보대출도 3년 6개월 만에 모두 갚았다.

왜 그래야 하냐고? 원금을 추가로 납입할 때마다 주택담보대출 기간이 단축되기 때문이다. 주택담보대출을 30만 달러(4억 원) 받아서 매달 250달러(34만 원)씩 추가로 납입하면 30년 만기 주택담보대출이 아닌 24년 만기 주택담보대출이 된다. 그러면 마지막 6년 동안은 이자를 전혀 내지 않아도 된다. 이것은 큰 절약이다.

은행원이나 월스트리트 사람들에게 이런 조언을 해주면, 아마 그들은 "3% 주택담보대출을 받았는데 주식 시장에 투자해서 10%의 수익을 올릴 기회가 있다면 그렇게 해야지, 그건 말도 안 돼요. 3%에 대출을 받아서 10% 수익에 투자하세요."라고 말할 것이다.

주식 시장의 수익률은 다양하고 10%로 고정되어 있지 않다. 당신은 어떤 해에는 행복할 수 있어도, 어떤 해에는 행복하지 않을 수 있다. 게다가 주식을 사려고 돈을 빌리는 것은 엄청난 스트레스를 유발하는 어리석은 생각이다. 현금에 여유가 있다면 주택담보대출을 최대한 조기에 상환하고 이자 비용을 모두 절약하라.

많은 사람이 이 문제를 이율의 관점에서 생각한다. 3%에 대출받아서 10% 수익에 투자한다고 말이다. 나는 이 문제를 이자로 지출되는 돈의 관점에서 생각한다. 이자로 지출하는 돈이 적을수록 401(k)(월급에서 공제하는 퇴직금 적립제도 또는 적립금-옮긴이)에 돈을 더 많이 불입하거나 사고 싶은 물건을 살 수 있다.

게다가 당신은 주식 시장에서 10%의 수익을 볼 수 있다고 생각하겠지만, 사람들은 투자에 서툴기 때문에 돈을 잃을 가능성이 크다. 그러면 당신은 부채와 함께 손실까지(거기다 스트레스도) 짊어지게 될 가능성이 크다.

그런데 극히 일부 주택담보대출에는 조기 상환 위약금이라는 것이 있다. 말 그대로 주택담보대출을 조기 상환하거나 재융자를 할 경우 위약금을 내야 하는 것이다. 대출 신청 마무리 단계에 서명하는 대출 서류는 꽤 두툼하고 위협적이지만, 조기 상환 위약금이 없는지 꼼꼼히 읽어봐야 한다. 은행 직원에게 직접 물어보는 것도 좋은 방법이다. 그런데 유명인이나 슈퍼리치의 수백만 달러(수십억 원)에 달하는 거액 대출은 일반적으로 은행이 감수해야 하는 이자율 위험이 크기 때문에 조기 상환 위약금이 부과된다.

재융자

재융자또는 리파이낸싱refinancing이라고 하는 특별한 종류의 조기 상환이 있다. 이것은 이율이 하락하면 새로운 주택담보대출 이율로 대출을 다시 받는 것이다. 사람들은 대부분 이 과정의 메커니즘을 이해하지 못하는데, 재융자란 기본적으로 은행에서 새로운 대출을 발급받아 기존 대출을 상환하는 것이다. 주택담보대출 재융자를 시도해본 적이 있다면 겨우 이율을 낮추는 것뿐인데 은행이 왜 감정평가를 하고 온갖 종류의 관료적인 서류 작업을 요구하는지 궁금했을 것이다. 이는 완전히 새로운 대출을 해주는 것이어서 대출 신청 절차를 처음부터 다시 거쳐야 하기 때문이다.

앞서 설명한 주택저당증권으로 돌아가서 이야기해보면, 사람들이 주택담보대출을 재융자할 때 채권 보유자는 사실 굉장히 불만이 많다. 왜냐하면 갑자기 (주택담보대출을 갚는) 현금이 한꺼번에 들어왔는데 금리가 떨어져서 그 현금을 더 낮은 금리로 재투자해야 하기 때문이다. 그래서 주택담보대출의 조기 상환 옵션은 마법과도 같은 것이다. 은행이 어쩌다 이것을 허용했는지 정말 알다가도 모를 일이다.

다른 유형의 주택담보대출

요즘에는 일반적이지 않지만, 30년 및 15년 만기 고정금리 외에 다른 유형의 주택담보대출도 있다. 특정 기준에 따라 이율이 매년 오르거나 내리는 방식의 순수 변동금리 주택담보대출과 일정 기간(일반적으로 3년, 5년 또는 7년) 이율이 고정되어 있다가 그 이후에 조정되는 하이브리드 변동금리 주택담보대출이 그것들이다.

대부분의 사람들이 변동금리 주택담보대출을 두려워하는 이유는 이율이 오르면 어떻게 될까 하는 두려움 때문이다. 주택담보대출 상환액이 두 배로 늘어나면 어떻게 될까? 말이 안 되는 것은 아니지만, 주택담보대출 금리가 그렇게 빨리 움직이는 경우는 매우 드물다(2022년에 그런 일이 있긴 했지만). 그리고 하이브리드 변동금리 주택담보대출의 경우 3년이나 5년, 7년 중 하나를 선택해 그동안 대출 잔액을 최대한 많이 갚은 후에 이율이 조정된다. 실제로 나는 2000년대에 5/1 변동금리 주택담보대출을 받았는데 고정금리 기간 5년이 지난 후 이율이 떨어져서 주택담보대출 상환액이 훨씬 줄어들었다. 이렇게 말은 했지만, 금리가 지금보다 훨씬 더 낮아질 것이라고 보기는 어렵다.

앞으로 당신은 주택담보대출 재융자를 받지 못할 가능성이 크고, 변동금리 주택담보대출이나 하이브리드 주택담보대출을 받지 못할 가능성도 크다. 금리가 더 오르지는 않더라도 더 내려갈 가능성이 거의 없기 때문이다.

＊　　＊　　＊

여기서 중요한 것은 감당할 수 있는 집을 구입하는 것이다. 당신에게 돈이 있고 없고를 결정하는 것은 수많은 작은 것들이 아니라 집, 자동차, 학자금 대출이라는 몇 가지 큰 것들이다. 이 세 가지만 제대로 해결하면 사소한 것들을 걱정할 필요가 없다. 사람들이 이를 망치는 가장 큰 이유는 너무 큰 집을 사는 것이다. 사람들이 너무 큰 집을 갖게 되는 가장 큰 이유는 감정적인 결정, 즉 집과 사랑에 빠지기 때문이다. 소득의 25% 이상을 주택 관련 비용으로 지출하지 말고, 실제로 받지는 않더라도 15년 만기 주택담보대출로 감당할 수 있을 때만 집을 사라. 이것이 내가 할 수 있는 최고의 조언이다.

나는 이 책을 읽는 모든 사람이 언젠가는 거대한 저택에서 살 수 있기를 진심으로 바란다. 누구나 언젠가는 거대한 저택에 사는 경험을 해봐야 한다. 하지만 한 걸음 한 걸음 해나가야 한다. 현명하게 살다 보면 시간이 흘러 그곳에 도달해 있을 것이다. 다음은 요즘 논란이 되고 있는 대학 교육비 부담에 관해 이야기해보자.

Chapter 10
대학 선택과 학자금 대출

미국의 고등 교육을 생각하면 정말 슬프다. 우리 주위에는 수십만 달러(수억 원)의 학자금 대출을 받고는 현실적으로 갚을 길이 없는 사람들이 많다. 화가 난 그들은 지금 누군가 비난할 대상을 찾고 있다.

커다란 의문들

금융위기 당시, 미국은 사실상 민간 학자금 대출을 없애고 이를 국유화했다. 이제 학자금 대출은 모두 정부에서 담당한다. 이에 대해 많은 의문이 생기지 않는가?

정부가 학자금 대출을 해주는데 왜 사람들은 상환 여부를 신경 쓰는 걸까? 이율은 또 왜 그렇게 높은가? 10년 동안 학자금 대출을 성실히 갚았는데 왜 대출 잔액이 대출을 시작할 때보다 더 많아진 것일까? 그리고 대학 학비는 왜 그렇게 비싼가?

어디서부터 시작해야 할까?

우선, 정부는 사람들이 공짜로 대학에 갈 수 있게 할 의도가 없었다(언젠가는 그렇게 될 수도 있겠지만). 따라서 대출을 받으면 갚아야 한다. 코로나 대유행 기간에 대출자들은 수개월 동안 상환을 유예받았다. 그래서 사람들은 과연 정부가 대출금 상환을 요구할 것인지 궁금해했다. 현재 미상환 학자금 대출은 1조 7,000억 달러(2,334조 원)에 달한다. 정부가 이를 탕감해주려면 그냥 이를 대차대조표에 반영하고 부채를 1조 7,000억 달러로 더 늘려잡거나, 세금을 그만큼 더 거둬들이거나, 혹은 이 두 가지를 조합하면 된다. 현재로서는 정부가 빚을 더 내거나 세금을 올릴 생각이 거의 없기에 당분간은 우리가 학자금 대출을 그대로 떠안아야 할 것 같다.

이율은 왜 그렇게 높은가? 이론의 여지가 있지만 이율이 터무니없이 높은 것은 아니다! 학자금 대출은 신용 조회도 받지 않고 아무나 받을 수 있기 때문이다. 학자금 대출을 받을 때 아무도 당신의 신용점수를 확인하지 않는다. 숨만 붙어있으면 돈을 받을 수 있는 것이다. 앞서 담보 부채와 무담보 부채에 대해 설명한 내용을 기억해 보라. 학자금 대출은 무담보 부채로 압류할 것이 없다. 정부는 당신이 대출금을 갚지 못하면 당신을 괴롭힐 수는 있어도 집이나 자동차를 빼앗을 수는 없다. 그러니 학자금 대출은 사실 대출 기관이 감수하는 위험에 비해 시장 금리보다 낮은 이율로 발행되는 셈이다.

그러면 상환 중인데도 대출 잔액이 증가하는 이유는 무엇인가? 오바마 대통령 덕분이다. 2009년에 오바마 대통령은 소득 기반 상환 계획income-based repayment plan이라는 법에 서명했다. 당신이 졸업 후 직업을 가지면 정부가 당신의 소득을 보고 "자, 이것이 당신이 감당할 수 있는 상환액입니다"라고 알려준다. 그런데 그 금액이 장기간 대출금을 갚는 데 필요한 금액보다 훨씬 적을 가능성이 크다. 당신이 20만 달러(2억 7,000만 원)를 빌렸다면 한 달에 약 800달러(110만 원)를 갚아야 하지만, 그 대신 정부가 제시한 상환액은 200달러(28만 원)다. 당신은 자신의 결정으로 얻은 경제적 결과로부터 보호받는 셈이다.

그러나 이는 일시적이다. 그런 다음 정부는 당신이 내지 않은 이자를 대출 잔액에 추가한다. 2000년대에 주택담보대출 시장에도 한동안 이와 유사한 상품이 있었는데, 이를 마이너스상각대출 negative amortization loan이라고 불렀다. 정해진 상환액의 일부만 내고 나머지는 뒤에 내야 할 대출 잔액에 추가되는 방식이다. 두말할 것도 없이, 이러한 대출은 대부분 실패해서 은행은 더 이상 마이너스 상각 대출을 제공하지 않는다. 그 이유는 이것이 형편없는 불공정한 대출이기 때문이다.

정부가 이런 일을 저지르고도 아무런 타격을 받지 않는 것은 말도 안 되는 일이다. 사람들은 학자금 대출을 갚고 있다고 생각하지만 대출이 작동하는 방식 뒤에 있는 수학을 이해하지 못한다. 시간이 지날수록 대출 원금이 더 커진다. 그러면 그들은 버니 샌더스에게 투표해야 한다. 나는 이보다 더 잔인한 제도를 도저히 생각해 낼 수가 없다. 이러한 소득 기반 상환 계획 중 하나를 택하고 있다면 돈을 더 많이, 가능하면 훨씬 더 많이 상환해서 대출 잔액을 줄이는 것이 좋을 것이다.

하지만 학자금 대출이 세상에서 가장 나쁜 대출인 가장 큰 이유는 파산 선언을 한다고 해서 벗어날 수 없다는 것이다. 자동차 대출이나 신용카드 부채, 주택담보대출은 파산 선언을 하면 모두 탕감받을 수 있지만, 학자금 대출은 절대 사라지지 않는다. 당신은 절대 그것을 없앨 수 없다. 학자금 대출을 없애는 유일한 길은 갚는 것이다. 하지만 어떤 사람들은 그럴 능력이 안 된다. 30만 달러(4억 1,000만 원)를 빌려 삼류 로스쿨을 졸업하고 변호사가 되어 연간 40,000달러(5,500만 원)를 벌고 있는 사람도 있다. 완전히 망한 것이다.

여기서 벗어나는 유일한 방법은 돈을 더 많이 버는 것이다. 변호사가 되려고 학교에 다녔다는 사실은 중요하지 않다. 당신은 다른 일을 해야 할 것이다. 너무 안타까운 일이다. 학자금 대출 때문에 자살하는 사람들도 있으니 말이다. 그들은 옴짝달싹할 수 없는 덫에 걸린 것이다.

내가 들은 가장 황당한 이야기는 친구 중 한 명이 뉴욕에서 노숙자 대상 자원봉사를 할 때의 일이었다. 노숙자들 중에는 마약 중독자들이 많았다. 내 친구와 함께했던 한 남자는 17년 동안 노숙자로 지내다 마약에 중독된 사람이었다. 그는 마약을 끊고 몸을 깨끗이 씻은 후, 17년 만에 처음으로 맥도날드에 취직했다. 그러자 며칠 만에 남자 두 명이 학자금 대출 상환을 독촉하러 맥도날드로 그를 찾아왔다. 그가 일자리를 얻자마자 그의 사회보장번호가 시스템에 입력되면서 그가 다시 사회관계망에 등장한 것이다. 17년이 지난 후에도 정부는 여전히 그에게 돈을 달라며 시급 10달러(14,000원)짜리 임금을 얼마라도 압류하려고 했다.

이건 정말 안타까운 일이다. 학자금 대출을 진지하게 생각하라. 이 빚은 절대로 탕감받을 수 없다. 우리가 할 수 있는 가장 온당한 일은 파산 시 대출을 탕감해주는 것이지만, 사람들이 학자금 대출을 갚지 않을 수 있게 된다면, 그때는 대출자들의 신용 조사를 시작하거나 이율을 대폭 올리거나, 아니면 이 두 가지를 병행해야 한다. 아마도 그러는 게 좋을 것이다. 이것은 사람들이 돈을 덜 빌려서 더 저렴한 학교에 가거나 아예 학교에 가지 않게 해서 학비가 저렴해지는 효과를 낼 테니 말이다.

그렇다면 대학의 학비는 왜 그렇게 비싼가? 정부가 낮은 이율로 돈을 무제한 빌려줌으로써 암암리에 고등 교육에 보조금을 지

급하고 있는 셈이기 때문이다. 대학은 사람들이 빌린 돈을 무제한
낼 수 있기 때문에 마음껏 등록금을 청구할 수 있다. 하버드의 연
간 학비가 20만 달러(2억 8,000만 원)라도 사람들은 그 돈을 빌릴 수
있을 것이다. 대학들은 그렇게 받은 돈을 더 나은 운동 시설이나
스타벅스 클라이밍 월, 여러 가지 행정 업무 등 다양한 방식으로
사용해 왔다.

홍미로운 사실은 그 돈이 교수들한테는 돌아가지 않았다는 것
이다. 교수들은 그 어느 때보다 저임금에 시달리고 있다. 그런데
한 대학에서 수십 명, 심지어 수백 명의 부학장과 부총장이 수억
원의 연봉을 받는 경우가 허다하다. 관리 계층이 층층이 많기도
하다. 고등 교육에서 비용을 절감하는 것은 어려운 일이 아니지
만, 돈이 계속 들어오는 한 그들이 그렇게 할 이유는 전혀 없다.

최근 몇 년 동안 나는 보수적인 전문가들이 대학에 진학하느니
차라리 기술을 배워야 한다고 말하는 것을 많이 들었다. 10만 달
러(1억 4,000만 원)짜리 심리학 학위를 받은 케일리는 결국 웨이터로
일하게 된다. 하지만 만약 그녀가 기술 학교에 가서 렌치 돌리는 법
을 배웠다면 더 높은 연봉을 주는 직업을 가질 수 있었을 것이다.

이는 사람들이 애초에 대학에 진학하는 이유에 대한 논쟁을 불
러일으킨다. 균형 잡힌 교양을 갖춘 시민이 되기 위해서인가? 아
니면 고소득 직업을 갖기 위해서인가? 두 가지가 균형을 이루길
바란다.

그러나 예를 들어, 영화학과처럼 졸업 후 특별히 어떤 일을 할 수 있는 자격을 주지 못하는 학위도 있다. 만약 수십만 달러(수억 원)를 투자해 학위를 취득했는데 취업이 되지 않는다면, 그 교육은 사치다. 돈을 거기에 쓰느니 차라리 그냥 가지고 있는 게 더 낫다.

빚을 너무 많이 진 채 대학을 졸업하는 사람들의 문제는 (당연한 것 외에도) 빚 때문에 결혼이나 주택 구입, 자녀 출산 등 살면서 하고 싶은 일을 할 수 없게 된다는 것이다. 경제학자들은 부채가 가족 형성을 방해한다고 한다. 결국 당신에겐 빚과 임대료만 남게 되는 것이다. 밀레니얼세대가 40대에 접어들면서 이제 막 오랫동안 미루고 미루던 주택 구입에 나서고 있다. 지금까지는 하고 싶어도 못했던 것이다.

나는 운이 좋은 사람이었다. 학자금 대출을 피하려고 미국군대학교에 진학해 무료로 학교에 다녔다. 엄밀히 말해 공짜는 아니었다. 왜냐하면 그 후 5년 동안 의무 복무를 해야 했기 때문이다. 그 일을 하면서 나는 태평양 북서쪽에 떠 있는 배 위에서 수없이 토하곤 했다. 그것이 가장 쉽게 무료 교육을 받는 길은 분명 아니었다. 하지만 학자금 대출 없이 졸업한 것은 매우 큰 의미가 있었다. 재정적 측면에서 또래들보다 훨씬 앞서 나갈 수 있었으니 말이다.

나중에 나는 직장에 다니면서 경영대학원에 진학했다. 그 당시 학비는 학자금 대출을 15,000달러(2,100만 원) 받아서 충당하고 나머지는 내가 다 냈다. 그리고 졸업 후 6개월 동안 학자금 대출을

갚아나가다 첫 상여금을 받자마자 전부 상환했다. 물론 그때는 비
싼 사립학교의 MBA 학비가 45,000달러(6,200만 원)로 지금보다 훨
씬 저렴했으니 나는 운이 좋은 X세대인 셈이다.

사실 대부분의 문제는 대학원에 있다. 이는 수요와 공급의 문제
로 일자리에 비해 박사 학위 프로그램이 너무 많이 만들어지고 있
다는 것이다. 박사(또는 석사) 학위 프로그램은 대학에서 매우 수익
성이 높은 부문이기 때문에 전국적으로 매년 새로운 대학원 프로
그램이 개설된다. 박사 학위를 받으면 대학에서 학생들을 가르칠
수 있을 것으로 생각하겠지만, 자리가 날 때마다 수백 명의 지원자
가 몰려 경쟁이 매우 치열한 데다가 종신 교수직은 일반적으로 상
위 3~5개 대학교 출신들에게만 주어진다. 나머지는 모두 겸임교
수가 되어 한 강좌당 3,000달러(400만 원) 정도 받는다. 이들은 이
런 상황에 매우 환멸을 느끼고 있다. 대학원에 대해 내가 들은 조
언은 다른 사람이 학비를 대주지 않으면 가지 말라는 것이다.

나는 22세부터 꿈꿔온 작문 석사 학위를 받으려고 아주 최근에
두 번째로 대학원에 진학했다. 처음 시작할 때 나는 이미 두 번이
나 책을 출판한 작가이자 칼럼니스트, 뉴스레터 작가였기 때문에
굳이 예술학 석사 학위가 필요하지 않았지만, 그래도 하고 싶어
서 자비로 학비를 냈다. 그리고 거기서 엄청나게 많은 것을 배웠
기 때문에 그러길 정말 잘했다는 생각이 든다. 학비는 약 70,000
달러(1억 원) 정도였다. 나는 어렵지 않게 학비를 냈지만, 이는 누구

나 쉽게 감당할 수 있는 금액이 아니다. 게다가 예술학 석사 학위를 받고도 그걸로 특별히 하는 일 없이 지내는 사람도 많다.

고등 교육이 뭔지 잘 모르겠지만, 거기서 왠지 이성과 책임은 모두 사라지고 숫자에 대한 무지함만이 자리를 차지하고 있는 것 같다. 7만 달러는 큰돈이다. 나는 대부분의 사람들이 7만 달러를 자동차에 쓰지 않고 학위 취득에 쓸 거라고 생각한다.

그것은 아마 학위를 더 나은 직업을 갖고 돈을 더 많이 벌 수 있는 투자로 생각하기 때문일 것이다. 아니면 학위를 따는 데 드는 실제 비용을 훨씬 나중에야 떠안게 되기 때문일 수도 있다. 당신이 지금 한 달에 200달러(28만 원)씩 상환하고 있다면 왜 그런 생각을 하지 않겠는가? 하지만 10년 후 7만 달러가 아닌 10만 달러(1억 4,000만 원)의 빚을 지게 되는 현실이 닥칠 것이다. 아니면 사람들이 그러는 것이 배움을 낭만적으로 여기기 때문일까? 누가 아니겠는가? 내 인생에서 세 번의 졸업식은 가장 행복한 날이었다. 그리고 특히 예술학 석사 학위를 받은 날은 더 그랬다. 학부나 대학원 학위를 마치는 것은 놀라운 일을 해낸 것이긴 하다.

그리고 보면 사람들은 금전적인 보상이 아니라 정신적인 보상을 위해 학위를 취득하는 것일 수도 있다. 그래서 사람들이 큰돈으로 자동차가 아닌 학위를 택하는 게 아닐까 싶다.

어느 대학에 가야 하는가?

내겐 대학에 얼마나 돈을 쓰는 게 적당한지 파악하는 체계가 있다. 하버드나 스탠퍼드 같은 명문대나 아이비리그 또는 이와 비슷한 학교에 입학한다고 가정해보자. 이런 학교에 진학하려면 얼마를 써야 할까?

학비는 그들이 '달라는 대로'다. 비용이 얼마가 들든 상관없다. 30만 달러(4억 원)가 든대도 그 정도는 써야 한다. 상위권 대학교는 저소득층이나 중산층 학생에게 장학금을 주는 경우가 많지만, 장학금을 받지 못하더라도 꼭 가야 한다. 그래야 하는 두 가지 이유가 있다.

첫째, 대학은 이름값이 중요하다. 많은 경우 부모들이 똑똑한 자녀에게 "코네티컷대학교 의 우등 프로그램이 더 저렴하니까 그냥 거기 가라"고 한다. 문제는 코네티컷대의 우등 프로그램과 상위권 학교의 우등 프로그램이 같지 않다는 것이다. 아마 고용주들은 책상 위에 있는 코네티컷대의 이력서를 보고 쓰레기통에 던져버릴 것이다.

학교 프로그램이 아이비리그만큼 엄격하거나, 심지어 더 엄격하다 해도 말이다. 그것이 바로 이름값이란 것이다. 그리고 또한 매우 들어가기 힘든 학교에 합격하는 것과 관련된 위세에 관한 것이다. 결론적으로, 하버드에서 1년 넘게 공부할 것도 없다. 입학만 하면 된다.

둘째, 네트워킹 효과 때문이다. 하버드에 가면 미국에서 가장 똑똑한 아이들과 어울리게 된다. 그중 많은 아이가 페이스북을 창업하거나 공직에 출마하는 등 놀라운 일을 하게 될 것이다. 하버드나 유사한 학교에 진학하면 매우 부유하고 영향력 있는 사람들과 인맥을 쌓아 평생 이어갈 수 있다. 그리고 그들은 당신을 도와줄 것이다. 아니면 당신이 그 부유하고 힘 있는 사람 중 한 명이 될 수도 있다. 하버드 졸업생의 실업률은 사실상 제로에 가깝다. 그리고 거의 모든 졸업생이 전공 분야와 상관없이 백만장자가 되거나 자신의 분야에서 최고의 자리에 오를 것이다.

따라서 명문대에 입학하면 비교적 단기간에 빚을 갚을 수 있을 만큼 충분한 돈을 벌 수 있기 때문에 비용이 얼마나 들든 상관없다.

이류 학교에 입학하면 어떨까? 여기서 말하는 학교는 펜실베이니아 주 랭커스터에 있는 프랭클린앤마셜과 같은 소규모 사립 인문 대학이나 학문적 평판이 좋은 주립 대학교들이다. 나는 미시간이 떠오른다. 이러한 학교는 연간 만 달러(1,400만 원) 이하의 빚을 내도 되는 경우에만 다녀야 한다.

왜 그럴까? 이러한 학교에서는 그 이상의 빚을 갚을 만큼의 수입이 나오지 않기 때문이다. 어느 정도 수입이 나올 수 있긴 하지만 그것은 수십만 달러(수억 원)에 달하는 교육비를 내기에는 충분하지 않다.

학자금 대출은 5년 이내에 갚을 수 있도록 노력해야 한다.

5년 안에 학자금 대출을 갚을 수 없다면 교육비를 너무 많이 지출한 것이다. 이러한 학교를 졸업한 사람의 연 소득이 60,000~70,000달러(8,000만~1억 원)라고 가정할 때, 학자금 대출을 8,000달러(110만 원) 상환한다면, 이는 소득의 약 12~15%에 해당하므로 충분히 감당할 수 있는 수준이다. 40대나 50대가 되어서도 학자금 대출을 상환하고 있어서는 안 된다. 나는 그런 사람이 있다는 이야기를 종종 듣는다.

마지막으로, 그 외의 다른 삼류 학교에 다닐 계획이라면 빚 없이 다닐 수 있는 경우에만 가야 한다. 학비가 무료일 것까지는 없지만, 다니면서 해결할 수 있을 정도로 저렴해야 한다는 뜻이다. 졸업 후에 벌 수 있는 수입이 매우 제한되어 빚을 갚을 능력이 전혀 없을 테니 말이다. 사람들이 가장 많이 자포자기하는 지점이 바로 여기다. 삼류 인문대학교에 진학해 연간 80,000달러(1억 1,000만 원)를 학비로 내고 졸업해서는 결국 웨이터로 일하게 되는 것이다. 이런 일이 계속 반복해서 일어나고 있다.

이보다 더 심각한 것은 로스쿨이다. 간단히 발표된 자료만 봐도 미국에서는 250명에 1명꼴로 변호사가 되고 있다. 다른 나라에서는 600명 중 1명이다. 내가 어렸을 때인 80년대에는 변호사가 되는 것이 부와 성공의 지름길이었다. 지금은 변호사가 너무 많아서 수입이 빈곤층 수준까지 떨어졌다. 내가 아는 어떤 변호사들은 무료 급식까지 받고 있는 걸로 알고 있다. 이는 지어낸 이야기가 아니다. 변호사가 너무나 많다는 얘기다.

다시 말하지만, 하버드 로스쿨에 합격하면 가도 된다. 당신은 상원의원이나 대법관, 대통령이 될 수 있다. 상위 10개 로스쿨도 가도 된다. 당신은 민간 부문에서 돈을 많이 벌 수 있다. 이류 로스쿨에 가게 된다면 아마 아주 많이 고민하지 않아도 될 테고, 삼류 로스쿨이라면 정말 다시 한번 생각해보라. 당신은 학비로 20만 달러(2억 8,000만 원)를 넘게 쓰고 연간 40,000달러(5,500만 원)를 벌게 될 것이다. 내 말이 믿기지 않는가? 직접 손가락을 움직여 구글에서 검색해 보면 안다. 사람들이 세상에 더 이상 변호사가 필요 없다고 하는데, 그 말은 맞다. 하지만 당신이 생각하는 그런 의미가 아니다. 삼류 변호사가 너무 많다는 말이다.

의대는 전혀 다른 이야기다. 의대 졸업생들은 빚이 더 많지만, 개업을 하지 않는 한 대개 이를 갚을 수 있는 자원이 있다. 미국은 여전히 의사나 치과의사가 많이들 부자가 될 수 있지만, 대형 병원 시스템에서 의원들을 인수하고 사모펀드에서 치과를 인수하는 경우가 많아지면서 그런 경우가 점점 줄어들고 있다. 그러니 당신은 여전히 의사나 치과의사가 되기는 하겠지만, 소유주가 아닌 직원이 될 것이다. 이는 재정적으로 큰 차이가 있다.

고등 교육이 무료로 제공되어야 하는가?

확실히 이런 생각을 하는 사람이 있다. 정말 고등 교육이 무료로 제공되어야 하는지 한번 살펴보자.

전 세계 몇 군데에서 그런 시도가 있었지만, 예상대로 잘되지 않았다. 아르헨티나는 얼마 전에 대학 등록금을 받지 않았다. 그 결과 모든 사람이 대학에 진학했다. 하지만 모두가 진지한 마음으로 대학에 진학한 것은 아니었다. 4년이라는 세월을 허송세월하며 놀고 싶어 하는 사람들이 많이 몰린 것이다. 결국 교실 환경이 악화되고 교육 수준이 떨어져서 대학이 옛날의 그 대학이 아니게 되었다. 그러니 정작 학생들은 아무것도 배우지 못했다.

아직 알아채지 못했을지 모르겠지만, 나는 모든 사람이 대학에 갈 필요는 없다고 생각한다. 오히려 지금은 대학에 가는 사람들이 너무 많다고 생각한다. 세상에는 도랑을 파는 사람도 필요하다. 오늘날과 같은 정보화 시대에도 육체노동이 필요한 일자리들은 여전히 몸을 써서 해야 한다는 뜻이다. 그리고 이러한 유형의 직업에는 큰 기회가 있다. 고졸로 공조 회사를 창업한 사람이 연간 200만 달러(28억 원)의 매출을 올리고 있다. 언젠가 그는 회사를 1,000만 달러(140억 원)에 매각할 것이다. 고졸 치고는 나쁘지 않다. 우리 동네에 있는 한 지붕 회사는 매출이 5,000만~1억 달러(690억~1,400억 원)에 달할 정도로 규모가 큰 회사다. 지붕 공사치고는 엄청난 규모의 사업인 셈이다. 모든 사람이 미술사를 배워서 대중의 취향이 고급스러워지면 좋겠지만, 그러려면 비용이 너무 많이 든다.

나는 고등 교육을 많이 받았다. 내겐 수학 학사 학위와 MBA, 예술학 석사 학위가 있다. 내 아내는 박사다. 그리고 나와 친한 사람들 대부분이 석사 학위를 갖고 있다. 나는 교육의 가치를 잘 알고 있다. 그리고 아는 게 많아서 퀴즈쇼를 보면서 문제를 꽤 잘 맞히기도 한다. 좋은 일이다. 나는 운이 좋아서 세 번의 고등 교육 중 두 번은 비교적 저렴하게 받을 수 있었고, 나머지 하나는 터무니없이 많은 돈을 냈지만, 그땐 이미 돈이 있어서 문제가 안 됐다.

지난 20년 동안 경제 상황이 변했다. 더 나아지진 건 아니다. 나는 학자금 대출 시 신용 조회를 해야 한다는 해결책을 내놨지만 아무도 그러기를 원하지 않는다. 신용점수가 너무 낮다는 이유로 대학 진학이 거부되는 것을 원하는 사람은 아무도 없으니 말이다. 이것이 우리의 선택이다. 학자금 대출로 인해 금융위기가 오지는 않겠지만, 그 부채는 정부의 대차대조표에 잡힐 것이다. 그러면 우리 중 어떤 사람들은 세금을 더 많이 내야 한다.

나의 대학 경험

나는 대학을 최대한 활용하지 못했다. 많은 대학생이 그러리라 생각한다. 나는 글쓰기 수업을 몇 번 들은 것 외에는 공부하는 데 흥미를 느끼지 못했다. 게다가 좋아하던 수학도 학년이 올라갈수록 그다지 유용하지 않다는 것을 알게 되었다. 반에서 세 번째로 SAT 점수가 높았던 나는 뒤에서 40%로 졸업했다. 수업 시간 내내 잠만 자다 타고난 머리 덕분에 어찌어찌 졸업은 한 셈이다.

나는 학교에 다닐 때 충분히 공부하지 못한 대가를 나중에 치렀다. 지식에 구멍이 생긴 탓에 알아야 하는데 모르는 것들이 있었다. 어쨌든 중요한 사실은 열아홉 먹은 청년들은 항상 파티를 열고 놀기 바쁘기 때문에 자녀가 대학에 진학하면 돈 낭비일 확률이 90%라는 것이다. 그런데 그런 아이들이 바로 당신의 미래 비즈니스의 리더들이다. 이런 말을 들어봤을 것이다. 성적이 낮은 학생은 성적이 높은 학생을 위해 일하고, 성적이 중간인 학생은 정부를 위해 일한다. 당신은 자녀가 대학에 다닐 때 또 한 번 구제 불능의 형편 없는 성적표를 보게 될 때가 반드시 있을 것이다. 그러면 "도대체 내가 뭘 하고 있는 거지?"라는 소리가 저절로 나올 것이다. 다 이해한다.

반면 대학원은 다른 이야기였다. 나는 금융에 대해 매우 배우고 싶었다. 그래서 MBA 프로그램에서 만점을 받았다. 글쓰기에도 관심이 매우 많았기 때문에 예술학 석사과정에서도 모두 A를 받았다. 사람이 조금 더 성숙해지고 인생에서 원하는 것이 무엇인지 깨닫게 되면 학업에 매진하기 마련이다. 나는 여러 대학원과 고용주에게 학부 성적(3.0을 조금 넘는 수준)이 나의 실제 잠재력을 대변하지 못한다는 것을 여러 번 설명해야 했다. 인생에서 한 가지만 달리 할 수 있다면 대학에 돌아가 내 일에 집중하고 공부하는 것이다. 이것이 내게 가장 큰 후회로 남는 일 중 하나다.

*   *   *

재정 건전성은 수많은 작은 것의 산물이 아니라 집, 자동차, 학자금 대출이라는 세 가지 큰 것의 산물이라는 점을 기억하라. 이 세 가지를 제대로 해결하면 작은 것들에 대해 걱정할 필요가 없다. 그리고 스트레스를 훨씬 덜 받을 수 있다.

나는 학자금 대출 때문에 실제로 스트레스를 받는 사람들을 수없이 많이 알고 있다. 그들은 빚을 갚을 도리가 없다. 그리고 현재 가진 직업으로는 앞으로도 그럴 수 없을 것이다. 그들은 이 빚을 안고 죽을 것으로 생각하고 있으며, 아마 그렇게 될 것이다. 정말 안타깝고 슬픈 일이다.

빚을 갚았을 때 느낄 수 있는 홀가분함 때문에 나는 서둘러 빚을 갚고 있다. 그런 홀가분한 기분을 결코 경험할 수 없다고 상상해 보라. 사용할 수 있는 현금이 모두 막대한 학자금 대출 상환에 빨려 들어가는 바람에 더 큰 집, 더 좋은 차, 더 멋진 옷, 더 맛있는 음식 등 무엇이든 살면서 더 좋은 것들을 누릴 수 없다고 상상해 보라. 당신의 재정 생활은 청구서 걱정이나 생계 걱정 등 온갖 걱정들로 가득 차 있다. 그리고 이 모든 것이 현실적으로 갚을 수 없는 학자금 대출 때문인 것이다.

하지만 당신은 갚을 수 있다. '비용 측면이 아닌 수입 측면'으로 다시 돌아가 생각해보라. 파이를 더 작은 조각으로 자르는 대신 파이 자체를 더 크게 만드는 것은 어떨까? 굉장한 생각이다. 변호사가 되려고 30만 달러(4억 원)를 투자해서 반드시 변호사가 되어야만 하는 경우가 아니라면 말이다. 그렇지 않은가? 꼭 그럴 필요는 없다. 당신에겐 대학원 학위가 있다. 그리고 당신은 똑똑하다. 그러니 무엇이든 할 수 있다. 변호사가 되기로 마음먹었지만 잘 안 되고 있으니… 잘 안 되는 일을 그만두지 말란 법이 어디 있는가?

당신은 아주 특수한 교육을 받았을 수도 있지만, 그렇다 해도 마음만 먹으면 할 수 있는 일이 무궁무진하다. 당신이 법학 학위나 박사 학위를 가지고 있고 현재 연봉이 60,000달러(8,000만 원)라면 큰 노력 없이도 연봉을 20만 달러(2억 8,000만 원)까지 올릴 수 있다. 그러면 학자금 대출 문제가 해결된다. 내가 이것이 유일한 방법이라고 말할 때 내 말을 믿어라. 지출을 줄여서는 그 목표에 도달할 수 없다. 이미 라면으로 끼니를 때우고 있는데 지출을 아무리 많이 줄인들 이 문제를 해결할 수 있겠는가? 오로지 돈을 더 많이 버는 길밖에는 없다.

자존감이 낮은 많은 사람들, 그들은 자신이 20만 달러의 가치가 있다고 믿지 않는다. 하지만 무엇이든 가능하다. 언젠가부터 우리는 우리의 무한한 잠재력을 믿지 않게 되었다. 우리는 자신이 더 잘할 수 없다고 믿었다. 당신이 당신의 잠재력을 실현하지 못하고 있을 확률은 99%다. 나만 해도 내 잠재력을 실현하지 못하고 있다. 하지만 나는 하루도 빠짐없이 노력한다. 당신도 그럴 수 있다.

다음은 인생에서 가장 우스꽝스러울 정도로 끔찍한 경험 중 하나인 자동차 구입과 그 값을 치르는 방법에 관해 이야기해보자.

Chapter 11
자동차 구매로
스트레스받지 않는 법

나는 자동차에 빠졌던 적이 없다. 자동차는 돈을 쓰기 아까운 물건이기 때문이다. 자동차는 시간이 가면서 감가상각이 된다. 그러니 돈이 줄줄 새나가는 것과 마찬가지인 셈이다.

나는 47세가 될 때까지 자동차에 최대한 돈을 쓰지 않았다. 나는 그때까지 튼튼하고 고장이 잘 나지 않는 도요타만 탔다. 도요타는 32만킬로까지도 너끈히 달린다. 그런 도요타를 나는 모두 폐차 직전까지 타고 새 차를 구입한다. 이렇게 계속하면 된다.

하지만 당신은 길을 가다가 람보르기니, 벤틀리, 심지어 벤츠나 BMW 같은 고급 차를 보며 '나도 저런 차가 있었으면'이라고 생각한 적이 분명히 있을 것이다. 모든 물질적 소유물 중에서 부러워하는 마음이 가장 강렬하게 드는 것을 꼽자면 단연 자동차다. 이는 자동차가 사회적 지위의 상징이기 때문이다. 나는 코로나 대유행 직전인 2020년 봄에 이런 현상의 희생양이 되고 말았다. 우리는 이 반짝이는 새 장난감에 모두 취약한 게 맞다.

나는 온라인 검색을 하다가 미드엔진 모델의 2020년형 신형 콜벳의 사진을 발견했다. 그 녀석은 진짜 페라리 처럼 보였다. 나는 페라리는 물론이고 그 어떤 고급 차도 가져본 적이 없었다. 사회적 지위를 상징하는 차를 소유한 적이 없었던 것이다. 그러니 이제껏 주차장에서 누군가 내게 다가와 "차 멋지네요"라고 말을 건넨 적이 단 한 번도 없었다. 좋은 차를 소유해도 될 만큼 경제적으로 성공한 시점을 훨씬 지나 있었는데도 말이다. 그때 나는 이렇게 생각했다. '페라리를 50만 달러(7억 원)에 사느니 콜벳을 8만 달러(1억 1,000만 원)에 사면 되겠군.' 꽤 괜찮은 거래처럼 보였다.

그래서 나는 도요타를 몰고 쉐보레 대리점으로 가서 영업사원에게 2020년형 신차를 주문하고 싶다고 했다. 보스턴 억양이 짙은 그 영업사원은 은퇴를 앞둔 것 같았다. 그의 책상에는 프로 드라이버들과 함께 레이싱 트랙을 돌아다니는 사진이 여러 장 걸려 있었다.

나는 하이윙 스포일러가 달린 파란색 콜벳을 사고 싶어서 한두 시간 동안 그와 함께 앉아서 컴퓨터로 차를 조립하고 주문을 넣었다. 정말 신이 나서 빨리 차를 받고 싶었다. 하지만 타이밍이 가장 중요하다. 앞서 말했듯이 그때는 코로나 대유행이 시작되기 직전이었다. 몇 달이 지나자 영업사원이 전화를 걸어 볼링그린에 위차

한 GM 공장의 조업이 중단되었다고 알려줬다. 차를 받으려면 조금 더 기다려야 할 것 같았다. 그렇게 시간이 더 흘렀지만 여전히 차는 나오지 않았다. 그러는 와중에 2021년형 모델까지 출시되어 버렸다. 그래도 여전히 내 차는 나오지 않았다.

이때가 1년이 넘은 시점이었다. 합리적인 가격의 페라리를 소유하고 싶던 내 꿈은 물거품이 되고 있었다. 나는 내 심정을 전하러 쉐보레 대리점에 찾아갔다. 그런데 전시장에 2020년형 모델 중 한 대가 전시되어 있는 것이 아닌가. 검은색에 빨간색 트림이 되어 있었지만 내가 원했던 것처럼 하이윙 스포일러가 장착된 차였다. 파란색은 아니었지만 훨씬 더 멋져 보인 데다가 안전벨트도 차와 잘 어울렸다. 1년 넘게 연락을 주고받던 영업사원이 나를 향해 손을 흔들었고, 나는 그 차를 가리키며 물었다.

"이건 뭐죠?"

그 차는 주행 거리가 1,600킬로인 중고차였다. 경주용 자동차 운전자가 11만 3,000달러(1억 6,000만 원)에 내놓았다는 것. 내겐 오늘 이 차를 살 것인지, 아니면 현실적으로 구할 가능성이 없는 더 싼 차가 출고될 때까지 기다릴 것인지 두 가지 선택지가 있었다. 고민 끝에 나는 그 차를 사기로 했다.

나는 자동차를 할부로 구매할까 생각했다. 어쨌든 차 가격이 11만 3,000달러라는 그 많은 현금을 다 쓰고 싶지 않았다. 그래서 약 2%의 이율로 5년 만기 대출을 받아 1~2년에 걸쳐 갚아나가기

로 했다(자동차 대출에 좋은 이율에 대해서는 나중에 설명하겠다). 나쁘지 않
은 계획이었다.

　나는 줄무늬 폴로 셔츠와 체크무늬 바지에 운동화를 신고 있던
영업사원을 돌아보며 이 차에 관심은 있는데 내가 받을 수 있는
이율을 알고 싶다고 말했다. 그는 이 대리점이 3대째 가업을 이어
오고 있으며 1942년부터 이 지역에서 사업을 하고 있다고 설명했
다. 그런 속이 보이는 말이 들리면 바가지를 쓸 가능성이 크다는
걸 알아야 한다. 특히 자동차 대리점에서는. 나는 영업사원에게
내 정보를 줬고, 그는 나를 안쪽 사무실로 데려갔다.

　당신도 이런 경험을 해봤을 것이다. 영업사원은 돈 얘기가 시
작되면 사람들을 안쪽 사무실로 데려간다. 재정적으로 여유가 없
는 사람에게는 이는 매우 위협적인 경험이 될 수 있다. 나는 사람
들이 이런 스트레스와 공포를 겪었다고 말하는 것을 많이 들었다.
이런 것을 '비대칭 정보'asymmetric information라고 한다. 이 경우 영업
사원은 고객보다 자동차에 대해서도 더 많이 알고 있고, 금융 옵
션에 대해서도 더 많은 정보를 가지고 있다. 그런데 이런 정보를
고객에게 알려주지 않으려고 한다. 그래서 이런 만남을 가질 때는
완전히 전투태세가 되어야 한다.

　안쪽 사무실에 있을 때는 기분이 진짜 안 좋다. 영업사원이 당
신을 지배하기 때문이다. 당신은 아마 자동차 대출에 대한 수학
교육을 잘 받지 않았을 테고, 모든 성과급 뒤에 숨겨진 경제학에

대한 교육도 분명히 받지 않았을 것이다.

그가 종이에 숫자를 적더니 내 쪽 책상 위로 밀어줬다.

"이게 뭐죠?" 내가 물었다.

"선생님이 내실 금액입니다." 그가 답했다.

나는 믿을 수 없다는 표정으로 "이율과 대출 만기에 관한 이야기는 아직 하지도 않았는데 어떻게 내가 낼 금액이 나오나요?"라고 물었다. 그러자 그는 1942년부터 이 자동차 대리점이 그 지역에서 사업을 해왔으며, 3대에 걸쳐 가문 대대로 이어져온 대리점이라는 이야기를 다시 시작했다.

"이보세요, 이율은 얼마죠?" 나는 세 번째 물었다.

"6%요." 그가 대답했다.

"6%요? 정신 나갔어요? 내 신용점수가 어떻게 되죠?" 그는 점수를 2개 받았는데 둘 다 800점 이상이었다고 대답했다.

"신용점수가 800점 이상인데 왜 내 대출 이율이 6%나 됩니까?" 내가 따져 물었다.

그는 내가 현재 자동차 대출이 없는 데다 자동차 대출을 받은 지 너무 오래되었으며, 내가 사려는 차가 주행 거리가 1,600킬로이긴 해도 엄밀히 말해 신차이기 때문이라고 대답했다. 자동차 판매 대리점에 대해 잘 알려지지 않은 사실은 그들이 자동차 판매로는 큰돈을 벌지 못한다는 것이다. 그들은 융자를 내주고 그것을 처리하는 과정에서 대부분의 돈을 벌어들인다.

나는 그에게 현금으로 내겠다고 말했다. 그랬더니 그 남자가 대뜸 화를 냈다.

내가 현금으로 내겠다고 말하는 것은 기본적으로 그가 전시장에서 가장 비싼 차를 팔면서도 돈은 벌지 못할 거라는 의미였으니 말이다. 사람들은 대부분 자동차 판매 사업은 그다지 별볼 일 없지만, 자동차 금융 사업은 놀라울 정도로 수익이 좋다는 사실을 잘 모른다. 안타까운 일이다. 나는 이자를 6%나 낼 생각은 없었다.

나는 그 차를 주차장에서 바로 몰고 나왔다. 그 이후로 나는 그 체크무늬 바지를 입은 남자를 다시 본 적이 없다.

사실 나는 차를 현금으로 살 계획은 아니었다. 할부로 사고 1~2년에 걸쳐 갚을 생각이었다. 10만 달러(1억 4,000만 원)가 한꺼번에 나가는 건 원치 않았기 때문이다. 하지만 나는 대리점에 들어가기 전에 현금 결제가 가능하다는 것을 알았고, 그렇게 할 수 있는 능력도 있었다. 그래서 수표책까지 들고 갔다. 마음의 준비를 하고 갔기에 긴장하거나 스트레스도 받지 않았다. 오히려 약간 짜증도 났다.

나는 합리적인 사람이다. 사람들은 생계를 유지할 수 있어야 한다. 그러니 수익을 내야 한다. 하지만 그런 식으로는 곤란하다. 누군가의 재정적 약점을 이용해서는 안 된다. 그는 미국에서 가장 지식이 풍부한 개인 금융 전문가 중 한 명을 속이려고 했다. 다른 사람들에게는 어떤 짓을 했겠는가!

나는 자동차를 살 때마다 좋지 않은 경험을 했다. 나는 영업사원에게 이용당하지 않으려고 그들과 전투를 벌인다. 이는 제로섬 게임이다. 영업사원이 거래에 만족하면, 나는 불만족스러울 수밖에 없다는 뜻이다.

내가 어떻게 80,000달러짜리 차를 사려다 11만 3,000달러를 쓰고도 최고의 차를 얻은 것 같은 기분이 들었는지 궁금하지 않은가? 2020년형 콜벳이 생산 문제로 인해 매우 희소해져서 높은 웃돈이 붙어 거래되고 있어서였다. 일반 자동차는 시간이 지남에 따라 가치가 떨어지지만, 수집용 자동차는 시간이 지나면서 가치가 상승한다. 이 차는 내가 기꺼이 돈을 내도 되는 희귀한 투자처였다.

자동차는 현금으로 구매하는 것이 목표가 되어야 한다. 자동차 할부는 최후의 수단이다. 이 경우 나는 우연히 실수로 현명한 일을 한 것이다.

자동차 대리점 안쪽 사무실에서는 자동차 대출 조건을 협상할 수 없다는 사실을 말해주고 싶다. 대출은 대리점에서 해주는 것이 아니라, 자동차 제조업체의 금융 부서나 제3의 대출 기관이 해주는 것이다. 대리점이 특정 이율의 특정 대출을 제안하는 경우 일반적으로 그것밖에는 가능한 대출이 없다는 얘기다.

한 가지 예외는 있다. 7년 또는 8년 만기 대출을 제안받아도 일반적으로 기간을 5년 정도로 더 짧게 협상할 수는 있다. 기간이

5년을 초과하는 자동차 할부 대출은 절대 받아서는 안 된다.

자동차 판매 대리점에 발을 들여놓을 때는 '자기 인생을 걸고 있다는 사실'을 명심해야 한다. 그리고 거기에는 아무런 규칙이 없다. 그들은 당신을 차에 태우려 할 것이다. 그들은 고객을 차에 태우기 위해 불법적인 판매 전략을 포함하여 할 수 있는 건 다할 것이다. 그들은 4개월 후에 차가 압류되든 말든 신경 쓰지 않고 오로지 판매에만 집중한다.

다음은 자동차 구매 시 단계별 지침이다.

자동차 구매 시 단계별 지침

1단계: 자동차 할부 대출과 당신

먼저, 자동차에 대해 잠시 이야기해보자. 지금은 자동차 가격이 그 어느 때보다 높다.

여러 가지 이유로 시간이 지나면서 자동차가 점점 더 비싸지고 있다. 가장 큰 이유는 정부가 많은 안전 및 배기가스 배출 요건을 부과하고 있기 때문이다. 이것이 자동차 가격을 올리고 있다. 예를 들어, 자동차 후방 카메라의 가격은 약 800달러(110만 원) 정도 된다. 여기에 미국에서 판매되는 자동차 1,700만 대를 곱하면 연간 136억 달러(19조 원)가 후방 카메라에 지출되고 있는 셈이다. 그만한 가치가 있는 것일까? 요점은, 사람들에게 자기 차에 대한 결정권을 맡긴다면 그들은 이 컴퓨터화된 고가의 터보 슈퍼카보다 여기서 저기까지 데려다줄 저렴한 자동차를 원할 것이라는 점이다.

자동차는 가격이 훨씬 더 비싸졌기 때문에 할부 없이는 구입하기 거의 불가능하다. 따라서 먼저 자동차 할부 대출이 어떻게 작동하는지 잘 알아두는 것이 좋다.

자동차 할부 대출은 주택담보대출과 비슷하게 기간을 두고 원리금을 내면서 상환하는 방식이다. 그리고 집과 마찬가지로 자동차도 감당할 수 있는 선에서 구입해야 한다는 점을 기억해야 한다. 당신은 원금을 선납하고 할부 대출 기간을 단축할 수 있다.

그런데 시간이 갈수록 자동차가 더 비싸지면서 자동차 할부 대출 기간이 점점 더 길어지고 있다. 내가 대학을 졸업하고 처음 받은 자동차 할부 대출은 5년짜리였다. 지금은 6~8년, 심지어 9년짜리 자동차 할부 대출도 흔하다. 자동차 가격이 너무 올라서 만기가 더 긴 대출이 필요하게 된 것이다.

하지만 대출 기간이 길면 길수록 이자를 더 많이 내게 되는데, 이자는 비생산적이라는 문제가 있다. 그리고 당신이 이자를 더 많이 내니까 은행은 수익이 더 많아진다. 무시무시한 일이다.

다시 한번 강조한다. 5년을 초과하는 자동차 할부 대출은 받지 말아야 한다. 5년짜리 대출로 살 수 없다면, 그 차 말고 더 저렴한 것을 사라.

현명한 사람들은 6% 이율로 8년짜리 자동차 할부 대출을 받지 않는다. 이는 유능한 사람들이 할 일이 아니다. 8년 후 차의 수명이 다했을 때 남아있는 엄청난 자동차 할부금을 갚아야 한다면 얼마나 스트레스를 받겠는가? 내가 말할 수 있는 것은 5년 후 자동차 할부금이 사라지고 현금에 여유가 생기면 스트레스가 사라질 것이라는 사실이다.

나는 이제껏 살면서 자동차 할부 대출을 두 번 받아봤다. 첫 번째는 대학 시절로, 사관학교에서 일등 생도들에게 대출을 받아 자동차를 살 수 있는 혜택을 제공했다. 나는 1995년에 13,000달러(1,800만 원)짜리 도요타 테셀을 새로 샀다. 그리고 8년 동안 그 차로 엄청난 거리를 달렸다.

할부금은 급여에서 바로 빠져나갔다. 그래서 나는 완전히 잊고 지내다가 4년 후 대출금을 갚고 갑자기 현금 흐름에 여유가 생기자 빚이 없는 게 얼마나 좋은지 깨닫게 되었다.

두 번째로 자동차 대출을 받은 것은 2010년에 32,000달러(4,400만 원)에 도요타 하이랜더를 사면서였다. 나는 32,000달러라는 돈을 현금으로 모두 내고 싶지 않아서 USAA에서 이율 4%로 5년 만기 대출을 받기로 했다. 그때 나는 선납금을 전혀 내지 않았다. 마지막에 5년 동안 낸 이자를 모두 계산해보니 8,000달러(1,000만 원)가 나왔다. 나는 아무 이유 없이 8,000달러를 이자로 낸 것이다. 정말 어리석은 결정이었다. 여력이 된다면 모두 현금을 내고 자동차를 사라.

한 가지 더 말하고 싶은 것은 자동차 할부 대출은 재융자를 할수 있다는 사실이다. 하지만 자동차 할부 대출 재융자는 이율이내려가면 할 수 있는 주택담보대출 재융자와는 달리 신용점수가높아져야 할 수 있다. 신용점수가 낮아서 이율이 높은 자동차 대출을 받은 경우 신용 점수가 크게 상승하면 재융자를 받을 자격이생길 수 있다. 이렇게 하면 상환액을 몇백 달러(몇십만 원) 줄일 수있으니, 이런 상황이라면 재융자를 받을 만하다.

적정하고 감당할 수 있는 선에서 자동차 대출을 받는 것이 얼마나 중요한지 아무리 강조해도 지나치지 않다. 내가 아는데 그러지 않는 사람들이 있다. 세후 소득이 한 달에 2,000달러(240만 원)인 사람이 자동차 할부금만 800달러(110만 원)를 내기도 한다. 미국이 아닌 다른 나라에서는 이러지 않는다. 여기서 위험은 자동차대출을 갚지 못해 자동차가 압류되는 것이 아니라, 실제로 대출금을 상환하는 것이다. 즉, 이 대출이 가용 현금의 씨를 말려 다른 곳에 쓸 돈이 없게 되는 것을 말한다.

사람들은 대부분 긴축 생활을 좋아하지 않지만, 많은 사람이 소득에 비해 고정 부채가 너무 큰 나머지 강제로 긴축 생활을 하고있다. 그들은 모든 돈이 차에 들어가기 때문에 값싼 화장지를 구입하고 쿠폰을 스크랩하면서 예산이 얼마인지 살피고 어디서 비용을 줄일 것인지 끊임없이 고민한다. 그렇게 사는 것은 행복한 삶이 아니다.

　미국에는 매달 어떻게 먹고살지 걱정하면서 하루 벌어 하루 사는 사람들이 많다. 매달 "도대체 어떻게 또 공과금을 낼 수 있을까?"라는 걱정에 잠을 설치는 것은 끔찍한 기분이다. 종종 이러한 스트레스는 너무 많은 부채, 즉 너무 큰 주택담보대출, 너무 큰 학자금 대출, 그리고 결정적으로 너무 큰 자동차 대출이 쌓여 발생하는 직접적인 결과다.

　이러한 스트레스는 전부 피할 수 있는 스트레스다. 대출금을 조기에 갚아버릴 수 있도록 감당할 수 있는 자동차를 구입하라.

　차는 그냥 차일 뿐이다. 그저 이동 수단일 뿐, 당신이 어떤 사람인지를 보여주는 물건이 아니다.

2단계: 자신의 가치 알기. 자신을 연구하기

자동차 대리점의 매장은 당신의 감정을 조종할 수 있게 설계되었다. 어쩔 수 없이 사야 할 때가 아니라 살 수 있을 때 대리점에 가야 한다. 냄새나 옷차림, 매장에 깔리는 음악 등 자동차를 사고 싶게 만드는 환경에는 무언가가 있다. 사람들은 차를 살 생각이 전혀 없는 상태로 대리점에 갔다가 결국 차를 사고 나온다. 이런 일이 비일비재하다. 자동차 구입은 인생에서 세 번째로 중요한 재정적 결정이므로 신중하게 생각하고 신중하게 결정해야 한다. 꼭 차를 살 필요가 없다는 사실을 명심하라. 적어도 차를 사야 한다는 사실을 들켜서는 안 된다.

자동차 대리점에 가기 전에 가장 먼저 해야 할 숙제가 하나 있다. 자기 차의 중고차 시세를 알아보고 새 차의 가격을 알아보는 것이다. 이는 매우 간단한 일로 자동차 제조사와 모델을 인터넷에서 검색하는 것부터 시작하면 된다.

차의 가격은 웹사이트에서 찾아볼 수 있는데 일반적으로 이러한 차량 가격의 추정치는 어디나 다 같으며, 대리점에서도 같은 가격을 사용한다. 겨우 몇 분이면 자동차를 조사할 수 있다. 중고차와 신차의 가격을 알아본 후에야 대리점에 갈 준비가 된 것이다. 신차의 가격이 40,000달러(5,500만 원)이고 당신 차의 보상 판매 가치가 9,000달러(1,200만 원)인 경우, 보증 등을 계산에 넣기 전 거래 가격은 31,000달러(3,300만 원)가 되어야 한다. 그렇지 않다면 뭔가 잘못되었다고 생각하고 목소리를 높여야 한다.

대리점에서 보상 판매 가격을 낮게 책정했다면 이렇게 질문하라. "보상 판매 가격이 왜 더 낮게 책정되었나요? 이 추가 비용들은 무엇인가요?" 견적서를 잘 살펴보고 미심쩍은 점은 반드시 질문해야 한다.

인구 밀도가 높은 지역에 거주하는 경우 인근에 자동차 대리점이 여러 군데 있어서 견적을 비교할 수 있는 호사를 누릴 수 있다. 그런데 내가 사는 곳은 그렇지 않다. 도요타 대리점이 한 곳뿐이다. 그리고 다음으로 가까운 대리점은 2시간 거리에 있다. 그리고 대리점 웹사이트의 광고 가격은 당신이 고려해야 할 가장 중요한 요소가 아니다. 중요한 것은 영업사원이 얼마나 공격적으로 영업을 하느냐. 그런데 이는 실제로 대리점에 가기 전까지는 알 수 없는 노릇이다.

이 사람들이 당신을 겁주지 못하게 해야 한다. 당신은 낯선 환경에 처음 발을 내딛는 신참이고, 반대로 상대방은 노련한 베테랑인 경우 항상 그럴 요소가 있다. 자동차 영업사원은 차 한 대를 팔면서 수익을 최대한 많이 내기 위한 여러 가지 판매 기법을 교육받는다. 하지만 겁먹을 필요는 없다. 이 사람들은 완전 바보들이기 때문에 몇 가지 질문만으로도 그들의 '기술'을 납작하게 눌러버릴 수 있으니 말이다.

자동차 구매 협상을 할 때 사람들은 일반적으로 궁금한 게 많아도 마음 놓고 물어보지 못한다. 하지만 확인할 것은 반드시 확인해야 한다. 어리석은 질문 따윈 없다. 질문해야만 좋은 일이 생긴다. 마음이 편안해지거나 재정에 도움이 되는 일 등 말이다. 내가 콜벳을 두고 협상할 때 청구서에 아무 설명 없이 800달러(110만 원)라고 적힌 항목이 있었다. 그게 뭐냐고 물었더니 열쇠 분실을 대비한 보험이라고 했다. 나는 "열쇠를 잃어버릴 일은 없을 테니 이건 빼주세요"라고 말했다. 그렇게 800달러가 절약됐다.

협상 시 한 가지 더 중요한 것은 언제든 협상을 중단할 마음을 먹고 있어야 한다는 것이다. 당신이 하지 말아야 할 일은 자동차에 마음이 꽂혀서 그 차와 사랑에 빠지는 것이다. 이는 집을 살 때도 마찬가지다.

당신이 "저는 이만 가보겠습니다"라고 말하고 문밖으로 나가도 영업사원이 쫓아 나오던 시대는 지나갔다. 그래도 대답이 만족스럽지 않다면 당신은 반드시 그 자리를 떠야 한다. 그러지 않으면 몇 년 동안 당신의 재정을 망칠 값비싼 차를 사게 될 테니 말이다. 당신은 은행 계좌에서 차 할부금이 인출될 때마다 자신을 저주하게 될 것이다. 몇 주만 기다려 보라. 그때 다시 가도 차는 거기 있을 테니. 설령 그렇지 않더라도 별일은 아니다.

트레이더로서 말하자면, 모든 것이 거래인 만큼 물질적인 상품을 너무 감상적으로 대하면 안 된다. 거래가 불리하게 진행되는 것 같으면 반드시 그 자리를 떠야 한다. 거래를 포기하지 않은 결과는 심각할 것이다. 80,000달러(1억 1,000만 원)짜리 SUV를 8년 동안 매월 1,000달러(140만 원)씩 내며 타게 되는 일이 벌어질 거라는 말이다. 당신과 자동차의 허니문은 끝나버리고, 차가 당신의 모든 재산을 탕진해 버리는 상황만 남는 것이다.

일부 개인 금융 전문가들은 사람들에게 항상 더 저렴한 중고차를 구입하라고 말한다. 그 말도 일리는 있다. 하지만 장기적으로는 그게 비용이 더 많이 들 수 있다. 8,000달러(1,000만 원)를 주고 탈 많은 중고차를 샀는데 계속 고장이 나기 시작하면 자동차 구입비보다 유지비로 돈을 더 많이 쓰게 된다. 그러면 중고차를 산 목적이 무색해진다.

내가 도요타를 고집하는 이유는 도요타는 적어도 엔진은 절대 고장 나지 않는다고 생각하기 때문이다. 도요타는 근사한 차는 아니었지만 나를 여기서 저기로 데려다줬다. 도요타뿐 아니라 혼다, 현대자동차를 신차로 사면 10년 동안 아무런 기계적인 문제 없이 탈 수 있을 것이다.

3단계: 적을 파악하기

자동차 영업사원이란 재미있는 직업이다. 그들은 큰돈과 복잡한 융자를 수반하는 큰 거래를 처리하지만 대학 졸업장이 필요하지는 않다. 사람들을 이용하는 것을 너무 뻐딱하게 바라보는 양심만 발달하지 않으면 된다. 우리의 목표는 이런 자동차 영업사원보다 수준이 더 높아지는 것이다.

카지노에는 시계가 없다. 무늬가 요란한 카펫이 깔려있고 슬롯 머신 소리가 계속 울린다. 카지노에서 이런 식으로 도박꾼에게 심리적 속임수를 사용한다는 말을 들어봤을 것이다. 자동차 대리점도 크게 다르지 않다. 자동차 대리점에 들어서면 가장 먼저 눈에 띄는 것이 무엇인가? 바로 냄새다. 새 차의 냄새.

이 냄새는 병에 담아 향수로 만들어 팔아도 될 정도다. 매번 효과가 있다. 내 콜벳은 1년이 조금 지난 지금도 새 차 냄새가 난다. 얼마나 멋진 일인가?

또 한 가지 눈에 띄는 점은 영업사원들이 멋있어 보이려고 애쓴 다는 사실이다. 그들은 기본적으로 정장은 아니지만, 버튼다운이 나 멋진 폴로 셔츠에 스포티한 바지를 입는다. 자동차 영업사원도 여가 시간에는 카고 반바지를 입고 야구 모자를 쓰겠지만 일할 때 그렇게 입는다면 그다지 진지해 보이지 않을 것이다.

자동차 영업사원은 특정 가격대에 차를 판매하면 대리점에 얼 마나 이익이 생기는지, 다양한 대출 또는 보증 패키지로 차를 판 매할 경우 대리점에 얼마나 이익이 생기는지 정확히 알고 있다. 안타깝게도 나는 그런 정보가 없다. 내가 아는 것은 영업사원에게 좋은 것이 나한테는 좋지 않다는 사실이다. 그러니 영업사원이 어 떤 방향으로 당신을 유도한다면 그와는 다른 방향으로 가는 것이 좋다.

가끔 자동차 영업사원과 대화해보라. 나는 개인적으로 아는 사 람이 몇 명 있다.

그들이 내가 지금 하는 말이 맞다고 해줄 것이다. 그러니까 그 들이 자동차를 팔기 위해서라면 무엇이든 할 것이라는 말이다. 당 신을 차에 태워 새 차 냄새를 맡게 한 다음 운전석 창문 너머로 몸 을 기울여 마음에 드는지 물어보는 일반적인 방법을 넘어서는 것 들, 그런 것이 아니다. 내가 말하는 것은 그런 심리적 속임수가 아 니다. 나는 안쪽 사무실에서 일어나는 일, 즉 책상 위에 종이 한 장 밀어놓고 당신이 그냥 그 금액을 수락하기를 기대하는 일에 관해 이야기하는 것이다. 이때 문제가 비대칭적인 정보라면 당신의 목표는 정보를 조금 덜 비대칭적으로 만드는 것이다. 영업사원과 함께 정보를 숙지해서 피해를 최소화해라.

지역에 따라서는 길가에 있는 싸구려 자동차 판매 대리점을 볼수 있다. 내가 사는 동네에는 이런 곳이 많다. 이런 곳을 멀리하라. 이런 자동차 판매 대리점은 신용등급이 낮은 대출자에게 값싼 중고차를 판매하면서, 종종 이자를 20% 이상 내야 하는 대출을 강요한다. 당신은 3,000달러(400만 원)짜리 자동차를 사서 이자로 8,000달러(110만 원)를 내게 될 수도 있다.

더 가능성이 큰 시나리오는 대출을 상환하지 못하게 되는 것이다. 나는 싸구려 자동차 판매 대리점에서 판매되는 자동차 대부분이 압류된다고 생각한다. 압류 산업은 수년에 걸쳐 매우 효율적으로 발전해 왔다. 월 상환금을 하루만 연체해도 시동을 걸지 못하게 하는 전자 장치가 자동차의 시동 장치에 장착된 경우도 있다. 당신은 저녁을 먹고 있는데 견인차가 집으로 와서 차를 집 밖으로 끌어내는 일을 당하고 싶지는 않을 것이다.

문제는 사람들이 궁금해하는 것이 오로지 금액뿐이라는 것이다. 매월 내야 할 돈이 얼마인가요? 영업사원은 숫자가 적힌 종이를 책상 위에 내밀며 "이 정도면 될까요?"라고 묻는다. 사람들은 자신의 예산 범위 내에서 납부가 가능하다고 생각하면 어리석게도 이자가 얼마인지 생각도 안 하고 동의해 버린다. 이런 일은 싸구려 자동차 판매 대리점에서도 일어나고, 크고 화려한 자동차 판매 대리점에서도 일어난다. 마치 아무도 실제 이율은 신경 쓰지 않는 것처럼 보인다. 하지만 당신은 신경 써야 한다. 이율이 바뀔 수도 있지만, 현재와 같은 금리 환경에서는 **6% 이상의 이율을 제시하는 자동차 대출은 절대 받아서는 안 된다.** 차라리 더 저렴한 중고차를 현금으로 구입하라.

어떻게 이런 얄팍한 자동차 영업사원들이 이런 일을 저지를 수 있는지 아는가? 규제를 받지 않기 때문이다. 자동차 판매 대리점들은 금융위기 이후 통과된 금융 산업 규제 법안의 적용을 받지 않기 위해 정부에 성공적으로 로비를 펼쳤다. 따라서 사실상 소비자가 전혀 보호받지 못하는 상황이다. 소비자금융보호국에 자동차 판매 대리점에 대한 관할권이 없다는 말이다. 이쪽은 무법천지의 서부시대와 다를 바 없는 곳이다.

가장 효과적인 규제는 정보 공개 요청이다. 자동차 대리점의 영업사원은 법에 따라 지불액만 달랑 알려주는 것이 아니라, 자동차 대출의 이율과 기간도 알려줘야 한다. 또한 청구서의 모든 항목을 하나하나 설명해줘야 한다. 다른 업계에서는 이를 이미 시행하고 있다. 신용카드업계는 2009년에 개편되어 현재 당신이 최소 결제 금액만 낼 경우 대출 원금 잔액을 갚는 데 걸리는 기간을 공개해야 한다. 자동차를 팔면서 못된 짓을 하는 사람들이 많다. 물론 선량한 사람들도 있지만 인센티브가 너무 잘못 조정되어 있어서 그들이 고객에게 최선의 이익이 되도록 행동하지 않을 것이 확실하다. 총격전에는 절대 칼을 들고 나가면 안 되는 법이다.

4단계: 감가상각과 당신

자동차가 감가상각 된다는 것은 많이들 알고 있는 사실이다. 하지만 대부분 사람들은 그 의미를 완벽하게 이해하지 못한다.

주택담보대출은 가치가 상승할 가능성이 큰 자산을 담보로 대출을 받는 것이다. 하지만 자동차를 사려고 대출을 받는 것은 언젠가는 0이 될 자산을 담보로 대출을 받는 것이다. 그러니 좋은 시스템이 아니다.

8년 만기 대출을 받았는데 6년 차에 차가 망가져 버리면 2년 동안 소유하지도 않은 차의 할부금을 갚아야 하는 사태가 벌어질 수도 있다. 아니면 기존 대출을 새로운 대출, 즉 거액의 대출로 전환하여 자동차는 한 대밖에 없는데 자동차 두 대의 대출금을 상환하게 될 수도 있다. 40,000달러(5,500만 원)짜리 자동차에 60,000달러(8,200만 원)의 대출을 갖게 될 수도 있다는 말이다. 바보가 아닌 이상 당신은 이것이 왜 좋은 생각이 아닌지 알 수 있을 것이다.

자동차는 감가상각이 진행될 뿐만 그것도 곡선을 그리며 가치가 떨어진다. 초기에는 감가상각이 매우 빠르게 이루어지다가 후반으로 갈수록 속도가 줄어든다는 말이다. 차는 출고되면서 가치가 3,000달러(410만 원) 떨어진다는 옛말이 사실인 것이다. 하지만 자동차 대출을 받아 5년 안에 갚고 차를 10~15년 동안 소유할 수 있다면 세상에 그보다 좋은 일은 없다. 그때부터는 자동차의 감가 상각이 거의 발생하지 않는 데다 영원히 공짜로 탈 수 있으니 말이다.

내가 경험에서 얻는 또 하나의 원칙은 수입의 10% 이상을 교통비로 지출하지 말아야 한다는 것이다. 도시에 살면서 대중교통을 이용하는 사람들에게는 충분히 가능한 일이다. 나머지 다른 사람들은 자동차에 대해 계산해봐야 한다. 물론 주행 거리와 유가에 따라 다르겠지만, 일반인들은 연간 약 3,000달러(410만 원)를 기름 값으로 지출한다. 그런 다음 자동차 보험료, 예를 들어 1,200달러(170만 원)도 고려해야 한다.

이제 감가상각을 계산해보자. 40,000달러(5,500만 원)짜리 자동차를 10년간 소유할 계획이라면 정액 감가상각을 적용해 연간 4,000달러(550만 원)의 감가상각비가 나온다. 여기에 수리 비용으로 500달러(70만 원)를 추가해야 할 수도 있다. 따라서 주유비, 보험료, 감가상각비, 수리비를 포함한 자동차 소유 비용은 연간 7,700달러(1,000만 원)가 된다. 그러니까 교통비를 소득의 10% 미만으로 유지하려면 연 소득이 77,000달러(1억 원)인 경우에만 이 차를 소유할 수 있는 것이다.

주거비를 소득의 25% 미만으로 유지해야 하는 것과 같은 이유로 교통비를 소득의 10% 미만으로 유지하는 것이 중요하다. 그보다 높으면 은퇴를 위한 저축과 같은 다른 재정적 목표가 뒷전으로 밀려난다. 고가의 자동차를 서너 대 소유한 내 지인들은 교통비로 많은 돈을 지출한다. 당연히 이들은 은퇴를 위해 저축할 돈이 없다. 모든 잉여현금 흐름이 자동차로 향하고 있으니 말이다.

　현재 미국에서 신차의 평균 가격은 46,000달러(6,300만 원)가 넘는다. 미국에서 자동차 10대 중 9대는 할부금융을 이용하고 있다는 끔찍한 통계가 있다.

　자동차 대출을 받는 사람들에게 가혹한 말을 하려는 것이 아니다. 사람들이 빚을 내서 차를 사지 않으면 좋겠지만, 현실은 그렇지 않다. 빚을 내지 않으려면 언제 고장이 날지 모르는 26년 된 포드 익스플로더를 운전해야 한다. 이런 상황이 바로 살면서 우리가 각오를 하고 새 차를 사는 경우 중 하나다. 하지만 피해를 최소화할 방법이 있다.

5단계: 리스 또는 차량 공유 서비스 고려하기

독일 자동차는 신뢰성 측면에서 평판이 그다지 좋지 않다. 들은 바로는 독일 차들은 리스용 차들로 3년 정도 지나면 문제가 생기기 시작한다고 한다.

　나는 대부분의 경우 리스는 매우 나쁜 거래라고 말하는 것 외에는 리스에 대해 많은 시간을 할애하고 싶지 않다. 그 뒤에 숨겨진 수학은 약간 복잡하므로 생략하겠다. 리스의 매력은 일반적으로 월 사용료가 자동차 대출 할부금보다 저렴하다는 점이다. 이것이 멍청한 사람들을 끌어모으는 끈끈이인 것이다. 그 이유는 리스가 끝난 차를 당신이 소유하지 못하기 때문이다. 그렇지 않고 소유한다면 당신은 차를 팔아서 현금을 받거나 다른 물건으로 교환할 수 있을 것이다. 리스는 대출과 같다. 그리고 내재 이율이 평균 14% 정도로 매우 높을 수 있다. 따라서 사용자는 본인이 알든 모르든 계속 이자를 내는 셈이다.

사람들은 3년마다 새 차를 받을 수 있다는 점에서 리스를 선호한다. 물론 그건 즐거운 일이다. 하지만 대부분의 사람들이 감당할 수 없는 사치다. 자동차를 리스할 때마다 주행 거리 제한과 기타 규칙이 있는 것은 말할 것도 없고, 할당된 주행 거리를 모두 소진하고 우버를 타고 다니게 된다면 기분이 좋겠는가?

우버에 대해 잠깐 언급하겠다. 많은 사람이 우버를 인터넷 택시 회사로 생각하지만, 우버는 그 이상이다. 우버의 목적은 자동차의 활용도를 높이는 것이다.

이렇게 생각해보라. 당신의 자동차는 당신이 타고 회사에 가면 주차장에 주차되어 있다가 다시 몰고 집으로 돌아오면 집 앞에 주차된다. 아마도 당신은 차에 다른 사람을 태우지 않을 것이다. 일반 자동차의 공간 활용률은 4%다. 공간 활용률이 100%인 자동차라면 하루 24시간 내내 승객들로 가득 차 있을 것이다.

현재 우리는 자동차를 주차장에 세워두면서 매우 비효율적으

로 사용한다. 자동차를 더 잘 사용하는 방법은 도로에 나오는 자
동차 수는 줄이되 항상 승객이 여러 명 타게 하는 것이다. 우버의
목적은 택시 회사가 아니라 바로 이것이다.

우버의 문제는 우버가 스타트업으로서 수십억 달러(수조 원)의
자금을 지원받아 차량 서비스 이용 보조금으로 사용했을 때만 경
제성이 있었다는 것이다. 상장 기업이 되어 수익을 내야 하는 상
황이 된 우버가 가격을 올리자 소비자로서는 경제성이 떨어졌다.

하지만 보험료와 감가상각 등 자동차를 소유하는 데 드는 비용
을 모두 합치면 우버를 이용하는 것보다 비용이 높을 수 있다. 1년
교통비가 7,200달러(1,000만 원)라고 가정했을 때, 하루에 20달러
(28,000원)를 우버에 쓴다면 결국 비용이 거기서 거기다. 우버의 마
지막은 아직 오지 않은 것 같다. 여기서 요점은 거주 지역에 따라
자동차를 구입하는 대신 항상 우버를 이용하는 것이 나쁜 생각은
아니란 것이다.

결론: 인생은 고속도로다

새 차는 고장 나지 않는다. 도요타, 혼다, 현대자동차는 고장이 나
지 않는다. 도요타 야리스나 혼다 시빅을 4% 미만의 이율에 5년
만기 할부로 구입해서 10년에서 15년 동안 타라. 더는 못 타게 될

때까지 타야 한다. 이것이 내가 아는 자동차 게임에서 이기는 가
장 좋은 방법이다.

한마디 덧붙이자면, 이 차들은 중고차 가격도 잘 떨어지지 않아
서 보상 판매 시 좋은 결과를 얻을 수 있을 것이다.

자동차 게임에서 지는 확실한 방법은, 주차할 때마다 차를 앞뒤
로 수십 번씩 움직여야 할 정도로 커다란 80,000달러(1억 1,000만 원)
짜리 쉐보레 실버라도를 구입하는 것이다. 어쩌면 내가 대형 트럭
문화를 이해하지 못하는 것일 수도 있다. 혹은 어쩌면 이해하는
것일 수도 있고. 요즘은 이런 트럭은 작업용 트럭이 아니라 고급
차량에 속한다.

80,000달러짜리 마세라티를 사지 않을 거라면 80,000달러 트
럭도 사지 말아야 한다. 당신의 한심한 블루칼라 감성 시도에 혹
할 사람은 아무도 없다. 나는 80,000달러짜리 트럭을 보면 신용점
수 600점이 보인다. 통나무를 운반할 거라면 모르겠지만, 광고에
서 보는 것처럼 트럭을 운전하는 사람은 아무도 없다. 당신은 자동
차 할부금을 주택담보대출 상환금보다 더 크게 가져가면 안 된다.

자동차 구매의 재미있는 점은 이것이 스트레스를 주도록 설계
되었다는 사실이다. 스트레스를 주지 않는다면 영업사원이 할 일
을 제대로 하고 있지 않는 것이다. 그러나 이는 준비의 문제일 뿐
이다. 그리고 그 준비란 몇 분이면 충분하다. 당신은 영업사원이
당신에게 가장 이익이 되지 않는 대출을 권유하지 못하도록 기꺼

이 목소리를 높일 자세가 되어 있어야 한다.

또 다른 좋은 아이디어는 집을 살 때와 마찬가지로 자동차도 선금을 내고 처음부터 어느 정도 자기자본을 확보하는 것이다. 100% 할부는 어떤 경우에도 결코 좋은 생각이 아니다. 이렇게 생각해보라. 당신은 3,000달러(410만 원)를 두고 싸우고 있는 것이다. 이는 영업사원 쪽에서는 당신한테 더 많이 챙기려는 금액이고, 당신 쪽에서는 아끼려는 금액이다. 3,000달러는 상당히 큰돈으로 휴가를 가느냐 못 가느냐를 결정할 수 있는 금액이다.

자동차를 구입하거나 약아 빠진 영업사원을 상대하느라 머리를 굴릴 필요가 없다면 좋을 것이다. 하지만 우리는 그래야 한다. 감당할 수 있는 것보다 더 비싼 자동차를 구입하는 것은 재정적으로 자신을 망치는 지름길 중 하나기 때문이다. 결국 그런 행위로 인해 온갖 불필요한 스트레스를 받게 될 것이다. 할부금을 어떻게 낼지 고민하면서 감정적으로 지치게 될 거라는 말이다.

새 차나 중고차나 모두 가격이 점점 더 오르고 있다. 당신이 비싼 차 없이도 살 수 있다면, 할 수 있는 일이 훨씬 더 많아지거나 저축을 더 많이 할 수 있을 것이다.

자유의 정의는 값을 모두 치른 자동차를 소유하는 것이다. 할부금을 모두 갚고 홀가분한 기분으로 도로를 달려보라.

이제 부채에 관한 이야기를 다 했다. 다음은 위험, 특히 금융 시장의 위험에 대해 알아보자.

NO WORRIES

PART 4

위험
스트레스

Chapter 12
위험은 스트레스의 원천이다

지금까지 모든 일을 제대로 했다면 당신은 돈에 대해 올바른 태도를 지녔을 테고, 부채 스트레스가 없을 것이며, 돈을 산더미처럼 쌓아가고 있을 것이다.

그러면 이 돈으로 무엇을 할까?

당연히 투자해야 한다.

이것이 바로 우리가 여기서 이야기하려는 것이다.

내가 투자를 시작하게 된 계기

언젠가 투자를 "돈이 나를 위해 일하게 하는 것"이라고 하는 말을 들어본 적이 있을 것이다. 뮤추얼펀드를 넣으면 은행 계좌보다 훨씬 더 좋은 수익을 마술처럼 뽑아낸다는 말이다.

이런 일이 1997년에 내게도 일어났다. 당시 해안 경비대에 근무하고 있던 나는 한번은 바다에 나갔다가 연료를 보급받으려고 샌디에이고에 정박한 적이 있었다. 동료 경찰관인 아담은 배에서 내려서 오래된 신문 자판기에서 신문을 한 부 뽑아 왔다. 그러고는 신문의 금융 섹션을 펼쳤다.

"뭐 하는 거야?" 내가 물었다.

"뮤추얼펀드를 확인하려고" 그가 대답했다.

"뮤추얼펀드가 뭔데?"

그 당시 짠또였던 나는 투자는 은행 계좌로만 할 수 있다고 생각하고 있었다. 그래서 은행 계좌에서 5%의 이자를 받고 있었는데, 아담은 그보다 돈을 훨씬 더 많이 벌고 있었다.

그것이 내 재테크 여정의 시작이었다. 나는 욕심이 생겨서 가진 돈으로 연 15%나 20%를 벌 수 있는 이런 세상에 대해 배워야겠다고 생각했다. 이때 나는 뮤추얼펀드가 투자자 대신 주식 포트폴리오에 투자하기 위해 투자자들로부터 모은 돈이라는 것을 알게 되었다. 뮤추얼펀드는 주식 수에 비례해 해당 포트폴리오의 수익을 배분한다. 투자자는 주가가 오르면 돈을 벌고, 주가가 내리면 돈을 잃게 된다.

이런 점에서 뮤추얼펀드가 잠재적으로 손실에 노출되어 있다는 것이다. 원금이 사라질 위험이 없고, 예금주가 연방예금보험공사의 보험에 가입된 은행 계좌와는 다르다. 그때 나는 아마도 평균 이상의 위험 성향에다 수익 추구를 위해 손실을 기꺼이 받아들일 의향이 있었던 것 같다. 이때가 주식이 장기간 가파르게 상승하던 시기인 1990년대 후반이었다.

나는 뮤추얼펀드를 고르기 시작했다. 인덱스펀드에 대해 읽다가 포트폴리오 매니저가 지수 수익률을 능가하기가 매우 어렵다는 글도 봤다. 흥미로웠지만 주식 선택에도 기회를 주고 싶었기 때문에 적극적으로 운용되는 뮤추얼펀드를 몇 개 골랐다. 그중 하나가 아주 오래되고 지루한 가치주 펀드로 주식이 저렴하고 배당금을 많이 주는 펀드였는데, 그것이 이후 10년 동안 내가 한 최고의 투자였다.

1999년에 나는 개별 주식을 매매하기 시작했다. 나는 아메리트레이드에 계좌를 개설하고 몇천 달러(몇백만 원)를 넣었다. 당시 나는 큰 기대 없이 그냥 장난삼아 이 일을 시작했다. 나는 내가 그냥 이래저래 해서 몇백 달러 정도는 벌 수 있을지 알아보고 싶었다. 그 후 몇 년 동안 나는 대부분 수익을 냈고, 손실은 몇 번 정도 봤다. 그런 실험을 하면서 큰돈을 벌지는 못했지만 배운 것이 많았다. 사실 자기 돈으로 위험을 감수하면 정말 빨리 배우는 법이다.

하지만 앞서 말했듯이 나는 가끔 손실을 보기도 했다. 치명적일 정도는 아니었지만, 가끔 몇 달치 생활비를 날리기도 했다. 손실을 보면 속상했다. 사람들은 투자할 때 돈을 잃을 거라고 생각하지 않는다. 지금 하는 거래에서 분명히 수익을 낼 거라고 생각한다. 그러나 때로는 계산을 잘못하기도 하고, 때로는 상황에 휘둘리기도 하고, 때로는 그냥 운이 나쁘기도 하다. 아무도 돈을 잃겠다는 계획을 세우진 않는다. 때로는 뮤추얼펀드에 돈을 잔뜩 넣었는데 당신이 전혀 손을 쓸 수 없는 약세장이 와서 손해를 보는 일이 생기는 것이다.

위험에 대해 생각하기

투자를 하기 전에 당신은 손실을 볼 확률과 손실이 봤을 때 얼마나 잃게 될지 생각해야 한다.

종합주식시장 뮤추얼펀드broad stock market mutual fund에 투자하는 경우, 손실을 볼 확률은 하루에 약 48%, 1년에 26%다. 계산 방법에 따라 다르지만 시간이 지남에 따라 주식 시장의 연평균 수익률은 약 9%가 된다. 때로는 그보다 훨씬 더 많이 벌기도 하고 때로는 완전히 다 털리기도 한다. 당신이 정말로 걱정해야 하는 것은 투자의 위험이다.

위험의 의미를 대략 해석하면, 변동성, 즉 어떤 것이 얼마나 많이 변하는지를 가리키는 것이라고 할 수 있다. 은행 계좌는 사실상 변동성이 0이다. 변화가 없다는 말이다. 채권은 그보다 조금 더 변동성이 크지만 그다지 큰 폭은 아니다. 주식은 어떤 종류의 주식을 보유하고 있느냐에 따라 변동성이 많이 달라진다.

예를 들어, 기술주는 은행주보다 변동성이 더 크다. 그리고 무엇보다 변동성이 가장 큰 것은 비트코인이다. 주식이나 다른 투자를 할 때 우선은 자산의 변동성을 고려해야 한다. 위험을 많이 택할수록 스트레스를 더 많이 받게 되기 때문이다.

위험은 스트레스와 비례한다.

문제는 위험은 또한 일반적으로 수익률과도 비례한다는 것이다. 채권에 투자하면 스트레스를 많이 줄일 수 있지만, 수익은 그리 많지 않을 것이다. 기술주에 투자하면 수익은 많이 올릴 수 있을지 몰라도, 변동성으로 인해 심장마비가 올 수도 있다. 여기서 핵심은 자신이 감당할 수 있는 위험의 수준을 찾는 것이다.

지수에 투자하면 지수의 수익도 가져가지만, 지수의 변동성도 함께 가져가야 하므로 나는 인덱스펀드에 반대한다. S&P500 지수는 변동성이 매우 크다. 평균적으로 하루에 1% 정도 움직인다. 때때로 폭락하기도 하는데, 대공황 당시 주식 시장은 89%나 하락했다. 다시는 그런 일이 일어나지 않을 거라고 생각할 수도 있지만, 그런 일은 언제든 다시 일어날 수 있다. 또 그러지 말란 법이 없는 것이다. 주식은 하락한다. 더구나 폭락하기도 한다.

주식은 지난 한 세기 동안 미국인들이 부를 축적하는 가장 좋은 수단이기도 했다. 그러나 지난 100년 동안 존재했던 조건이 더 이상 유효하지 않다면 향후 100년은 예측한 대로 되지 않을 수도 있다. 말도 안 되는 가정이긴 하지만 미국이 공산주의 국가가 된 다면 주가는 더 이상 오르지 않을 것이다. 주식 시장 자체가 존재 하지도 못할 것이다! 내가 사람들에게 끊임없이 이야기하는 단 한 가지 사실은 무슨 일이든 벌어질 수 있다는 것이다. 우리의 상상 을 초월하는 일들이 언제든 일어날 수 있단 말이다.

우리가 알든 모르든 우리가 하는 모든 일에는 위험이 존재한 다. 그리고 때때로 우리는 위험을 제대로 인지하고 평가하지 못한 다. 자동차를 타는 것이 얼마나 위험한지 조금이라도 안다면 절대 타지 말아야 할 것이다. 그런데도 사람들은 자녀가 걸어서 학교에 가면 기겁을 한다. 그런데 미국에서 매년 낯선 사람에게 납치되는 어린이가 몇 명인 줄 아는가? 115명이다. 전국에서 대략 3일에 한 명꼴로 발생하는 셈이다. 당신이 벼락에 맞을 가능성이 그보다 더 높을 것이다.

우리는 작은 위험은 크고, 큰 위험은 작다고 생각한다. 그리고 자본 시장에서 큰 위험을 작다고 생각하는 경향이 있다. 특히 주 택 시장에서는, 즉 집을 살 때는 큰 위험을 정말로 작다고 생각한 다. 반대로 우리는 바다에서 수영하다가 상어에게 물리는 것과 같 이 작은 위험을 크다고 생각한다. 그런 일이 일어날 확률은 1조분 의 1이다. 하지만 모두 〈조스〉를 봤기 때문에 상어를 무서워한다.

우리가 하는 모든 일에는 위험이 존재한다. 2008년에 MMF는 아무도 위험하다고 생각하지 않은 상품이었지만, 금융위기로 인해 그것마저도 거의 깡통이 될 뻔했다.

인생에서 재정적 위험을 피할 수 있는 완벽한 방법은 없다. 은행에 돈을 넣어둬도 되지만, 은행도 모두 파산할 수 있고, 연방예금보험공사도 망할 수 있다. 은행에서 돈을 꺼내 매트리스 밑에 묻어둘 수도 있지만, 강도를 당할 수도 있고 인플레이션으로 가치가 떨어질 수도 있다. 1년 미만 만기의 단기국채에 돈을 넣어둘 수도 있다. 하지만 어느 날 연방 정부가 지급하지 않기로 할 수도 있다. 금을 사서 집에 보관해도 되지만, 그것도 강도를 당할 수 있으며 금값이 시시때때로 변하기도 한다.

재정적 위험에서 벗어날 길은 없다. 단기국채나 금처럼 아무리 안전한 곳에 돈을 묻어둬도 위험은 늘 존재한다. 위험을 피할 방법이 없는 것이다. 정말 편집증에 걸린 사람이라면, 이러한 안전자산들만으로 포트폴리오를 구성할 수 있지만 수익률이 그리 높지 않을 것이다. 당신이 해야 할 일은 위험에 대해 현명하게 대처하고 아무 일 없기를 기도하는 것뿐이다.

내가 "현명하게 대처하라"고 말하는 이유는 최근 몇 년 동안 사람들이 현명하게 대처하지 않았기 때문이다. 크립토Crypto를 예로 들어보겠다. 비트코인 가격이 많이 하락했을 뿐만 아니라, 그것도 모자라 몇몇 거래소는 파산까지 하는 바람에 고객들이 돈을 몽땅 날렸다. 암호화폐가 아니더라도 우량주가 90% 이상 하락한 사례도 있었다. 확실한 회사로 보였던 펠로톤은 약 5년간 수요가 둔화하면서 이를 견디지 못하고 파산할 뻔했다. 100년이 넘는 역사를 자랑했던 GE도 결국 10년간 경영을 잘못한 탓에 다우지수에서 퇴출되었다.

위험 관리는 감정과 싸우는 것이다. 내 위험 관리 철학을 한 문장으로 요약하면 이렇다. 이 또한 지나가리라.

포트폴리오에서 손실이 발생해서 모든 희망이 사라졌어도 이 또한 지나갈 것이다. 상황은 나아지기 마련이다. 그리고 돈을 크게 벌어서 친구들에게 주식으로 어떻게 돈을 벌고 있는지 떠벌리고 있어도 이 또한 지나갈 것이다.

포트폴리오를 들여다보지 않는 것이 최선일 때가 많다. 그냥 로그인하지 말라. 그냥 잊어버리고 자기 삶을 사는 것이다.

포트폴리오 잔고를 확인하면 부정적인 피드백을 받을 가능성이 있다. 휴대전화로 계좌를 확인했는데 잔고가 줄어들어 있으면 슬플 것이고, 잔고가 늘어나 있으면 기분이 좋아질 것이다. 계좌 잔고가 줄어들면 당신은 부정적인 생각을 하게 될 것이다. 자신이 실패자인 것 같고, 투자에 서투르니 차라리 계좌를 청산하는 편이 낫다는 생각이 들 것이다. 물론 이는 최악의 방법이다. 당신은 투자를 계속해서 수익이 계속 불어나게 해야 한다.

정보를 많이 소비할수록 의사 결정을 잘못 내리게 된다는 연구 결과가 있다. 뉴스레터를 읽고 금융 TV를 시청하는 사람들이 그렇지 않은 사람들보다 더 나은 금융 결정을 내리지 못하는 경향이 있다. 심지어 더 잘못된 결정을 내리기까지 한다. 믿기 어렵겠지만, 정보는 감정에 영향을 미쳐 의사 결정을 좌우하기 때문에 나는 가능한 정보를 덜 접하려고 한다. 내가 마지막으로 금융 관련 TV를 본 게 언제인지 모르겠다. 내가 정보를 접하는 경우라고는 보통 공항 라운지에서 TV를 시청하는 것뿐이니 말이다.

이상적인 투자는 1984년의 저축 계좌처럼 변동성 없이 연이율 8%로 원금이 불어나는 것이다. 하지만 요즘에는 수익률 8%가 되려면 어느 정도 위험을 감수해야 한다. 이는 수익률이 좋은 해와 나쁜 해가 있다는 것을 의미한다. 수익률이 좋고 나쁜 해가 계속 반복되면 엄청난 스트레스를 겪게 된다.

이 책에서 나는 이러한 위험을 줄이고, 또한 스트레스까지 완화할 수 있는 현실적인 방법을 알려줄 것이다.

금융 시장의 변동성으로부터 자신을 보호하는 데 가장 좋은 첫 번째 방법은 '다각화'다.

다각화

분산투자란 어떤 주식이 잘 될지, 어떤 주식이 잘 안 될지 모르기 때문에 주식을 여러 종목 보유하는 것이다. 어떤 주식은 오를 테고, 어떤 주식은 내릴 테지만 평균적으로는 상승할 것이다. 하지만 때때로 하락장에서는 모든 주식이 하락할 수도 있다.

따라서 채권으로도 투자를 분산하면 도움이 된다. 하지만 2022년처럼 주식과 채권이 동반 하락할 때도 있다. 따라서 원자재와 같은 다른 자산을 보유하는 것도 도움이 된다. 완벽한 분산투자를 원한다면, 전 세계의 모든 주식, 채권, 원자재, 통화를 조금씩 소유해야 한다. 하지만 이는 비현실적이다. 그래서 사람들은 대부분 미국의 주식과 채권을 일부 매수하는 것으로 마무리한다.

분산투자의 문제점은 주식을 여러 종목 매수할수록 인덱스 펀드에 가까워져서 수익이 평균 수익률에 가까워진다는 것이다. 어떤 사람들은 평균 수익률로도 만족한다. 그러나 다 그런 것은 아니어서 그 이상의 수익을 바라는 사람들도 있다. 역사상 가장 전설적인 주식중개인인 스탠 드러켄밀러는 분산투자를 '사업다악화'diworseificatio라고 불렀다. 그는 매우 집중된 포트폴리오를 구성하여 평균을 훨씬 뛰어넘는 수익을 얻으려고 했다.

여기서 가장 집중된 포트폴리오란 주식 한 종목을 말한다. 어떤 사람들은 테슬라로 이 기법을 실천했다. 테슬라에는 사실상 이

한 종목을 전체 포트폴리오로 삼는 광적인 투자자들이 있었다. 그리고 한동안 성과가 있어서 수천 명이나 되는 사람들이 테슬라로 백만장자가 되었다. 하지만 그런 결과만 보고 결정해서는 안 된다. 맞다. 얼마간 테슬라로만 구성한 포트폴리오가 잘 된 건 맞다. 하지만 어쩌면 그렇지 못했을 수도 있다.

그리고 이 글을 쓰는 지금 테슬라의 주가는 최고점에서 50% 하락했는데, 그때 그들이 주식을 팔지 않았다면 어떻게 되었을까?

주로 주식으로 보수를 받는 회사의 직원들처럼 포트폴리오를 주식 한 종목으로만 구성하는 사람들이 있다. 나는 리먼브러더스 주식으로 보수의 25%를 받았는데, 그게 지금은 휴지 조각이 되었다.

은행이나 기술 회사에서 일하는 사람들은 주식으로 보수를 받는 경우가 많은데, 이것이 좋을 때도 있고, 그렇지 않을 때도 있다. 주식 한 종목이 순자산의 80%를 차지하면 그 위험을 어떻게 관리할지 고민하는 데 시간을 많이 할애해야 한다. 이런 문제라도 있는 게 어디냐고? 하지만 이상적인 것은 그보다 훨씬 더 다각화하는 것이다.

분산투자를 할 수 있는 가장 좋은 방법은 뮤추얼펀드를 이용하는 것이다. 예를 들어, S&P500 지수 펀드를 매수하면 주식 500개 종목을 한꺼번에 매수하는 셈이 된다. 주식을 500개 종목 보유하면 거의 분산투자라고 할 수 있다. 액티브펀드actively managed fund를 매수하면, 한 번에 100~200개 종목의 주식을 매수하게 되는데 이것도 좋은 분산투자 방법이다.

혼자 주식 투자를 하는 경우, 긍정적인 분산 효과를 얻으려면 상당한 금액이 필요하다. 일반적으로 주식 30개 종목을 보유하면 분산투자라고 할 수 있다는 게 통념인데, 주식 30개 종목도 금액으로 치면 큰돈이다. 각 종목에 10,000달러(1,400만 원)씩 투자한다면 30만 달러(4억 2,000만 원)가 되는 셈이니 말이다. 그러므로 주식 거래를 하는 사람들은 대부분 재미 삼아 너덧 종목 정도에 투자한다. 나는 이를 다각화된 포트폴리오로 보지 않는다.

스스로 취미로 하는 거라고 인정하고 주식 거래를 하는 것은 잘못된 게 아니다. 사실 나는 대부분의 투자 산업은 정말 재미를 위한 것이라는 생각한다. 인덱스펀드 소유가 정답이라는 것을 모르는 사람은 없다. 하지만 지수를 이기려 해보는 것은 분명 재미있는 일이다. 그리고 당신은 올해 못 했어도 내년엔 성공할 수 있다고 굳게 믿는다. 맞다. 가끔 지수를 이길 수도 있다. 하지만 운이 많이 따라야 한다.

재미와 지식을 위해 주식 거래를 하는 것이라면 이는 좋은 취미가 될 수 있다. 나는 금융 활동을 취미로 하는 사람들을 많이 알고 있다. 하지만 자신이 제2의 피터 린치나 워런 버핏이라고 생각하기 시작한다면, 크게 낭패를 보기 십상이다.

물론 생계를 위해 주식 거래를 하는 사람들도 있을 수 있다. 이들은 매우 재능있는 사람들이다. 하지만 전체 투자자의 1%도 안 된다. 나는 그런 사람 중 한 명으로 역사상 가장 재능 있는 주식 투자자 중 한 명인 마크 미네르비니와 친한 사이다. 그는 8학년 때 학교를 중퇴하고 전업으로 주식 투자에 뛰어든 사람으로 그간 매우 큰 부를 쌓았다.

마크와 같은 사람들을 보고 '나도 할 수 있다'고 생각하기 쉽지만, 그렇지 않다. 우리는 감정과 따로 놀 수 없다. 내가 만난 주식 투자자 중 가장 감정적이지 않은 사람인 마크는 감정 개입 없이 손실 포지션을 무자비하게 정리한다. 나는 이것을 어느 정도는 가르칠 수 있다고 생각한다.

하지만 가장 좋은 방법은 일상생활을 하면서 돈을 벌고 여가 시간에 투자하는 것이다. 주식 거래나 다른 자산에 투자해서 생활비를 벌 수 있다는 생각은 매우 그럴듯해서 사람들은 이를 쫓아 광기의 문으로 들어선다. 나는 내 약점과 단점을 잘 알고 있는데, 나는 그런 일에 적합한 사람이 아니다. 아마 당신도 마찬가지일 것이다.

모두가 공격적 성장형 뮤추얼펀드에 100% 투자해야 한다고 말하는 개인 금융 전문가가 있다. 왜 그럴까? 수익률이 가장 높기 때문이다. 이는 요즘 위험은 고려하지 않고 가장 높은 수익을 추구하는 대부분의 사람들의 금융 수준과 비슷하다. 2000년에 공격적 성장형 뮤추얼펀드에 전액 투자했다면 당신은 80% 이상의 수익을 냈을 것이다. 이 전문가의 분석은 옛날 생각이다. 이들 펀드가 과거에 가장 높은 수익률을 기록했으니 미래에도 그럴 것이라는 말인데, 이는 터무니 없이 단순한 생각이다.

만병통치약이란 없다. 투자하는 동안 당신의 재정적 문제를 모두 해결할 수 있는 한 가지 방법은 없다는 말이다. 시장은 규칙이 끊임없이 바뀌는 게임처럼 비고정성이라는 속성이 있다. 영원한 법칙은 존재하지 않는다. 우리의 목표는 어떠한 시장 주기에도 지속될 수 있는 포트폴리오를 구축하는 것이다. 당신은 수익률을 조금 희생하는 대신 위험을 크게 줄여서 결과적으로 재정적 스트레스를 줄여야 한다.

재정적 스트레스를 최소화하려면 분산투자를 해야 한다. 테슬라에 모두 넣어서 잘된다 하더라도 이는 좋은 방법이 아니다. 백만 퍼센트의 수익을 낼 것까지는 없다. 다시 말해, 투자 활동을 하면서 매년 8% 정도의 수익을 내면서 원금을 불려나간다면 좋아하는 일을 할 여유가 있는 편안한 노후를 보낼 수 있을 것이다.

주식 포트폴리오를 다양하게 구성해도 마음고생을 많이 할 수 있다. 이에 대한 해결책은 14장에서 알아보자.

보험

이제 보험에 대해 이야기해야 할 차례다. 한마디로 말하면, 당신은 항상 보험에 가입되어 있어야 한다. 거기에는 여기서 설명하기에는 너무 복잡한 수학적 이유가 있다. 하지만 보험에 가입하는 주된 이유는 재정적 스트레스를 최소화하기 위해서다.

허리케인 지역인 사우스캐롤라이나 해안에 살면서 주택 소유자 보험이나 홍수 보험에 가입하지 않은 사람들도 있다. 이들은 모험을 하는 것이다. 이들은 주택담보대출 없이 집을 소유하고 있으므로 보험에 가입할 의무가 없다. 그래서 보험을 불필요한 비용으로 여긴다. 물론 평생 보험이 필요 없이 살 수도 있지만, 그래도 보험에 가입하지 않는 것은 잘못된 결정이다.

월스트리트 사람들은 치명적인 손실에 대비해 항상 보험에 가입해야 한다고 생각한다. 무일푼이 되고 싶지 않기 때문이다. 아무리 먼 미래의 일이라도 집을 잃고 무일푼이 될 가능성이 조금이라도 있다면 보험에 가입해야 한다.

주택 소유자 보험과 홍수 보험뿐만이 아니다. 자동차를 운전하려면 법적으로 자동차 보험에 가입해야 하며, 2010년부터는 건강 보험에 가입하지 않으면 벌금을 내야 한다. 계약 기간 동안만 보상을 받는 정기생명보험을 드는 것도 무조건 좋은 생각인데, 1년 소득의 몇 배에 해당하는 금액으로 가입하는 것이 좋다.

이렇게 생각해보라. 화재나 허리케인으로 집이 파괴되면 소중한 재산을 모두 잃어버린 정신적 고통만으로도 충분히 힘들 것이다. 거기다 가장 바라지 않는 것은 재정이 파탄 나는 것이다. 그렇게 되면 회복이 힘들어진다.

보험이 재미있는 것은 많은 사람들이 자기 생명이나 집에 대해서는 보험에 가입하지만, 가장 큰 자산인 포트폴리오에 대해서는 보험에 가입하지 않는다는 것이다.

이상하지 않은가? 50,000달러(7,000만 원)짜리 자동차와 50만 달러(7억 원)짜리 집은 둘 다 보험에 가입되어 있는데 백만 달러(14억 원)짜리 주식 포트폴리오는 보험에 가입되어 있지 않은 경우가 아주 흔하니 말이다. 어쩌면 주식 포트폴리오를 보험에 가입할 수 있는 방법이 있다는 사실을 몰라서 그럴 수도 있다. 이는 이 책의 범위를 벗어난 이야기지만 그렇게 할 수 있다는 것만은 알아두어야 한다. 그리고 많은 사람이 그렇게 하지 않는 이유는 비용이 많이 들기 때문이다. 물론 확실한 포트폴리오 보험은 여러 자산군에 분산투자하는 것이다.

낙관주의와 비관주의

비관주의자는 돈을 많이 벌 수 없다. 돈을 많이 벌 수 있는 사람은 낙관주의자다. 이런 식으로 생각해보자. 인간이 독창적이지 않다는 데 내기를 걸기란 매우 어려운 일이다. 진보가 직선적으로 이루어지지 않는 것은 맞다. 인류 발전의 역사는 3보 전진, 2보 후퇴하는 과정이다. 그리고 2보 후퇴에 집중해 수익을 내려는 투자자 부류가 있다. 이는 완벽한 타이밍이 필요한 것으로 생계를 유지하기 매우 어려운 방법이다.

그렇지만 나는 낙관주의자에게 일종의 순진함이 있다는 것을 알게 되었다. 나는 사람들한테 늘 이런 말을 듣는다.

"시장은 항상 돌아오죠."

지난 100년 동안은 분명히 그랬지만, 앞으로도 그러리라는 보장은 없다. 나는 신중한 낙관주의 철학을 선호한다. 인간의 독창성을 긍정해야 하지만, 시장의 약세장과 하락장은 당신의 심리를 뒤흔들 수 있으므로 그 과정에서 당신은 위험을 관리해야 한다.

투자금의 절반을 잃을 각오가 되어 있지 않다면 주식에 투자해서는 안 된다. 그렇다면 어떻게 위험을 완화할 수 있을까? 이를 위한 몇 가지 방법이 있는데, 이에 대해서는 뒷부분에서 알아보자.

시장이 항상 돌아온다는 말의 또 다른 문제는 이 말이 일반적으로 맞긴 하지만, 그 시기가 당신 마음에 드는 때가 아닐 수도 있다는 것이다. 1929년부터 1945년까지 16년 동안 시장은 내림세였는데, 그 와중에 대공황까지 찾아왔다. 1969년부터 1982년까지는 시장이 한 차례 큰 약세장을 거치고는 크게 회복되지 못했다. 2000년에 당신이 은퇴를 준비하고 있었다면 2년 만에 은퇴 자금의 절반을 날리고 어렵게 살았을 수도 있다.

나이가 들수록 채권에 더 많이 노출되어야 한다는 것이 일반적인 통념인 것은 이러한 이유 때문이다. 오랜 경험상 채권 투자 비중은 나이와 같아야 한다. 70세라면 채권의 비중을 70%로 가져가야 한다는 의미다. 하지만 2010년대의 강세장에서는 이러한 원칙이 거의 사라지는 바람 고령층도 기술주 위주로 포트폴리오를 구성했다. 이는 잘못된 위험 관리였다. 하지만 알다시피 욕심이 앞서면 신중한 낙관론은 힘을 발휘하지 못한다.

내가 겪은 위험 스트레스

나는 이제껏 살면서 재정적인 위험이 주는 스트레스를 두 차례 경험했다. 한 번은 리먼 사태가 터졌을 때였는데, 당시 내가 할 수 있는 일은 별로 없었다. 두 번째는 엄청난 규모의 주식 거래를 했는데 손실이 났을 때였다. 그때 나는 순자산의 약 25%를 잃었다.

다행히도 계속 버텨서 결국 돈을 모두 되찾고 그 후로 약간 더 벌기도 했지만, 그것은 끔찍한 위험 관리였다. 그래서 나는 2017년 한 해를 거의 몽땅 망쳐버렸다. 신경쇠약에 걸릴 지경이었다. 처음부터 다시 할 수 있다면 나는 적당한 규모로 주식을 거래해서 마음고생을 덜었을 것이다. 돈은 좀 덜 벌었겠지만 그럴 만한 가치가 있었을 것이다.

위험 스트레스는 최악의 재정 스트레스다. 이는 피할 수 있기 때문이다. 이 모든 재앙은 사람이 자초한 일이다. 우리는 스스로에게 이런 짓을 하는데, 이는 전혀 겪지 않아도 될 일이다.

나는 24년 동안 금융 시장에서 잔뼈가 굵은 사람이다. 내 목표는 주식 중개인이 되는 것이었다. 그러니까 위험을 감수해야 했다. 하지만 이제는 더 이상 위험을 즐기지 않는다. 주식 투자로 생계를 유지한다는 생각이 세상에서 가장 끔찍한 것 같다. 스트레스가 너무 심하기 때문이다. 사람들이 주식 투자를 하는 이유는 간단하다. 돈을 버는 것보다 돈을 따는 것이 더 달콤하기 때문이다.

매일 출근해 월급을 받는 직장인이 되는 것은 아무런 매력이 없는 반면, 자본 시장에서 칼을 들고 싸우는 것은 감탄과 존경을 받을 만하다고 생각한다. 그래서 모두가 주식 투자자가 되고 싶어 한다. 나는 역사상 가장 거품이 심했던 1998~2000년과 2020~2022년에 이런 일이 몇 번 반복되는 것을 보았다. 당시 주식 투자는 하기 쉬운 일이었다.

하지만 이는 역사상 아주 짧은 기간만 주식 투자가 쉬웠던 예외적인 상황이었다. 주식 투자는 고행이다. 전문가에게 맡겨야 한다.

나는 리먼브러더스에서 ETF 거래를 할 때 정말 힘들었다. 나는 자꾸 반복적으로 사무실 문을 잠그고 컴퓨터를 꺼버리는 행동을 하는 등 매우 심각한 강박 장애를 앓았다. 나는 대부분의 사람들은 경험한 적이 없을 만한 불안을 느꼈고, 하루 24시간을 공포에 떨며 지냈다. 그러다 시간이 지나면서 몸에 무리가 온 것이다. 이런 증상은 내가 리먼이 파산하면서 독립하자 모두 사라졌다. 마침내 마음을 놓을 수가 있었던 것이다. 그리고 내 삶은 확실히 더 나아졌다.

어떤 사람들은 위험을 추구한다. 이 도박꾼들은 재정적 위험을 갈망한다. 어떤 사람들은 스포츠에 돈을 걸고, 어떤 사람들은 블랙잭을 하고, 어떤 사람들은 금융 시장에서 수익을 얻는다. 또 어떤 사람들은 벤처 투자가나 기업가가 되기도 한다. 이들은 위험을 감수하지 않으면 '정상'이 아니라고 느낀다. 우리에게는 그런 사람들이 필요하다. 경제는 미친 도박꾼들의 행동 덕분에 성장하기 때문이다.

그런데 나는 그런 사람이 아니고, 당신도 아닐 가능성이 크다. 우리는 억만장자가 될 수는 없다. 뭐, 그래도 괜찮다. 우리는 무한한 상승 여력을 포기하는 대신 평화롭고 평온한 삶을 되찾을 수 있으니까.

나는 일론 머스크가 되고 싶은 생각이 없다. 이런 얘기를 SNS에 올렸다가 엄청 욕을 먹기도 했다. 세계에서 가장 부유한 사람이 되고 싶지 않은 사람이 어디 있겠는가? 하지만 나라의 절반이 그를 사랑하고, 절반이 미워한다. 그는 온라인에서 끊임없이 공격받고, 변호사들에게 쫓기고, 사업을 방해하려는 정치인에게 위협을 받고 있다. 그리고 어머니가 다른 자녀까지 여럿 있다. 누가 그런 삶을 원하겠는가?

나는 나 자신을 위해서도 그렇고, 내가 아끼는 그 누구를 위해서도 저런 길을 선택하지 않을 것이다. 이 부분에서 아킬레스는 "그래서 아무도 당신의 이름을 기억하지 못할 것이다"라고 말한다. 정답은 없고, 선택만 있을 뿐이다. 앞에서 말했듯 가장 많은 돈을 벌 수 있는 길과 가장 많은 행복을 가져다줄 수 있는 길, 두 가지 길이 있다. 나는 후자 쪽 전문가다.

하지만 다음 장에서는 돈을 버는 것에 초점을 맞추고 투자의 기본에 대해 알려주겠다.

Chapter 13
투자의 기본

이 장에서 나는 금융 시장에 대한 모든 것을 알려주려 한다. 누구나 이해하기 쉽게 설명하겠지만, 약간 복잡해질 수도 있다는 말을 덧붙이고 시작해보겠다. 처음에는 조금 이해가 안 될 수도 있다. 하지만 다행히도 이 장의 마지막에 이르면 복잡한 내용은 생략되고 단순하고 다양한 나의 투자 방법론이 소개될 것이다.

그 시작은 당신이 반드시 알아야 할 주제부터다. 뉴스에서 들어본 적 있을 것이다. 바로 연방준비제도The Federal Reserve, 즉 '연준'에 대해서다.

사람들은 누가 대통령이 될 것인지를 두고 거리에서 비명을 지르고 고래고래 고함을 치며 폭동을 일으킨다. 참 이상한 일이다. 이 나라에서 가장 강력한 사람은 대통령이 아니라 연방준비제도 이사회 의장인데 말이다.

연방준비제도

연방준비제도는 미국의 중앙은행으로 모든 은행을 총괄하는 은행이다. 줄여서 '연준'은 여러 가지 사안을 조정하고 수표를 상환하는 등 많은 일을 하지만, 결정적으로 미국의 통화 정책을 수립한다. 즉, 통화 공급량(경제에 존재하는 돈의 양)과 금리 수준을 결정한다.

　하지만 모든 금리가 아니라, 은행이 서로에게 하룻밤 돈을 빌릴 때 부과하는 이율인 연방기금금리the Federal funds interest rate라는 금리만 결정한다. 연방기금금리를 설정함으로써 다른 모든 금리에 영향을 미칠 수 있는데, 이는 기준금리와 같은 많은 금리가 연방기금금리를 기준으로 하기 때문이다.

　연준의 주요 임원은 워싱턴 DC에 있는 이사회 위원 7명에 미국 전역의 도시 12군데에 있는 연방준비은행 총재 12명을 더해 총 19명이다. 7명의 위원은 정치권에서 임명하며 상원의 인준을 받아야 한다. 하지만 12개 지역의 총재는 그렇지 않다. 1년에 여덟 차례, 12명의 연준 총재 중 일부는 워싱턴에서 모여 통화 정책을 논의한다. 그리고 회의가 끝나면 금리 및 기타 사항에 대한 조치를 결정하는 지침을 발표하고 맥주를 마시러 간다.

　연준에는 물가 안정과 고용 유지라는 두 가지 임무가 있다. 즉, 연준은 인플레이션(또는 디플레이션)과 싸우고 가능한 한 많은 사람이 일자리를 갖게 해야 한다. 그런데 이 두 가지 목표는 서로 상충

하는 관계로 모두 정치적으로 민감한 부분이다.

본론으로 들어가면 연방준비제도가 돈을 찍어내고 있다는 이야기는 들어봤을 것이다. 이는 사실이다. 2022년 초까지만 해도 그들은 의도적으로 돈을 적극적으로 찍어내고 있었다. 돈을 찍어내면 경제에 도움이 될 것으로 생각했기 때문이다. 돈을 찍어내면 같은 양의 상품에 쓸 돈이 더 많아지면서 인플레이션이 발생한다는 사실은 바보가 아니라면 누구나 아는 사실이다. 그리고 실제로 그런 일이 일어났다. 돈을 찍어내자 우유와 소고기, 목재와 철강 가격이 올랐다. 주택과 주식, 채권 등 자산의 가격 또한 상승했다. 이는 대부분 연준 탓이다. 당신이 집을 살 여유가 없다면 이제 그 이유를 알았을 것이다.

이를 역사적으로 살펴보자. 금융위기 당시 연준은 불황이 닥칠 것으로 예상했다. 그래서 금리를 제로로 낮췄다. 하지만 금리를 제로 아래로 낮출 수는 없으므로 돈을 찍어내기로 했다. 이를 '양적 완화'라고 한다. 이때 그들은 찍어낸 돈으로 미국 국채를 매입했다. 이는 만기일이 다양한 국채의 금리를 낮추는 효과가 있다. 따라서 연준은 단기 금리뿐만 아니라 장기 금리에도 영향을 미쳐 금리를 낮췄다. 그래서 사람들은 집과 자동차 등을 구입하기 위해 더 쉽게 돈을 빌릴 수 있게 됐다. 양적 완화로 경기 침체 악화를 막는 데는 성공했을는지 모른다. 하지만 연준은 양적 완화가 필요한 시점 이후에도 이를 계속 시행했다. 그리고 잠시 중단하더니 코로나 대유행 시에 다시 시작했다. 그러자 인플레이션이 발생했다.

인플레이션이 발생하기 시작하면 연준은 금리 인상을 통해 경기를 둔화시켜 이를 막아야 한다. 하지만 선거가 있는 해에 연준이 금리를 인상해 경기 침체를 일으키기를 바라는 대통령이나 상원의원, 정치인은 아무도 없다.

따라서 연준은 때때로 정치적 이해관계에 인질이 되기도 한다. 연준은 정부로부터 독립적이어야 하지만, 최근 몇 년 동안 우리가 보았듯이 독립성을 대부분 상실했다.

제로 금리의 또 다른 문제는 이것이 돈을 빌린 사람한테는 좋을지 모르지만, 돈을 맡긴 사람한테는 끔찍한 일이라는 것이다. 1984년만 해도 은행에 돈을 맡기면 8%의 이자를 받을 수 있었다. 은행 계좌에서 8%의 이자를 받을 수 있는데 주식에 투자하는 것은 무의미하다.

따라서 연준이 금리를 제로로 낮춰서 저축 계좌에서 수익이 나지 않으면 사람들은 채권을 사거나 주식을 사는 등 점점 더 큰 위험을 감수해야 한다. 그러면 은퇴자와 고정 수입으로 생활하는 사람들이 특히 큰 피해를 본다. 노인들은 생활비를 마련하기 위해 위험한 정크 채권을 사야 한다. 이건 좋지 않은 상황이다. 제로 금리는 온갖 부정적인 외부효과를 가져온다. 하지만 주식 시장이 급등한 것은 놀라운 일이 아니다.

연준은 강력한 정부 기관으로, 다른 어떤 정부 기관도 할 수 없는 방식으로 당신의 일상에 영향을 미칠 수 있다. 하지만 사람들은 대부분 연준이 무엇이며 어떻게 작동하는지 전혀 모른다. 내가 연준에 대해 이야기하면 사람들은 눈이 멍해진다. 확실히 중앙 은행가들은 매우 지루한 사람들이다. 그러나 역사적으로 시민들을 매우 흥분시켰던 중앙은행도 많았다. 그것도 좋지 않은 방식으로.

지나치게 개인적인 의견을 말하려는 것은 아니지만, 나는 왜 우리 경제에서 가장 중요한 가격, 즉 돈의 가치를 비선출 관료들이 쥐락펴락하게 놔둬야 하는지 이해할 수 없다. 이는 시장에 맡겨야 할 일 아닌가?

경기 순환

경제는 이론적으로 경기가 순환된다. 경제가 성장하는 확장 단계와 경제가 위축되는 불황 단계가 있는 것이다.

지난 20여 년을 거치면서 이 경기 순환의 성격이 변해버렸다. 과거에는 경기 순환이 호황과 불황이 매우 규칙적으로 발생하는 식이었지만, 지금은 호황 국면이 매우 장기적으로 지속되다가 가끔 위기가 찾아오고 있다. 지난 세 번의 경기 침체는 모두 주식 시장의 폭락을 동반했기 때문에 '정상적'이라고 할 수 없다. 이는 당신의 투자 방식에도 영향을 미친다.

일상생활을 하면서도 경기 순환에 대해 어느 정도 알고 있는 것이 중요하다. 아주 개인적인 차원에서 보면 당신은 직장을 잃을 수도 있다. 당신은 직장을 잃을 리 없다고 생각할 수도 있겠지만, 사실은 그럴 수도 있다.

실직할 가능성이 있다면 그런 가능성은 당신의 재정 관리 방식에 어떤 영향을 미칠까? 앞서 말했듯이 6~12개월치 생활비에 해당하는 비상금을 준비해 두는 것이 좋다. 물론 당신은 실업 수당을 받을 것이다. 실업 수당을 정말 오랫동안 받을 수도 있지만(불황기에 실업 수당을 끊는 것은 정치적으로 바람직하지 않기 때문이다), 그렇다고 해서 대비를 하지 않아도 되는 것은 아니다. 당신은 항상 재정적으로 홀로 설 수 있어야 한다. 절대로 다른 사람의 도움에 의존해서는 안 된다.

당신은 최소한 경제의 건전성을 측정하는 방법에 관한 지식은 갖추고 있어야 한다. 미국에는 수백 가지의 다양한 경제 통계가 있는데, 대부분의 통계는 상공업을 관장하는 상무부 산하의 노동통계국BLS, Bureau of Labor Statistics에서 산출한다.

당신이 알아야 할 주요 지표로는 고용수치, 소비자물가지수CPI, 국내총생산GDP, 일부 제조업 지표가 있다. 실업률은 아마도 미국인들 대부분이 가장 먼저 떠올리는 수치일 것이다. 이 글을 쓰는 현재, 실업률은 매우 낮다. 2007~2008년 금융위기 당시에는 10%까지 올라갔고, 코로나 대유행 기간에는 그보다 더 높았다.

참고로 세계 대공황 때는 실업률이 빌어먹을 25%까지 올라가기도 했다. 일반적으로 실업률이 6%가 넘으면 사람들은 고통스러운 비명을 지르기 시작한다.

이제 투자의 기본에 대해 이야기해보자.

투자의 기본

주식이란 무엇인가?

주식은 한 회사의 소유권을 나타낸다. 애플 주식 수십억 주 중 단한 주만 가지고 있어도 당신은 애플의 소유주다. 그리고 정기적으로 주주총회에서 특정 사안에 대한 투표가 이루어질 때 자기 지분만큼 투표도 할 수 있다. 그래 봐야 수백만 주를 보유한 기관 투자자들이 있어서 큰 차이를 만들지는 못하겠지만, 상징적이긴 해도 투표를 할 수 있다.

주식중개앱 등을 통해 어떤 회사의 주식을 매수하는 경우, 이는 상장 기업의 주식을 매수하는 것이다. 대중에게 주식을 제공하는 모든 회사는 일정한 의무를 다해야 한다. 보통 증권거래위원회의 규제를 준수해야 하고, 정기 재무제표를 공개해야 한다. 미국에는 이런 상장 기업이 약 3,000개 존재한다.

상장 기업이 아닌 기업들도 많다. 이들은 당연히 비공개 기업으로서 재무제표를 공개하지 않아도 된다. 기업의 정보는 개인 투자자에게 공개되어야 하는데, 비상장 기업의 지분을 소유한 사람은 부자이므로 보호가 필요하지 않다는 생각 때문이다. 기업공개IPO라고 들어봤을 것이다. 비공개 기업은 이를 통해 처음으로 대중에게 주식을 공개한다.

주식은 거래소에서 거래된다. 예전에는 주식 거래가 간단했다. 상장 주식은 뉴욕증권거래소NYSE에서, 그 외의 모든 주식은 나스닥NASDAQ에서 거래되었다. 두 거래소는 성격이 매우 달랐다. 뉴욕증권거래소는 기본적으로 한 사람이 주식을 독점적으로 거래하는 전문가 시스템이었으며, 나스닥은 수십 개의 은행과 중개인이 경쟁적으로 시장을 만드는 투자 전문 기관 시스템이었다.

어느 쪽이 더 나았을 것 같은가? 어쨌든 시간이 지나면서 거래소가 급증했다. 내가 마지막으로 들은 바로는 현재 약 17개의 거래소가 있고 이들 대부분이 전자거래소이며, 뉴욕증권거래소의 시장 점유율은 10% 미만으로 떨어졌다고 한다.

당신이 주식중개앱을 통해 제출한 주문은 사실상 거의 어디든 전송될 수 있다. 그리고 당신은 컴퓨터와 거래할 가능성이 크다. 미국의 시장 미시구조는 엄청나게 복잡하다. 하지만 이것은 우리의 시장이 깊고 유동적이며 체결 품질이 대체로 우수하다는 의미이므로 좋은 점이다. 당신은 주식 거래를 할 때 사기를 당하고 있는 것은 아닌지 의심하느라 시간을 보낼 필요가 없다. 그보다 오히려 당신의 뮤추얼펀드가 주식 거래에서 사기를 당하고 있는 것은 아닌지 생각하는 데 더 많은 시간을 쓰는 것이 좋다.

그렇다면 왜 주식을 매수하는 것일까?

고전적인 대답은 그 회사가 돈을 더 많이 벌면 그것이 주가 상승으로 이어져 시장에서 보상받을 것이라고 생각하기 때문이다. 하지만 수익이 증가하는 회사의 주가가 크게 오르지 않는 경우도 많고, 수익이 전혀 없거나 손실을 보는 회사의 주가가 폭등하는 경우도 종종 있다.

금융 교과서를 읽으면 수익이나 배당금을 기준으로 주식의 가치를 평가할 수 있지만, 때로는 둘 다 없는 주식의 가치가 아주 높은 경우도 있다. 테슬라는 자동차를 많이 팔았지만 돈을 많이 벌지는 못했다. 하지만 가장 비싼 주식 중 하나다. 나는 24년 동안 주식 시장에 발을 담그고 있었지만 이에 대한 해답을 찾지 못했다. 항상 가장 실적이 좋은 주식이 투자자에게 꿈을 심어주는 주식이라고 생각했지만, 그 꿈은 실현되기도 하고 실현되지 않기도 한다.

일부 주식은 배당금을 지급한다. 배당금이란 회사가 수익의 일부를 주주에게 소유 주식 수에 비례해 지급하는 것이다. 나는 배당금을 지급하는 주식의 열렬한 팬으로 받은 배당금을 주식에 재투자하는 걸 좋아한다. 배당금이 많아지는 주식에 투자해 그 배당금을 현금으로 받지 않고 재투자하는 것이 바로 내가 알려줄 이 모든 투자의 비결이다. 대부분의 증권사에서는 배당금을 현금으로 받는 대신 재투자할 수 있는 옵션을 제공하는데, 나는 이를 적극적으로 권장한다. 이렇게 하면 시간이 가면서 기하급수적으로 원금을 불릴 수 있다.

여기서 한 가지 알아야 할 것이 있다. 사람들은 흔히 ABC 주식이 50달러(7만 원)에 거래되고 있고 XYZ 주식이 100달러(14만 원)에 거래되고 있으면 XYZ 주식이 ABC보다 더 가치 있다고 생각한다. 하지만 반드시 그런 것은 아니다. 주식의 가치는 주가에 발행 주식 수를 곱한 값에 따라 결정되는 매우 임의적인 것이기 때문이다.

XYZ의 발행 주식이 10억 주이고 ABC의 발행 주식이 30억 주라고 가정해 보자. XYZ는 주당 100달러에 10억 주를 곱하면 1,000억 달러(140조 원)의 가치가 있다. ABC는 주당 50달러(7만 원)에 30억 주를 곱하면 1,500억 달러(210조 원)의 가치가 있다. 따라서 ABC는 주가가 더 낮아도 XYZ보다 더 가치 있는 회사다.

이상하지 않은가? 어쨌든 이런 계산을 할 필요 없이 '시가총액'을 검색해보라. 그러면 어떤 회사의 가치가 얼마인지 알 수 있다.

주식 거래가 재미있기는 하다. 하지만 모아둔 돈이 10만 달러(1억 4,000만 원)가 넘지 않으면 하지 않는 것이 좋다. 다각화된 포트폴리오를 구축하려면 20~30종목 정도의 주식이 필요한데, 돈이 적으면 시도하는 것 자체가 무의미하기 때문이다.

하지만 사람들은 대부분 포트폴리오를 다양하게 구성하는 데 관심이 없다. 그저 여기저기 주먹구구식으로 투자만 할 뿐이다.

물론 그렇게 돈을 쓸 수도 있긴 하다. 그러나 은퇴 자금으로 그래선 안 된다. 그냥 재미로 돈을 조금 굴리는 것은 괜찮지만, 그 금액이 순자산의 10%를 넘지 말아야 한다.

때때로 주식 한 종목에 큰돈을 넣어서 크게 수익이 나기도 한다. 어떤 사람들은 테슬라로 그렇게 했다가 성공하기도 했다. 그러나 전문가는 추천하지 않는다. 개별 주식을 거래하는 경우, 부자가 되기 위한 계획이 아니라 취미로 해야 한다. 안 그러면 쪽박차기 십상이다.

시간이 가면서 주식으로 부를 쌓는 더 좋은 방법은 뮤추얼펀드나 ETF를 이용하는 것이다. 나는 뮤추얼펀드를 선호한다. 뮤추얼펀드는 대중에게 직접 주식을 제공하는 투자 회사다. 뮤추얼펀드에 3,000달러(420만 원)를 넣으면 주식 14.6895주를 받게 된다고 가정해보자.

이 펀드는 거래소에서 거래되지 않으므로 돈을 인출하려면 환매 주문을 내야 한다. 그러면 당신은 마감 순자산 가치closing net asset value에 따라 당신의 주식을 뮤추얼펀드 회사에 다시 팔 수 있다. 뮤추얼펀드는 아주 오래전부터 존재했다, 나는 뮤추얼펀드가 단점이 있긴 해도 ETF보다 장기 투자에 더 유리한 구조라고 생각한다. 뮤추얼펀드는 거래소에 상장되어 있지 않고 하루 종일 거래되지 않으므로 하루 종일 휴대전화만 쳐다보며 팔아야 할지 말아야 할지 고민할 필요가 없기 때문이다.

이는 자산 가치에 대한 정보가 적을수록 좋다는 정보의 주기성에 대해 정리했던 내용의 일부분이다. 그런 점에서 보면 집은 투자가 아니다. 시가평가mark-to-market(MTM이라 하며 현재 시장 가격에 따라 계약의 가치를 다시 평가하는 것-옮긴이)가 없어서 훌륭한 투자가 되는 경우가 많긴 하지만. 당신은 질로우Zillow(우리나라로 치면 네이버 부동산이나 직방, 다방, 호갱노노 같은 앱을 서비스하고 있는 테크 기업-옮긴이)가 등장하기 전까지만 해도 특정일의 집값을 알 수 없었다. 어떤 물건의 가격을 모르면 그냥 시간이 가면서 그 가치가 복리로 커지도록 내버려두면 된다.

만약 보유하고 있는 기술주(또는 암호화폐)의 주가를 2분마다 휴대전화로 확인한다면 당신은 아마 기겁을 하고 허겁지겁 팔아버리게 될 것이다. 그러면 복리 효과는 거기서 멈추게 된다. 그래서 나는 ETF보다 뮤추얼펀드를 선호한다. 뮤추얼펀드는 백만 번이 아니라 하루에 딱 한 번 가격이 변한다. 여기에 한마디 덧붙이겠다. 보통 사람들은 집을 그냥 내버려두기 때문에 일반적으로 주식보다 집에서 훨씬 더 돈을 많이 번다는 사실을.

ETF는 뮤추얼펀드와 약간 비슷하긴 한데, 여기서 설명하기에는 구조가 다소 복잡하다. 그리고 ETF는 거래소에서 거래하는 뮤추얼펀드와 약간 비슷하지만 대부분 인덱스펀드라는 점에서 차이가 난다. 인덱스펀드는 S&P500, 나스닥 100, 러셀 2000 등과 같은 지수를 추종하는 펀드로 '수동적 운용'이라고 불린다. 인덱스펀드에서는 아무도 투자 결정을 하지 않고 지수를 수동적으로 추종할 뿐이다.

그 반대로 운영되는 ETF를 '적극적 운용'이라고 하는데, 이는 포트폴리오 매니저가 직접 종목을 고르는 방식이다. 적극적 운용과 수동적 운용에 대해 쓸데없는 논쟁이 많은 가운데, 사람들은 주식을 고르는 포트폴리오 매니저가 종종 지수 수익률을 밑도는 경우가 많다고 지적하곤 한다. 이는 사실이다. 하지만 일부 적극적 운용 포트폴리오는 인덱스 펀드보다 위험은 더 낮고, 수익은 더 좋을 거라는 사실을 가리기도 한다. 당신은 수익률만 신경 쓸 것이 아니라, 위험에도 관심을 가져야 한다.

채권이란 무엇인가?

이것저것 경험하다 느낀 한 가지 사실은 사람들이 주식에 대해서만 알고 있다는 것이다. 채권에 투자해야 한다는 것은 알지만, 그 이유도 모르고, 채권이 무엇인지도 잘 모른다.

나만 해도 투자를 시작할 때 금리가 내려가면 채권이 오른다고 투자 서적에서 읽었을 뿐이다. 그래서 분산투자를 위해 채권에 투자했다. 말이 안 되지만 어쨌든 나는 그렇게 했고, 그래야 하는 이유는 경영대학원에서 채권 수학 수업을 듣고 나서야 알게 되었다.

채권 수학은 대부분의 사람들에게는 너무 어려워서 여기서는 다루지 않겠지만 눈높이를 낮추기 위해 노력해보겠다.

채권은 대출이다. 그게 전부다. 채권은 자본 시장에서 거래되는 특별한 종류의 대출인 것이다. 채권의 작동 방식은 이러하다.

회사 XYZ가 1,000달러(140만 원)짜리 채권을 발행한다. 이는 이 회사가 1,000달러를 빌리는 것을 의미한다. 따라서 채권이 만기될 때까지 매년 1,000달러에 대한 이자를 지급하고 만기 시 1,000달러를 상환한다. 이율이 5%인 5년 만기 채권이라고 가정하면 현금 흐름은 다음과 같다.

-$1,000 + $50 + $50 + $50 + $50 + $1,050

회사는 오늘 1,000달러를 받고 5년 동안 매년 50달러(7만 원)씩 이자를 내다가 5년째 되는 해에 원금과 이자를 함께 갚는다. 이것이 바로 채권이다. 5%는 말 그대로 해당 채권이 뱉어내는 현금인 채권의 쿠폰이다. 하지만 이것이 반드시 채권의 이율이 되는 것은 아니다. 여기서부터는 상황이 조금 더 복잡해진다.

금리가 내려갈 때 채권 가격이 올라가는 이유를 알고 싶다면 시장 금리가 4%로 내려가면 5% 쿠폰 채권의 가치가 더 높아져 가격이 올라간다고 생각하면 된다.

사실 당신은 개별 채권을 소유하는 게 아니라 여러 개별 채권이 포함된 채권 뮤추얼펀드를 소유하게 되는 것이다.

채권은 종류가 다양하다. 첫 번째는 미국 정부가 발행하는 국채다. 국채는 채무 불이행 위험이 전혀 없는 것으로 간주된다. 상환이 된다는 의미다. 가치가 절하된 통화로 상환받을 수는 있어도 상환받을 수는 있다. 국채가 중요한 이유는 무위험 금리로 간주되어 다른 모든 금리가 국채를 기준으로 정해지기 때문이다. 실제로 미국의 부채 총액 30조 달러(4경 1,200조 원)에 달하는 많은 국채가 시장에 나와 있으므로 국채는 유동성이 풍부한 거대 시장이다.

그리고 민간 기업이 발행하는 채권인 회사채가 있다. 회사채는 국채보다 이율이 높은데, 월마트 같은 기업들은 모두 미국 정부보다 채무 불이행 가능성이 더 크기 때문이다. 기업도 우리처럼 신용등급이 있으며, 이는 차입 비용에 영향을 미친다. 투자 적격 기업은 이율이 낮고, 하이일드high-yield 기업은 이율이 높다. 하이일드 채권에 대해 들어본 적이 있을 텐데, 이를 정크본드junk bond라고도 한다. 투자적격 회사채는 일반적으로 꽤 지루하다. 하지만 정크본드는 때때로 흥미진진할 수도 있다. 하지만 정크본드 뮤추얼펀드라도 일반적으로 대부분의 주식 뮤추얼펀드보다는 덜 위험하다. 다시 말하지만, 당신은 개별 회사채를 매수하는 것이 아니라 회사채 뮤추얼펀드를 매수하는 것이다.

주 및 지방 정부에서 발행하는 지방채도 있다. 지방채의 가장 큰 특징은 이자에 대한 세금이 면제되기 때문에 높은 세율을 적용받는 사람들, 즉 부자들에게 매력적으로 다가갈 수 있다는 것이다. 일부 부자들은 개별 채권을 매입하기도 하지만, 역시 펀드에 투자하는 것이 가장 좋다. 세율이 낮은 사람은 지방채에 투자하는 것이 의미가 없다. 그리고 개인연금저축IRA이나 401(k)에 투자하는 것도 전혀 의미가 없다. 지방채 시장은 수만 가지의 다양한 채권이 존재하는 상당히 큰 시장이며, 지방채는 대부분 조사를 받지 않는다. 그런데도 채무 불이행이 거의 발생하지 않는다. 2009년에 주 정부 및 지방 정부의 부채에 대해 도덕적 공황이 있긴 했지만, 큰일은 아니었다.

회사채 및 지방채는 일반적으로 스탠더드앤드푸어스 및 무디스와 같은 신용 평가 기관에서 등급을 매긴다. 이러한 평가 기관은 회사의 재무제표를 검토하거나 지방 자치 단체에 대해 몇 가지 수학적 마법을 부려 발행 주체의 신용도를 결정한다.

AAA 등급이 가장 높은 등급이며. 그다음으로 AA, A, BBB 등급이 있다. 모두 투자적격 등급이다. 그 아래로는 BB, B, CCC, CC, 디폴트 등급이 있다. 이러한 채권은 모두 하이일드 채권 또는 정크본드이며, C등급 채권은 투기성이 높은 채권이다. 등급이 낮을수록 이율이 높지만 채무 불이행 가능성이 더 크다.

회사채의 문제는 일반적으로 경기 침체기에 회사채들이 한꺼번에 채무 불이행된다는 것이다. 2002년과 2009년에는 채무 불이행 비율이 급등하며 금리도 치솟았다. 당시 하이일드 채권 펀드의 수익률이 두 자릿수를 훌쩍 넘으면서 놀라운 기회가 있었지만, 여기에는 높은 위험이 수반되었다.

알아야 할 채권이 더 있다. 국제 국채, 즉 외국 정부가 발행하는 국채가 있다. 국제 회사채도 있다. 그리고 주가가 충분히 오르면 주식으로 전환되는 채권인 전환사채도 있다.

아마도 당신이 채권에 대해 접한 유일한 영화는 〈빅 쇼트〉였을 것이다. 이 영화는 여러 채권을 잘게 쪼개서 각기 다른 위험도를 가진 트랜치(금융기관이 개별 대출들을 모아 이를 기반으로 다시 발행한 채권을 말한다—옮긴이)로 묶은 부채담보부증권CDO에 대해 이야기한다.

2000년대에 CDO는 이런 방식으로 할당된 서브프라임 주택담보대출 채권으로 구성되었으며, 가장 높은 트랜치는 AAA 등급이었다. 영화는 이 배후에 사악한 동기가 있다고 믿게 하지만, 실제로는 그렇지 않았다. 신용평가사가 사용했던 수학 모델은 전국적인 주택 가격 하락을 설명하지 못했는데, 그 이유는 이전에는 그런 일이 일어난 적이 없었기 때문이다.

이들 CDO에는 지리적 다양성이 매우 크게 존재했다는 점을 기억하라. 서브프라임 CDO의 AAA 트랜치는 CDO의 모든 채권이 채무 불이행될 때만 채무 불이행된다. 하지만 주택 시장에 대해 우리가 아는 바로는 그럴 가능성이 희박해 보였다. 2008년에 금융 시스템이 붕괴한 이유를 한마디로 요약한다면 상호관계라고 할 수 있다. 우리는 이를 제대로 예측하지 못했다. 어쨌든 이는 앞서 우리가 했던 부채에 관한 논의로 돌아가는 이야기다. 주식을 샀는데 주가가 하락하면 일반적으로 큰 문제가 되지 않는다. 하지만 부채는 인생을 말아먹을 수도 있다.

나는 이전 장에서 부동산담보채, 즉 MBS에 대해 조금 설명했다. 당신이 은행에서 주택담보대출을 받으면 그것은 MBS로 알려진 부동산담보채 풀에 편입될 가능성이 크다. MBS는 여기서 설명하기에는 너무 복잡한 고유한 특성이 있다. 하지만 당신은 부동산담보채를 보유하는 뮤추얼펀드와 ETF를 통해 거기에 투자할 수 있다. 국채에 비해 약간의 추가 수익을 낼 수 있지만, 일반적으로 금리가 내려가기를 바라는 국채와 달리 부동산담보채를 가지고 있으면 금리가 그대로 유지되기를 바라게 된다.

통화

외환에 투자할 수도 있다. 하지만 일반인들은 보통 외환에 투자하지 않는다. 미국 달러가 현재 가장 큰 비중을 차지하는 통화고, 유로화와 일본 엔화가 차례로 그 뒤를 잇는다. 통화 가치에 대해서는 여러 가지 이론이 있지만 대체로 통화 가치는 금리의 변화에 따라 움직인다. 한 국가가 금리를 인상하면 일반적으로 그 나라의 통화 가치가 상승한다. 사람들이 자국 통화를 해당 국가의 통화로 환전해 은행에 예치하고 더 높은 이자를 받을 수 있기 때문이다. 그러니 금리 차이가 환율 변동의 약 80%를 설명한다고 할 수 있다.

단기 거래자들은 외환 거래를 선호하는데, 이는 외환 중개인들이 엄청난 양의 레버리지를 제공할 수 있기 때문이다. 이는 재정적 스트레스를 늘리기 딱 좋은 방법이다. 게다가 일반인은 자신이 무엇을 하고 있는지 전혀 모르기 때문에 외환 거래는 피하는 것이 좋다.

원자재

원자재를 거래할 수도 있다. 솔직히 현재 나는 원자재를 많이 거래하고 있다. 원자재에는 석유나 옥수수, 밀, 대두, 금, 은, 면화, 코코아, 설탕 등이 있다. 예전에는 원자재를 선물로 거래해야 했지만, 지금은 모든 주요 원자재에 대한 ETF가 있다. ETF 시장을 제외하면 원자재 시장은 대부분 기관 투자자 위주로 운영되고 있는데, 그 이유는 선물 거래가 많은 사람에게 진입 장벽이 높기 때문이다.

선물先物이란 무엇인가? 미래의 어느 날에 무언가를 사고팔기로 하는 계약이다. 선물은 파생상품으로, 일부 기초 주식, 채권 또는 원자재의 가치를 기반으로 가격을 정하는 계약이다. 선물은 사실 매우 단순하다. 하지만 다시 말해, 선물은 많은 레버리지가 뒤따른다. 그리고 레버리지는 당신의 건강에 해롭다. 너무나 알아야 할 것이 많기 때문이다. 선물 시장은 밀, 구리, 돼지와 같이 우리가 매일 소비하는 모든 종류의 상품에 대한 가격 예시를 제공한다.

옵션

옵션에 대해서도 들어봤을 것이다. 최근 몇 년 동안 개인 옵션거래가 폭발적으로 증가하지만 않았어도 나는 이 얘기를 꺼내지 않았을 것이다. 요즘은 누구나 옵션 전문가다. 그런데 아니다. 당신은 아니다. 옵션은 수학적으로 엄청나게 복잡하므로 수학과를 졸업하지 않았다면 거래하지 않는 것이 좋다. 게다가 당신이 옵션거래를 한다면 당신은 당신보다 훨씬 더 똑똑한 사람 및 로봇과 거래하는 것이니 말이다. 옵션에 대해 배우고 싶다면 다른 책들도 있다. 게임스탑 옵션 거래로 개인 투자자들이 수십억 달러(수조 원)를 잃었다. 자그마치 수십억 달러 말이다. 그들은 자신이 무엇을 하고 있는지 전혀 몰랐다. 말하자면 길다.

단순하고, 지루하고, 다양하게

이 복잡한 것들에 대한 소개가 모두 끝났다. 그러니 이제는 모두

무시해줬으면 한다. 당신은 뮤추얼펀드와 ETF로 구성된 다양한 포트폴리오를 구축하게 될 테니 말이다.

당신의 포트폴리오는 단순하고, 지루하고, 여러 군에 걸쳐 다양해야 한다. 그렇다면 최고의 포트폴리오다.

그렇게 설정하고 잊어버리는 거다. 쳐다보지도 말고 정기적으로 돈을 넣다 보면 40년 후에 목돈을 모을 수 있다. 스트레스도 없고, 인생은 즐거울 것이다.

그렇게 하지 않으면 당신은 앞으로 40년 동안 주식이나 외환, 옵션을 거래하면서 시장을 이겨보겠다고 온몸을 갈아 넣고 있을 것이다. 당신이 실패할 거라는 말이 아니라, 가장 좋은 시나리오라고 해봐야 평균적인 수익률에 그칠 텐데, 그러느라 당신은 엄청난 양의 일과 마음고생, 스트레스를 짊어지게 될 것이라는 말이다. 앞서 말했듯이 스트레스는 우리가 피해야 할 대상이다.

이러한 목표를 염두에 두고 정말로 당신에게 확실한 투자 해결책이 될 최고의 포트폴리오가 무엇인지 살펴보자.

Chapter 14
최고의 포트폴리오

나는 항상 완벽한 포트폴리오, 즉 한 번 설정하면 잊어버리고 평생 투자할 수 있는 포트폴리오를 찾는 것을 사명으로 삼고 있다.

이는 비정상성nonstationarity의 법칙에 어긋나는 것처럼 보일 수 있다. 시장은 규칙이 끊임없이 바뀌는 게임이기 때문이다. 하지만 만병통치약이 있다면 어떨까? 만능 투자 해결책이 존재한다면?

완벽한 포트폴리오를 찾아서

금융 업계에서는 이미 60/40 포트폴리오가 완벽한 해결책이라고 생각하는 것 같다. 60/40 포트폴리오는 주식 60%, 채권 40%로 구성된다. 금융 자문가들은 별다른 고민 없이 60/40 포트폴리오를 추천하는데, 이는 항상 해오던 방식이기 때문이다.

이 원칙은 보통 주식이 하락하면 채권이 상승하고, 채권이 하락하면 주식이 상승하는 경향이 있어 포트폴리오의 변동성을 어느 정도 완화하므로 결국 모두가 만족하게 된다는 것이다.

하지만 현실은 그런 식으로 돌아가지 않는다.

현실은 주식이 하락한다고 해서 반드시 채권이 상승하는 것이 아니라는 것이다. 절반 정도는 그런 일이 벌어지지 않는다. 실제로 2022년은 주식도 크게 하락하고 채권도 1788년 이후 최악이었던 한 해였다. 당시 60/40 포트폴리오는 완전히 형편없는 결과를 낳았다. 주식과 채권에 대한 분산투자가 아무런 이득이 되지 못했던 것이다.

그리고 사람들이 계속 60/40 포트폴리오에 몰리고 있는 것도 맞다. 미친 짓이란 같은 일을 반복하면서 다른 결과를 기대하는 것이라고 정의할 수 있다.

60/40 포트폴리오의 문제점은 주식과 채권 모두 금융자산이라는 점이다. 둘은 모두 유가 증권이다. 둘 다 미래의 현금 흐름에 대한 청구권인 것이다. 하지만 세상에는 경질자산hard asset이라는 다른 종류의 자산도 있다. 경질자산에는 토지, 부동산, 원자재 등이 있는데, 당신도 이런 것에 투자할 수 있다.

우리 중 많은 사람이 알든 모르든 부동산에 투자하고 있다. 우리는 집을 산 후 그곳에 살고 있다. 이것이 사실은 부동산에 투자하는 것이다. 특정 지역의 부동산에 대한 투자이기에 비분산 투자이긴 하지만 그래도 부동산에 투자한 것이다. 따라서 집을 소유하고 있다면 당신은 부동산 투자를 하고 있는 셈이다. 부동산은 일반적으로 물가상승으로부터 보호되는 경질자산으로서 물가가 상승하면 대개 가치가 상승한다. 2021년과 2022년에도 그랬다.

하지만 원자재에 투자하는 사람은 많지 않다. 과거에는 원자재에 투자하려면 선물 거래를 할 수 있어야 했다. 하지만 지난 10년 동안 개인 투자자가 개별 원자재 또는 원자재 바스켓에 투자할 수 있도록 ETF가 여러 개 만들어졌다. 원자재에 투자하려면 포지션 (선물 거래나 주식 거래에서 개별 투자자가 거래 결과로 보유 중인 재산 상태를 말함-옮긴이)을 유지하기 위한 비용이 발생하는데, 이를 네거티브캐리 negative carry라고 한다.

옥수수를 소유하려면 옥수수 보관 비용을 지불해야 한다. 기름이나 살아있는 가축도 마찬가지다. 따라서 이러한 포지션을 장기간 보유하는 데는 결코 적지 않은 비용이 발생한다. 상품에 따라 보관이나 운반 비용으로 인해 매년 보유 자산 가치의 0~8%가 손실될 수도 있다. ETF를 통해 원자재를 매수할 경우 이 캐리 비용은 투자자인 당신에게 전가된다는 점을 덧붙이고 싶다. 이는 피할 수 없는 비용이다.

주식은 시간이 지나면서 오르기 때문에 주식을 소유하는 것이 합리적이다. 하지만 원자재는 일반적으로 그렇지 않다. 실제로 원자재는 일반적으로 기술이 발전함에 따라, 그리고 시간이 지남에 따라 가격이 하락한다. 경작 면적이 감소하는데도 농업 기술 발전으로 인해 농작물 수확량은 증가해왔다. 따라서 옥수수나 밀, 대두의 가격이 하락했다. 프래킹(수압 파쇄법)과 수평 시추는 유가를 낮췄다. 원자재를 소유하는 것은 본질적으로 인간의 독창성에 반하는 내기를 하는 것이다. 우리가 제대로 일을 하지 못할 것이라는 데 돈을 거는 것이라는 말이다. 인간이 일을 망치는 시기가 있긴 하다. 하지만 원자재를 소유하는 것은 장기적으로 좋은 투자는 아니다. 그런데도 원자재는 금융자산이 아닌 경질자산이기 때문에 주식과 채권 이외의 자산에 분산투자 할 수 있게 해준다. 부동산도 마찬가지다.

따라서 최적의 포트폴리오를 구성하려면 금융자산과 경질자산이 혼합된 포트폴리오를 구성해야 한다. 나는 2019년부터 이 실험을 시작했다. 그러다 발견한 한 가지 사실은 금이 원자재 바스켓보다 더 나은 분산투자 수단이라는 것이었다. 성과도 더 좋았다.

금은 최고의 자산은 아니지만, 포트폴리오의 위험을 낮추는 데 가장 크게 이바지하는 자산이라는 장점이 있다.

다른 예를 들어 설명하자면, 농구팀에 데니스 로드맨을 영입하는 것과 같다. 데니스 로드맨은 득점력은 뛰어나지 않지만 리바운드와 패스에 능숙하다. 그러니 데니스 로드맨을 팀에 영입하면 팀의 전력이 더 좋아질 것이다. 포트폴리오에서 금이 하는 역할이 그런 것이다. 금은 훌륭한 분산투자 수단이다. 게다가 때때로 가치가 상승하기도 한다.

따라서 좋은 포트폴리오에는 주식, 채권, 부동산, 금이 포함된다. 그리고 또 무엇을 보유해야 할까?

바로 현금을 보유해야 한다.

이 책의 앞부분에서 현금 보유의 이점에 대해 이야기했다. 현금은 변동성이 0이므로 포트폴리오에 현금을 추가하면 자동으로 변동성이 줄어든다. 그리고 수년 동안 수익률이 0이었지만 요즘엔 다시 이자가 나온다. 게다가 현금은 미래에 물건을 구매할 수 있는 옵션이기도 하다.

포트폴리오의 이상적인 현금 비중에 대한 축적된 지혜는 아직 없다. 대부분의 재정 자문들은 자기 고객들이 최대한 투자를 많이 받을 수 있도록 사람들이 현금을 되도록 적게 유지하기를 바란다. 사람들이 투자를 많이 할수록 수수료를 더 많이 챙길 수 있기 때문이다. 사람들은 시장의 흐름을 '놓치지' 않으려고 가진 돈을 전부 투자하고 싶어 한다. 그러면 물론 하락장의 흐름도 놓치지 않게 된다.

따라서 이상적인 포트폴리오는 주식, 채권, 현금, 금, 부동산으로 구성되어야 한다.

그렇다면 어떤 비율로 구성해야 할까?

간단하게 각각 20%씩 투자하는 것은 어떨까?

주식 20% 채권 20% 현금 20% 금 20% 부동산 20%

이것이 바로 내가 'Awesome Portfolio'어썸 포트폴리오, 즉 '최고
의 포트폴리오'라고 부르는 것이다.

나는 이것을 20/20/20/20/20 포트폴리오라고 불렀는데, 예전
에 라디오 프로그램을 진행할 때, 이 말이 너무 길어서 'Awesome
Portfolio'라고 부르면 어떨까 싶다고 했다. 진짜 최고니 말이다!

그럼 이제 얼마나 최고인지 살펴보자.

이 포트폴리오가 최고다!

나는 이 포트폴리오를 1971년까지 거슬러 올라가 테스트했다.
1971년은 닉슨이 미국을 금본위제에서 탈퇴시킨 해이기 때문에
최대한 오래전으로 간 것이다.

1971년 이후, 최고의 포트폴리오는 연평균 8.1%의 수익률을
기록했으며, 변동성은 주식 80%와 채권 20%로 구성된 포트폴리
오의 거의 절반 수준이었다. 수익률 8.1%는 주식으로만 투자했을
때와 별 차이가 없는 수치지만, 포트폴리오의 변동성은 절반에 불
과하다. 그리고 이것이 핵심이다. 2022년 전까지 최고의 포트폴
리오의 연평균 최대 하락률(최대 손실률)은 2008년의 9.2%였다. 금

융위기를 거치며 9.2%라는 손실을 기록한 것이다. 하지만 당시 S&P500 지수가 2007년 최고점에서 2009년 최저점까지 57% 하락한 것에 비하면 이는 상당히 괜찮은 결과다. 2022년에는 사실 최고의 포트폴리오의 유일한 약점인 금리가 급등하면서 최고의 포트폴리오는 12.1%의 손실을 기록했지만, 오히려 주식은 19.4%의 손실을 기록했다.

이것이 중요한 이유를 알려주겠다. 투자에서 가장 중요한 것은 투자 상태를 계속 유지하여 복리 효과를 지속하는 것이다. 한번 공황 상태에 빠져서 주식과 채권을 팔아치우고 나면 복리 효과가 끝나고 성장이 멈춘다. 그러므로 시기가 좋든 나쁘든 견딜 수 있는 포트폴리오를 구성하는 것이 매우 중요하다.

많은 이들이 포트폴리오에 모든 종목의 주식을 담는다. 인덱스 펀드 투자자들처럼 말이다. 이들은 S&P500 지수를 완벽하게 모방하는 S&P500 인덱스 펀드를 구매한다. 지수에 투자하면 지수의 수익률을 얻을 수 있는데, 이는 매우 좋은 일이다. 그러나 동시에 지수의 변동성도 겪게 되는데, 이는 좋지 않다. 종합주가지수 펀드broad market index fund로 대표되는 주식 시장에 투자하면 주식 시장의 모든 변동성, 즉 상승과 하락, 고점과 저점을 모두 경험하게 된다. 그리고 당신의 감정도 그럴 것이다. 수익률이 사상 최고치를 기록할 때는 기쁘겠지만 사상 최저치를 기록할 때는 낙담하게 될 것이다.

최고의 포트폴리오의 장점은 부동산이나 금과 같이 인플레이션의 혜택을 보는 상품에 노출된다는 점이다. 이 글을 쓰는 시점에 우리는 인플레이션을 경험하고 있다. 당분간 이런 상황이 지속될 것 같다. 이론적으로 주식도 인플레이션의 혜택을 보거나 최소한 인플레이션을 따라가지만, 채권은 인플레이션의 혜택을 전혀 보지 못한다.

기억하겠지만, 나는 앞서 이상적인 투자는 연 8%의 수익을 내면서 꾸준히 성장하는 양도성 예금증서나 예금 계좌라고 했다. 최고의 포트폴리오는 그 정도는 아니지만, 변동성을 최소화하면서 수익률 연 8%에 최대한 근접한다.

이 부분에 과거 실적이 미래의 결과를 보장하는 것은 아니라는 면책조항을 삽입해야겠지만, 과거 실적은 꽤 좋았다. 최고의 포트폴리오는 어떤 포트폴리오보다도 훌륭한 위험 및 보상 특성이 있으므로 잘 작동한다. 당신은 이를 통해 계속 투자 상태를 유지할 수 있다.

당신은 수익률이 12.1%나 하락하는 최악의 한 해를 겪더라도 넋이 나가 포트폴리오에서 빠져나오지 않을 가능성이 크다. 그러면 투자를 계속 유지하면서 복리 효과를 계속 누릴 수 있다.

나는 지난 몇 년 동안 주식이 저점을 찍었을 때 허겁지겁 주식을 팔아치웠다가 이후 상승장을 완전히 놓친 사람들의 이야기를 수도 없이 들었다. 이런 일은 경기가 변동될 때마다 벌어진다.

이제 인덱스 펀드 지지자 중에는 그냥 매수하고 보유하면서 변동성을 견디고, 그 과정에서 적립식분할투자를 해야 한다고 말하는 무리가 있다. 2007~2008년 금융위기와 같은 심각한 약세장에서 그럴 수 있는 사람은 매우 드물다. 나는 그렇게 해서 결국 성공한 사람을 알긴 하지만, 그런 사람은 단 한 명뿐이었다.

그렇게 행동하려면 강인한 정신력이 필요하다. 나란 사람은 순자산이 57%나 하락하는 것을 가만히 앉아서 지켜보고 있을 사람이 아니다. 이렇게 표현해 보겠다. 설사 버틸 수 있다고 해도 너무 끔찍해서 몇 년 동안은 사는 게 사는 게 아닐 것 같다.

이 모든 일은 스트레스 없는 재정 생활을 위한 것이다. 하지만 인덱스 펀드 지지자들이 원하는 것은 모든 상승장과 하락장의 흐름을 타면서 온통 금융 스트레스로 가득 찬 삶을 사는 것임을 기억해야 한다. 그럴 필요가 없다. 최고의 포트폴리오를 실천하면 당신은 1%포인트 정도의 수익률을 내주고 위험을 훨씬 줄일 수 있다. 중요한 것은 밤에 푹 잘 수 있다는 것이다.

사람들은 재정적 스트레스를 극대화하는 일을 하고 싶어 하는 것 같다. 인덱스 펀드는 빙산의 일각에 불과하다. 사람들은 성장주나 기업인수목적회사SPAC(비상장 기업 인수합병을 목적으로 하는 서류상 회사옮긴이), 암호화폐를 구매한다. 사람들은 늘 새롭고, 새로운 것을 찾는다. 트위터 나 레딧 을 하느라 여념이 없다. 그들이 옵션을 구매하는 것을 보면 어디 좀 아픈 사람들 같다. 사람들은 행동을 해야 직성이 풀린다. 도박과 같은 자극이 필요한 것이다.

   나는 도박을 별로 좋아하지 않는다. 물론 도박을 하긴 하겠지만, 한 500달러(70만 원) 정도 들고 25달러(34,000원)짜리 주사위 도박 테이블로 가서 45분 정도 게임을 하다가 몇백 달러(몇십만 원) 정도 잃으면 그만둘 것이다. 아니면 스포츠 도박에서 야구 경기에 200달러(28만 원) 정도 걸 수도 있다. 거기까지다. 나는 카지노에 가보긴 했어도 도박을 한 적은 없다. 대신 쇼핑을 하러 간다. 리먼 브러더스에서 일할 때도 위험 추구 성향을 높이려고 애써야 했다. 나는 태생적으로 도박이 맞는 사람이 아니다.

   이렇게 조언하고 싶다. 도박을 좋아한다면 전체 자금의 10% 정도만 투기에 사용하고 나머지 90%는 최고의 포트폴리오에 남겨둬라. 약간의 오락용 도박은 잘못된 것이 아니다. 앞서 말했듯이 투자도 하나의 취미다. 게다가 재미있기도 하다. 그리고 사람들은 거기에 노력을 많이 기울인다. 하지만 슬픈 현실은 당신은 생각만큼 실력이 뛰어나지 않아서 은퇴 저축을 투기에 사용했다가는 슬픈 결말을 맞게 될 수 있다는 것이다. 아마 당신은 자신이 아주 잘한다고 생각할 것이다. 그런데 어쩌면 그간 운이 좋았던 것일 수도 있다. 그것이 운이었다면 당신은 언젠가 평균으로 돌아갈 것이다. 다시 말하지만, 투자는 취미일 뿐이다. 직장에 가서 월급을 받고 세금을 내면서 계속 수입이 생기게 해야 한다. 이것이 당신이 할 수 있는 가장 강력한 개인 재테크다.

아마 지금 당신은 최고의 포트폴리오가 제공하는 8%의 수익률에 대해 궁금해하고 있을지도 모르겠다. 어쩌면 이 수익률이 조금 적은 게 아닌가 싶을 수도 있다. 하지만 사실 8%는 꽤 괜찮은 수익률이다. 물론 만약 버틸 수 있다면 종합지수펀드를 해서 9%의 수익을 올릴 수도 있다. 변동성을 꾹 참고 견딜 수 있으면 추가로 1%를 더 벌 수 있다는 말이다.

최고의 포트폴리오에 투자하면 골프를 치든 고양이를 쓰다듬든 여가 시간에 무엇을 하든지 투자에 대해 생각하지 않고 하루를 보낼 수 있다. 아마 1년에 한 번 정도 포트폴리오를 점검하기만 하면 될 것이다. 그러면 결국 당신은 은퇴 자금을 충분히 마련하고도 남을 것이다.

구현

최고의 포트폴리오를 어떻게 구현할 것인지에 대해 이야기해보자. 내가 ETF보다 뮤추얼펀드를 더 좋아한다고 말했던 것을 기억하는가? 최고의 포트폴리오는 ETF로 구현하는 게 훨씬 쉽다. 너무 복잡한 것 같은가? 전혀 그렇지 않다. 아주 간단하다.

5가지 ETF를 사용해 단계별로 포트폴리오를 구성해보자.

주식 20% 가장 좋은 ETF는 뱅가드총주식시장인덱스펀드

Vanguard Total Stock Market Index Fund라고 하는 VTI다. 당신은 S&P500 인덱스 펀드를 사용하고 싶을 수도 있다. 하지만 나는 말리고 싶다. 소형주도 해야 하기 때문이다. 게다가 뱅가드펀드는 수수료가 가장 낮다.

채권 20% BND, 즉 뱅가드총채권시장인덱스펀드Vanguard Total Bond Market Index Fund를 추천한다. 비슷한 펀드가 더 있지만, 이것이 수수료가 가장 낮다. 이 ETF에는 국채, 회사채, 주택담보대출 등 만기가 다양한 모든 종류의 채권들이 포함되어 있다. 미국 채권 시장을 가장 잘 대표하는 ETF라고 할 수 있다.

현금 20% 여기서는 머니 마켓 뮤추얼펀드MMF를 추천한다. 큰 차이가 없으니 어떤 것을 해도 괜찮다. MMF에는 프라임 MMF와 국채 MMF가 있다. 국채 MMF는 단기국채에만 투자하고, 프라임 MMF는 상업어음과 기타 금융 상품에 투자한다. 프라임 MMF는 신용 관련 위험이 약간 있고, 수익률은 약간 더 높다. 어느 쪽을 하든 괜찮다.

금 20% ETF GLD 또는 SPDR 골드트러스트Gold Trust를 사용해야 한다. GLD는 2005년부터 시작되었으며 주당 대략 금 10분의 1온스의 가치가 있다. ETF의 주식은 런던의 금고에 실제로 보관

된 실물 금으로 뒷받침된다. 이는 금을 소유하는 가장 쉽고 편리한 방법으로 다른 주식과 마찬가지로 거래 계좌에 보유하면 된다.

부동산 20% 이 부분은 설명이 약간 필요하다. 부동산을 소유하고 있다면 그 집에 대한 당신의 지분을 당신의 부동산 자산으로 간주한다. 가령 당신이 소유한 30만 달러(4억 원)짜리 주택에 대해 당신의 지분이 25%라면, 75,000달러(1억 원)를 당신의 부동산 자산으로 치면 된다. 소유한 주택이 없다면 뱅가드리츠Vanguard REIT 지수인 ETF VNQ를 통해 부동산에 노출되는 것이 가장 좋은 방법이다.

리츠란 부동산투자신탁Real Estate Investment Trust으로, 다양한 부동산에 수동적으로 투자하는 회사이며, VNQ는 여러 리츠를 모아 놓은 바스켓이다. 이는 부동산 분야에 노출될 수 있는 좋은 방법이다. 사람들한테 집이 차지하고 있는 자산 비중을 고려할 때 아마 많은 이들이 최고의 포트폴리오의 다른 자산에 비해 부동산에 지나치게 많이 노출되어 있을 것이다. 괜찮다. 앞으로 다른 자산군을 추가하면 된다. 반대로 주택을 통한 부동산 노출이 너무 작다면 리츠를 추가해 최대 20%까지 늘리면 된다.

이게 전부다. 아주 간단하지 않은가?

최고의 포트폴리오를 완전히 수용하라

나는 최고의 포트폴리오에 대해 몇 년 동안 글을 써왔다. 내 경험에 따르면, 이 포트폴리오가 최고라고 생각한 사람들은 자신의 거래 계좌에서 10~20% 정도 덜어내 이 포트폴리오에 할당한다. 잘하는 일이긴 하지만 중요한 것이 빠졌다.

중요한 것이란 취미용 투자를 위해 떼어둔 수입의 10%를 제외한 모든 돈을 최고의 포트폴리오에 넣는 것이다.

나는 일반인들에게 결국엔 실패하고 말 전략을 추천하는 재정 전문가가 되고 싶지 않다. 그런데 이 전략은 절대 실패하지 않을 것이라고 확신한다. 나는 수많은 방법으로 이 전략의 스트레스 테스트를 해봤다. 그렇게 해서 발견한 유일한 취약점은 금리 상승이었다. 이로 인해 2022년에 최고의 포트폴리오가 기대 이하의 성과를 냈던 것이다.

1930년대처럼 정부가 다시 금을 몰수하는 것 같은 전혀 예기치 못한 일이 발생할 수도 있다. 그런 예상치 못한 일이 일어나지 않는 한 최고의 포트폴리오는 안전하다. 50% 이상 폭락한 하락장을 네 번이나 겪은 미국 주식 시장보다 안전한 게 확실하다.

최고의 포트폴리오에는 많은 사람들이 안전하다고 생각하는 채권이 포함되어 있다. 그리고 거의 모든 사람이 안전하다고 생각하는 현금도 포함되어 있다. 사람들은 금이 안전하다고 생각한다.

모든 자산군이 한꺼번에 망할 가능성은 무시해도 될 정도로 낮다. 나를 믿어라. 당신보다 내가 아마 위험과 안전에 대해 더 많이 생각하고 있을 테니 말이다.

모니터링

최고의 포트폴리오에 대해 한 가지 당부할 것이 있다. 그것은 조금은 주의를 기울여야 한다는 것이다. 1년에 한 번은 반드시 포트폴리오를 리밸런싱해야 한다.

예를 들어, 어떤 해에는 주식은 오르는데 채권과 부동산은 하락하고, 금은 횡보할 수 있다. 그러면 각각의 비중이 더 이상 20%로 유지될 수 없다.

그래서 1년에 한 번, 원하는 시기에 (시기는 임의로 정해도 된다) 상승한 자산은 매도하고 하락한 자산은 매수하여 각 자산의 비중이 20%에 근접하도록 조정해야 한다. 이 작업은 매월 또는 매분기가 아니라, 1년에 한 번, 정확히 매년 같은 날짜에 수행해야 한다(여기에는 이 책에서 설명하기 힘든 매우 복잡한 수학적 이유가 있다). 휴대전화에 알림을 설정하라. 이때 간단한 계산 정도는 해야 할 것이다.

따라서 수입을 최고의 포트폴리오에 주기적으로 투자하고 싶다면, 비율에 맞춰 모든 자산군에 투자하는 것이 좋다. 번거로울 수도 있지만 적절한 비중을 유지하는 것이 확실히 중요하다. 그렇다고 너무 과학적으로 접근할 필요는 없다. 십 원 단위까지 정확할 것까지는 없고 어느 정도 맞추기만 하면 된다는 말이다.

마지막으로 한 가지 더 말하고 싶은 것은 최고의 포트폴리오를 조정하고 싶은 유혹을 떨쳐버리기 쉽지 않다는 사실이다. 예를 들어, 추천 주식은 앞에서 이야기한 VTI뱅가드총주식시장인덱스펀드지만, 분명 이런 질문을 하는 사람이 있을 것이다. 소형주에 투자하면 어떨까? 소형주들이 시간이 가면서 수익률이 더 좋지 않았나? 중형주에 투자하면 어떨까? 가치주에 넣으면 어떨까? 해외 주식을 포함하면 어떨까? 포트폴리오를 손볼 방법은 이렇게 무수히 많다.

자, 나는 한 가지만 고집하면서 사람을 성가시게 하는 그런 사람이 아니다. 중요한 것은 당신이 포트폴리오의 20%를 주식에 할당하는 것이다. 스타일박스(세계적인 펀드 평가사인 모닝스타에서 개발한 주식과 뮤추얼펀드의 투자 특성을 시각적으로 표현하도록 설계된 격자무늬 표-옮긴이) 거래를 통해 시스템과 게임을 하고 싶다면 그건 당신 마음이다. 하지만 투자 경험이 있다면 대형주와 소형주, 성장주와 가치주, 국내 주와 해외 주가 성과에서 큰 차이가 있을 수 있다는 것을 알고 있을 것이다. 잘못하면 최고의 포트폴리오가 제대로 작동하지 못할 것이다. 그러면 당신은 최고의 포트폴리오를 주장한 나를 비난할 것이다. 나는 당신이 미국 주식을 전부 매수하면 최고의 포트폴리오가 효과가 있을 거라고 말할 수 있다.

다른 방법으로도 최고의 포트폴리오를 변경할 수 있다. 채권은 모두 회사채나 하이일드 채권으로 매수하면 되고, 금은 실제 금 대신 금광 주식을 살 수도 있다. 부동산은 치고빠지기식으로 투자할 수도 있다.

치고빠지는 식으로 투자하지 말기 바란다. 물론 잘될 수도 있겠지만, 그렇지 않을 수도 있다. 당신이 하고 있는 일은 본질적으로 액티브 매니저가 되는 것이다. 그런데 우리는 액티브 매니저가 지수 대비 얼마나 좋은 수익률을 내는지 알고 있다. 최고의 지수 Awesome Index를 수동적으로 따라가다 보면 과거 수익률에 근접한 결과를 얻을 가능성이 크다.

너무 똑똑해지려고 하지 말라. 이 포트폴리오는 1년에 한 번, 리밸런싱할 때만 확인하면 된다. 이때 주식, 금 등이 잘 나가고 있으면 더 할당하고 싶은 마음이 생길 수 있다. 그러면 안 된다. 20% 비중으로 돌아가 실적이 저조한 것들을 더 많이 매수해야 한다. 그러려면 약간의 규율이 필요하다. 인내심도 조금 필요하다. 최고의 포트폴리오가 몇 년 동안 지지부진할 수도 있다. 그러면 지루하겠지만, 독약이 효과를 발휘할 때까지 제발 기다려주기를 바란다.

상관관계

시간을 두고 최고의 포트폴리오를 관찰하다 보면 동시에 모든 자산군이 잘 나가는 경우가 매우 드물다는 사실을 알게 될 것이다. 주식과 채권은 상승하는데 금은 하락할 것이고, 부동산은 상승하는데 채권은 하락할 것이다. 이는 의도된 것이다.

서로 다른 두 자산군이 마치 행진하는 밴드처럼 함께 움직이는 특성을 뜻하는 상관관계Correlation라는 용어를 소개하겠다. 주식을 보면 행진하는 밴드처럼 움직인다는 것을 알 수 있다. 다우지수가 1,000포인트 상승하면 거의 모든 주식이 상승한다. 서로 상관관계가 있다. 채권 시장에서도 마찬가지다. 하지만 당신이 여러 자산군에 분산투자하기 시작하면 상관관계가 무너진다. 상관관계가 없는 자산을 포트폴리오에 추가하면 변동성이 줄어드는데, 이것이 우리의 목표다.

변동성은 우리의 적이다. 변동성의 목적은 사람들이 어리석은 결정을 내리도록 하는 것이다. 변동성은 당신의 도마뱀 뇌뇌의 위험을 감지하는 부분-옮긴이의 적이기도 하다. 스트레스를 주고 불안하게 만들기 때문이다. 최고의 포트폴리오는 특정 연도 또는 여러 해에 걸쳐 손실을 볼 수 있으며, 또 그럴 것이다. 하지만 큰 손실은 아닐 것이다. 2022년은 최고의 포트폴리오 사상 최악의 해였지만, 그래도 그렇게 나쁘지는 않았다.

투자의 미래는?

최고의 포트폴리오는 매우 중요하고 혁신적인 투자 방법이다, 나는 언젠가 투자 자문 업계에서 이것이 채택되기를 바란다. 하지만 이는 쉽지 않은 일일 것이다. 수년간 은행과 중개업체들은 사람들에게 60/40 포트폴리오를 강요해왔다.

하지만 결과는 형편없었다. 금융 업계의 진리 중 하나는 다른 사람들이 하는 대로만 하면 아무리 돈을 잃어도 해고되지 않는다는 것이다. 60/40 포트폴리오에 투자했다가 20%의 손실을 보더라도 '모두가 그렇게 한다'는 이유로 아무도 해고되지 않는다. 입신출세주의와 순응주의가 너무 심각해서 웃기지도 않는다. 최고의 포트폴리오를 좋아하는 내 투자 자문조차도 여전히 자기 회사에서 만든 60/40 포트폴리오를 추천한다. 이것이 그들이 보상받는 방식인 것이다.

이런 분위기가 지배적인 것은 위험한 현상이다. 그리고 2022년은 이것이 얼마나 나쁠 수 있는지를 보여준 한 해였다. 하지만 나는 업계가 변화할 때가 온 것 같다고 생각한다. 2022년에는 '60/40 포트폴리오의 종말'에 대해 많은 논의가 있었다. 아무도 이를 대체할 것이 무엇인지 답을 가지고 있지 않지만, 나는 알고 있다.

이 책을 읽고 당신의 투자 자문에게 최고의 포트폴리오를 보여주면서 이렇게 투자하고 싶다고 해보라. 거절당할 것이다. 그들은 위험을 감수하려 하지 않을 것이다. 그들은 그 뒤에 숨은 수학을 이해하지 못할 것이고, 과거 수익률을 한번 보려고 하지도 않을 것이며, 거기다 이것을 일확천금을 노린 별난 작가의 헛소리라고 일축해 버릴 것이다. 그들은 또한 그들이 일반적으로 제공하는 수수료 기반 뮤추얼펀드에 대한 수수료도 받지 않으려 할 것이다. 하지만 일반적으로 투자 자문은 고객이 시키는 대로 하게 되어 있으므로 당신이 계속 요청하면 마지못해 따라줄 것이다. 그러면 당신은 다시는 다른 뮤추얼펀드에 가입하지 않아도 된다.

이는 또한 수수료를 많이 지급하지 않는 좋은 방법이다. 재정 자문이 제공하는 뮤추얼펀드 중 하나를 구매하면 3%의 선취 수수료와 약간의 유지 비용을 지급하게 된다. 최고의 포트폴리오에 투자하면, 약간의 가입 수수료와 소액의 리밸런싱 수수료만 내면 될 것이다. 이 수수료는 총괄 대행 투자 자문사를 이용할 때보다 훨씬 적은 금액일 것이다. 아니면 당신이 직접 해도 된다.

나는 이 혁신적인 방법을 생각해내기 전까지 월스트리트에서 20년 동안 일했다. 나는 하루하루의 투자 경험이 필요했다. 그렇게 해서 찾은 해결책이 바로 이것이다. 미국의 모든 투자 자문은 고객에게 최고의 포트폴리오를 제안해야 한다. 이 해결책이 얼마나 마음고생을 덜어줄지 생각해보라. 그 어려운 대화들이 필요 없게 된다고 생각해보라. 어쩌면 투자 자문까지 필요 없게 될지도 모른다.

나는 우리가 답을 찾은 것 같다.

NO WORRIES

PART 5

안도하기

Chapter 15
안정감

양극단

나는 수년 동안 많은 사람들을 만나며 그들의 재정 관련 행동을 연구했다. 그러면서 놀라운 짠또와 놀라운 큰손을 만나봤다. 그런데 이 사람들이 재미있는 게 뭔지 아는가? 그들은 자신이 모든 답을 알고 있고, 돈 관리의 전문가이며, 다른 사람들은 모두 틀렸다고 생각한다는 것이다.

재미있는 점은 일반적으로 사람들이 짠또가 되느냐 큰손이 되느냐는 타고나는 것인데, 그들은 자기가 지적인 탐구 과정을 통해 스스로 이러한 결론에 도달했다고 믿는다는 사실이다. 그들의 돈에 대한 철학은 돈은 벌기 힘들어서 부족하다는 철학과 돈은 벌기 쉬워서 남아돈다는 철학. 이 둘 중 하나다.

그리고 이런 돈에 대한 철학이 그들의 모든 행동을 좌우한다.
그동안 내가 만난 미국 짠또들은 이런 사람들이었다.

- 어디를 가든 메뉴판에서 가장 저렴한 것을 주문한다.
- 할인을 받거나 공짜로 물건을 얻으려고 거래처를 괴롭힌다.
- 신용카드로 물건을 사고 체크카드로 환불받아 포인트를 유지한다.
- 50달러(70,000원)를 내면서 팁은 1달러(1,400원) 준다.
- 물건을 구매할 때마다 가격을 흥정한다.
- 자녀를 사립학교에 보낼 수 있는데도 공립학교에 보낸다.
- 안전을 위해 거액을 당좌 예금이나 저축 예금 계좌에 넣어둔다.
- 자녀가 받은 생일 선물을 반품해 현금으로 받는다.
- 여행을 가면 가능한 한 가장 저렴한 호텔에 묵는다.
- 일부러 머뭇거리며 절대 계산서를 먼저 집어 들지 않는다.
- 점심으로 돼지고기와 콩이 든 69센트(1,000원)짜리 캔을 먹는다.
- 식료품점에서 노브랜드 상품만 산다.
- 수백만 달러를 저축하면서 형편없는 동네에 살기로 한다.
- 호텔에 돈을 쓰는 대신 남의 집 소파에서 잠을 청한다.
- 돈이 많은데도 자녀에게 대학 학비를 내게 한다.
- 자선단체에 기부하지 않는다.
- 단기 투자 등급 회사채만 산다(그 외에는 사지 않는다).

자, 이 목록을 읽고 있는 당신도 여기에 공감할 가능성이 크다. '그래, 바로 이거야. 이 사람이 누군지 제대로 하고 있군'이라고 생각할 수 있다.

단연코 이 사람은 제대로 하는 게 아니다. 이런 이유 때문이다.

돈을 절약하기 위해 이런 행동을 하는 사람은 돈 생각을 하느라 시간을 허비한다. 치킨 비스킷 대신 머핀을 사면서 그 차액에 1년 중 250일을 곱해 은퇴 계좌에 얼마를 넣을 수 있는지 계산하고, 그 것이 40년 동안 8%의 복리로 쌓이면 얼마를 모을 수 있는지 계산하느라 머릿속이 바쁘다.

이들은 물건을 살 때마다 이런 계산을 한다. 돈 생각을 하느라 많은 시간을 소비하는 것이다. 이런 것을 강박관념이라고 한다.

당신은 어떤지 모르겠지만, 나는 돈 생각에 조금도 시간을 쓰지 않고 싶다. 돈 말고 생각해야 할 가치가 있는 것들이 많기 때문이다. 한번은 식사를 하고 팁을 잘못 계산해서 몇 만 원을 더 준 적이 있는데 아차 싶었지만 그 돈 때문에 내가 어떻게 되는 것도 아니고, 종업원은 아마 정말 고마워했을 테니 크게 신경 쓰지 않았다. 그 돈 때문에 주택담보대출 상환을 못 할 일은 분명 없을 테니 말이다.

위 예시 속의 인물이라면 이런 실수를 저지르고 깊이 반성하고 있을 것이다. 또는 돈이라면 벌벌 떨기 때문에 애초에 이런 실수를 하지 않았을 가능성이 더 크다. 이들은 돈을 제로섬 게임으로 생각하기 때문에 절대로 일부러 팁을 50%나 줄 리 없다. 당신이 적게 가져야 내가 더 많이 갖게 되니 말이다. 이들의 유일한 인생의 목적은 한푼 한푼 끝까지 최대한 많은 부를 축적하는 것인데, 그리고 나서는 어떻게 되는 걸까? 그 모든 노력은 무엇을 위한 것이란 말인가?

목적이 무엇이었는가? 그들은 일하고 저축하고, 일하고 저축하느라 잠시도 멈춰서 노동의 결실을 즐기지 못한다. 이는 수십 년 동안 무의미하게 고생하는 것에 불과하다.

이제는 짠도의 반대편에 있는 사람들을 만나보자.

- 식당에서 음식을 필요한 양보다 세 배나 많이 주문한다.
- 옷장은 한 번도 입지 않는 옷들로 가득하다.
- 예상치 못한 돈이 생기면 그 즉시 고가의 자동차를 할부로 산다.
- 신용카드 빚이 몇백만 달러(몇십억 원)에 달한다.
- 융자액 추가 재융자cash-out refinancing를 여러 번 해서 집의 자기자본이 마이너스인 상태다.
- 수입은 부채 상환을 간신히 할 정도다.
- 헬스장 멤버십이 6개나 있다.
- 스트리밍 서비스를 12군데 가입했다.
- 가입한 구독 서비스가 수십 개다.
- 자선단체에는 수천 달러를 기부할 정도로 후하지만, 가족에게는 아

무엇도 남기지 않는다.

- 이미지에 집착한다. 최고의 차, 최고의 옷, 최고의 집을 가져야 하는 것이다. 한 마디로 모든 것이 '최고'여야 한다.

- 유동성에 문제가 생겨 친구나 가족에게 돈을 빌린 적이 있다.

- 항상 파산 직전에 놓여 있다.

- 안전한계|margin of safety(지출을 하고도 남는 수입-옮긴이)가 없다.

- 현금은 은행 계좌에 오래 머물지 못하고 모두 사용된다.

- 저축이나 은퇴 계좌도 없다.

- 도지코인과 게임스탑 주식을 산다.

이 목록을 읽고 내 얘기가 아닌가 싶을 수도 있다. 그렇다면 당신의 사고방식은 돈이 남아돈다는 것이다. 당신은 항상 돈을 더 많이 벌 수 있기 때문에 돈을 쓰는 데 아무런 문제가 없다. 당신은 낙관주의자로서 자신이 항상 돈을 더 많이 벌 수 있는 능력이 된다고 믿는다. 그래서 친구나 가족, 자선단체를 후하게 대한다. 당신은 과시하기를 좋아한다. 자신이 얼마나 부자인지 보여주는 것을 좋아하는 사람인 것이다. 당신에겐 무엇이든 필요한 것보다 5배쯤 많이 사는 모습을 보여주는 게 중요하다. 그러니 잠깐 식료품점에 가서 500달러(70만 원)쯤 뚝딱 써버리는 것은 일도 아니다.

이런 두 사람의 차이는 개인 재정 관련 업계에서 첫 번째 사람을 본보기로 삼고, 두 번째 사람을 미국의 모든 문제, 즉 과소비자나 빚의 노예로 본다는 것이다. 현실에서는 첫 번째 예가 두 번째 예보다 훨씬 더 흔하다. 그리고 이는 많은 부분 두 번째 예를 무모하고 무책임한 사람으로 악마화한 개인 재정 관련 업계의 노력 덕분이다.

사실 이 둘은 돈과 건강한 관계를 맺지 못했기 때문에 모두 좋지 않다. 돈과 건강한 관계를 맺고 있다는 것은 돈 생각을 하느라 시간을 허비하지 않는 것이다. 이 두 사람은 모두 돈 생각을 하느라 시간을 낭비한다. 첫 번째 예는 어떻게 하면 더 많이 벌어서 저축할 수 있을지, 두 번째 예는 어떻게 하면 매달 나가야 할 돈보다 더 벌 수 있을지를 고민한다. 진실은 언제나 그렇듯이 그 중간 어딘가에 있다.

돈은 즐기기 위한 것인데, 40년을 수도승처럼 산다면 당신은 그 점에서 실패한 것이 맞다. 하지만 어떤 사람들은 돈을 너무 즐겨서 사들인 물건의 값을 어떻게 지불해야 할지 걱정해야 한다. 두 경우 모두 관계를 해칠 수 있다. 첫 번째 예는 '짠또'가 돼서 자녀의 대학 등록금도 대주지 않는 등 인색하게 살아서 그렇게 되고, 두 번째 예는 쫄딱 망할 때 그렇게 된다(망할 수밖에 없다). 당신이 재정 문제를 다루는 방식이 주변 사람들에게 피해를 주고 있다면, 그러니까 그 결과가 가족을 비롯한 주변 사람들한테 영향을 준다면, 자신이 지금 잘 사는 건지 다시 생각해봐야 한다.

이를 위해서는 삶의 균형을 회복해야 한다.

균형 회복하기

문제는 극단적인 해결책이 설교하기 쉽다는 것이다. 개인 금융 전문가들은 수십 년 동안 극단적인 해결책을 전파해왔다. 한쪽에서는 30평짜리 집에 살면서 20년 된 자동차를 타고 라면을 먹으라고 말하고, 다른 한쪽에서는 가능한 한 빚을 많이 내서 집을 여러 채 사거나 빨래방을 여러 개 내서 수동 소득으로 먹고살라고 한다. 나는 방금 가장 인기 있는 개인 재테크 책 두 권에 대해 말한 것이다. 그 두 가지 방법 사이에 있는 것은 없다. 그냥 평범한 사람이 되어 돈과 건전한 관계를 맺어라. 돈은 도구일 뿐이다. 그러니 돈이 당신을 지배하거나 통제하게 내버려두면 당신은 지는 것이다.

나는 약 50%의 사람들이 첫 번째 범주(짠또)에 속하고 30%가 두 번째 범주(큰손)에 속한다고 생각한다. 돈과 건강한 관계를 유지하는 사람은 20% 정도에 불과하다. 당신이 이 가상의 사람 중 어느 쪽에도 해당하지 않는다면 축하할 일이다. 그래도 이 책에서 무언가를 얻었기를 바란다.

편지봉투에서 직인이 안 찍힌 우표를 뜯어내거나 세 사람이 먹을 샌드위치를 11개나 사고 있다면, 당신은 극단적인 영역에 있는 것이다. 당신은 적당한 상태가 아니다. 극단적인 해결책이 더 나은 경우가 있어서 나는 개인적으로 '모든 것은 적당히'라는 표현을 매우 싫어한다. 예를 들어, 알코올 중독자는 술을 딱 끊어야 한다.

반면에 음식 중독자나 섹스 중독자의 경우 금욕이 거의 불가능하기 때문에 어떤 보호 장치를 마련해야 한다. 지출도 마찬가지다. 돈을 쓰지 않고서는 문명사회에 참여할 수 없다. 따라서 반드시 절제를 추구해야 하는데, 이것이 세상에서 가장 어려운 일이다.

'적절한' 지출이란 어느 정도를 말하는가? 어떻게 적정 금액이 얼마인지 알 수 있을까? 한 가지 좋은 지침이라면 가끔 자신을 행복하게 해주는 물건을 빚을 지지 않고 사되 저축할 돈은 충분히 남겨두는 것이라고 할 수 있다. 이 정도면 충분하다.

투자 측면에서 적당하다는 것은 약간의 위험을 감수하는 것을 의미한다. 적당한 위험이란 어느 정도를 말하는 걸까? 5분마다 휴대전화로 보유한 도지코인이나 AMC 포지션을 확인하고 있다면 너무 많은 위험을 감수하고 있는 것이다. 하루에 한 번 이상 보유한 투자 상품을 확인하고 있어도 역시 너무 많은 위험을 감수하고 있는 것이다. 돈을 전부 은행에 예치하고 있다면 지나치게 위험을 택하지 않은 것이다.

앞서 말했지만, 나는 한때 지나치게 위험을 많이 감수한 적이 있었다. 그것은 약 3년 동안 지속된 악몽이었다. 나는 다시는 그런 일을 겪고 싶지 않다. 어떤 사람들은 평생을 그렇게 각성한 상태로 대박이 나거나 쪽박을 차게 되길 기다리며 살기도 한다. 그리고 어떤 사람들은 극도로 위험을 회피한 채 일이 잘못될 수 있는 경우를 생각하느라 지나치게 많은 시간을 보낸다. 제3의 방법은 영리하게 중간 정도의 위험을 감수하고 돈 생각을 하지 않고 사는 것이다.

부채는 어떤가? 어떤 사람들은 빚을 싫어해서 가능하면 절대 빚을 내지 않는다. 그리고 어떤 사람들은 빚을 좋아해서 아주 많이 내고 그 때문에 더 열심히 일하기도 한다. 이 책에서 이제까지 부채에 관한 내용을 읽었다면, 내가 부채를 그다지 좋아하지 않는다는 것을 알 것이다. 그래도 미국에서는 대다수의 사람들이 주택담보대출을 받아 집을 산다. 대출이 없었으면 그들은 집을 사지 못했을 것이다. 부채는 책임감 있고 신중하게 사용한다면 재정적인 목표를 달성하는 데 도움이 될 수 있다. 하지만 약간 도를 넘어서 부채에 도덕적 의미를 부여하는 사람들도 많다. 예를 들어, 일부 문화권에서는 부채와 더불어 이자 부과를 전적으로 금지하기도 한다.

빚의 원리는 다음과 같다. 사고 싶은 물건이 있는데 돈이 없는 경우, 지불을 뒷받침할 충분한 수입이 있을 때 돈을 빌리는 것이다. 아주 간단하다. 우리에겐 신용점수라는 매우 정교한 수단이 있어서 사람들이 부채가 너무 많은 것은 아닌지 파악할 수 있다. 신용점수가 700점을 넘지 않는다면 당신은 부채가 너무 많을 가능성이 높다.

당신은 빚도 적당히 지고, 위험도 적절한 수준에서 감수해야 한다. 이는 전혀 빚이 없거나 위험을 감수하지 않는 것보다 훨씬 더 어려운 일로서 정해진 기준 없이 개인이 각자 판단해야 할 문제다. 이 때문에 극단적인 해결책이 잘 팔리는 것이다. '신용카드를 잘라버리고 무소유로 살라'는 '빚은 약간 지되 너무 많지는 않게, 위험도 약간 감수하되 너무 많지는 않게 하라'는 말보다 훨씬 행동에 옮기기 쉽다. 쉬운 일이 없다.

어떤 사람들은 빚도 없고 위험도 없으면 재정적 스트레스를 받지 않을 거라고 생각한다. 하지만 이는 사실과 거리가 먼 이야기다. 내가 설명한 첫 번째 유형의 사람, 즉 빚도 없고 위험도 감수하지 않는 사람은 돈 생각을 하느라 많은 시간을 허비한다. 돈을 어떻게 벌고, 어떻게 보관하고, 어떻게 붙들어둘지 고민하는 것이다. 그들은 매일 그런 생각에 사로잡혀 있다. 빚도 많고 위험도 많이 감수하는 사람도 돈에 대한 생각으로 시간을 허비한다. 그들은 매일 어떻게 하면 재산이 압류되지 않게 할까 궁리하느라 머리를 짜내고 있다. 그 중간에 있는 사람, 즉 돈과 관련된 문제를 보다 허용적으로 보고 실천하는 사람이 가장 평온한 사람이다. 돈과의 관계도 다른 것들과 크게 다르지 않다. 너무 많이 먹으면 살이 찌고, 너무 안 먹으면 거식증 환자가 된다. 당신은 음식과 건강한 관계를 맺어야 한다. 돈도 다르지 않다.

나라고 걱정이 없겠는가? 나도 걱정이 많다. 어쩌면 보통 사람보다 더 많을 것이다. 나는 고양이가 걱정된다. 우리 집을 짓는 것도 걱정된다. 내 일도 걱정되고, 다른 사람과의 관계에 대해서도

걱정하고 있다. 하지만 돈에 대해서는 전혀 걱정이 없다. 돈 걱정
이 세상에서 가장 멍청한 짓이기 때문이다.

　누군가 나에게 "돈이 없는 사람은 어떨까요?"라고 묻는다면 나
는 이렇게 두 가지 대답을 할 수 있다. 첫째, 나는 돈이 없어도 완
벽하게 행복한 사람들을 많이 만나봤다. 둘째, 그런 상황은 비교
적 쉽게 해결할 수 있다. 미국에서는 최악의 고용 시장에서도 원
하기만 하면 대개 일자리를 구할 수 있다. 돈 벌 방법은 항상 존재
하고, 돈 버는 것도 비교적 간단하다. 문제는 일단 돈을 벌고 나서
어떻게 사용하느냐인 것이다.

내가 당신에게 바라는 것

나는 당신이 과시하기 위해서가 아니라 진정 후한 마음으로 세 사
람과 저녁 식사를 하고 계산을 할 수 있는 수준에 도달했으면 한
다. 첫 번째 유형의 사람은 쭈뼛거리며 각자 계산하자고 할 것이
다. 두 번째 유형은 으스대면서 자기가 사겠다고 큰소리를 치며
고집을 피울 것이다.

　저녁 식사를 하러 갔는데 계산서를 보고 불안하다면 당신은 돈
과 건강한 관계를 맺고 있지 않은 사람이다. 저녁을 먹으러 나갔
다가 계산서를 받고 모두가 무엇을 먹고 마셨는지, 각자 얼마를

내야 하는지 머릿속으로 목록을 작성하고 있다면 당신과 돈의 관계는 건강하지 않은 것이다.

돈과 건강한 관계를 맺고 있는 사람은 이런 걱정을 하지 않는다. 돈과 관계가 건강한 사람은 '저 사람이 지난번에 두 번 안 냈으니 이번엔 저 사람이 내야지'라고 속으로 생각하지 않는다. 내 말을 믿어라. 이런 일에 신경 쓰는 사람은 당신뿐이다. 그리고 누군가가 정말 구두쇠라면 결국에는 소문이 나기 마련이다. 나는 돈의 업보가 있다고 굳게 믿는다.

나는 당신이 우아하고 품위 있게 자녀의 대학 학비를 대줄 수 있기를 바란다. 그리고 3일에 한 번씩 레스토랑에서 낸 돈을 이야기하며 생색내지 않고, 당신 주머니에서 돈이 나왔다는 사실을 들키지 않고 휴가비를 댈 수 있기를 바란다. 균형이란 돈 때문에 싸우지 않고 우아하게 인생을 살아가는 것이다. 돈 때문에 벌이는 싸움은 최악이다. 50달러(7만 원)는 전혀 중요한 게 아니기 때문이다. 그런데 50달러도 안 되는 돈으로 관계가 끝나는 경우도 많다. 사람들은 "세상일이 다 그렇죠"라고 말한다. 아니다. 그냥 참고 관계를 계속 이어갈지 결정하라. 나도 절교를 한 적은 있지만, 그것이 결코 돈 때문인 적은 없었다. 내게도 짠또 중에서 짠또인 친구가 몇 명 있는데도 말이다.

나는 당신이 당신의 능력에 맞게 살 수 있기를 바란다. 능력 이상으로, 또는 능력 이하로 사는 것이 아니라 능력에 맞게 사는 것

말이다. 나에게는 투자은행에서 일하며 연간 수백만 달러(수십억 원)를 버는 친구가 한 명 있다. 몇 년 전만 해도 그는 여전히 저렴한 정장을 사서 입었다. 가끔 정치인이나 유명 인사들과 어울릴 정도로 경력이 쌓였는데도 말이다.

"이봐, 옷차림에 신경 좀 쓰지? 사람들이 흉보겠어."

그러자 그는 단호하게 대답했다.

"아무도 몰라. 신경 쓰는 사람도 없는걸?"

하지만 그는 결국 비교적 저렴한 맞춤 정장으로 옷을 바꿨다.

연간 300만 달러(42억 원)를 버는 사람이라면 정장 한 벌에 최소한 1,500달러(210만 원) 정도는 지출해야 한다. 연봉이 10만 달러(1억 4,000만 원)인 사람은 350달러(50만 원)짜리 정장 정도는 사도 된다. 백만장자는 돈을 더 많이 써야 할 의무가 있다. 그러지 않으면 구두쇠로 낙인찍힐 수 있다. 반대로 연 소득이 80,000달러(1억 1,000만 원)인 사람이 정장 한 벌에 1,500달러(210만 원)를 쓴다면 그는 삶의 우선순위가 잘못되었거나 외모에 매우 신경을 많이 쓰는 사람일 테다.

당신이 백만장자라면 80,000달러짜리 자동차를 살 수 있을 뿐만 아니라 사야 한다. 나를 믿어라. 당신은 그 차를 즐길 것이다. 찌든 담배 냄새에 전자 장치도 작동하지 않는 8년 된 크라이슬러 세브링을 사는 것보다 훨씬 나을 것이다. 그런 일은 사회생활을 처음 시작할 때나 할 일이지, 노력의 결실을 누려야 할 시기에 할 일은 아니다.

　나한테도 내 능력 이하로 생활하던 시기가 있어서 나는 이런 것이 어떤 느낌인지 아주 잘 안다. 리먼브러더스의 ETF 거래 책임자였던 내가 형편없는 동네의 낡고 작은 집에 산다는 사실은 조금 우스꽝스러웠다. 나는 내 수준 이하로 살고 있었던 것이다.

　그때부터 나는 내 능력에 맞게 살려고 노력했다. 내 능력 이상이 아니라 능력에 맞게. 나는 옷에 돈을 좀 썼다. 비싼 차를 샀고, 지금은 집을 짓는 중이다. 나는 돈에 대한 경험이 있고 이런 종류의 일을 할 때 계산하는 방법을 알고 있어서 과도하게 지출하지 않도록 모든 단계에서 매우 신중을 기했다.

　그리고 생활 수준도 높아졌다. 나는 현재 좋은 집에 살고, 좋은 차를 몬다. 그것들로 인해 사는 게 즐겁다. 내가 전직 짠또 출신이라는 사실을 기억하라. 38세 정도까지만 해도 나는 사치스러운 생활을 거부했다. 그제야 "내가 뭐 하는 거지? 이런 것 정도는 살 수 있잖아"라는 생각이 들었던 것이다. 당신이 나처럼 짠또라면 기억해야 할 것이 있다. 당신이 큰손들보다 도덕적으로 우월한 것이 아니라는 사실이다. 단지 방법만 다를 뿐, 당신도 그들과 마찬가지로 삶을 황폐하게 만들고 있다는 것을 기억해야 한다.

　나는 저축과 지출, 부채와 위험 사이에서 균형을 잘 유지하고 있다고 생각한다. 가끔 균형을 잃을 때가 있는데, 그때는 한발 물러서서 다시 평가하고 균형을 되찾는 것이 좋다. 돈 생각을 너무 많이 하게 되면 균형이 깨졌다고 생각하면 된다. 돈은 나를 생각해주지 않으니 나도 돈에 대해 생각하고 싶지 않다.

나는 당신이 작은 재정적 결정은 별생각 없이 내릴 수 있고, 큰 재정적 결정은 많이 생각하고 내리길 바란다. 수프 한 캔은 말 그대로 중요하지 않다. 가장 저렴한 캔 수프를 찾으려고 마트에서 5분 동안 수프 캔이란 캔은 모두 뒤져보는 짓은 할 일이 아니다. 하지만 주택 가격과 주택담보대출의 이율은 매우 중요하다. 그러니 당신은 어떻게 협상하고, 어떤 유형의 주택담보대출을 받을 것인지 생각하는 데 많은 시간을 할애해야 한다. 중요한 것은 작은 결정이 아니라 큰 결정이다.

고양이에게 줄 캔을 사는 데 일주일에 5달러(7,000원)를 더 쓰고 싶으면 그렇게 하라. 고양이도 행복할 것이다. 단, 뒷마당에 수영장을 만들고 싶을 때는 오랫동안 깊이 생각해야 한다. 물론 사소한 비용이 모여서 큰 비용이 된다면서 수천, 수백만 가지의 재정적 결정에 대해 고민하다 보면 언젠가 부자가 될 거라고 말하는 사람들도 많다. 그들의 말이 맞을지도 모르지만, 나는 그렇게 살다가는 인생이 너무 힘들고 비참해질 것 같다.

* * *

재정적 행복의 핵심은 돈 걱정을 하지 않을 뿐만 아니라 돈 걱정을 전혀 하지 않는 상태가 되는 것이다. 영화 〈갬블러〉를 떠올리면, 'F*** you'의 위치에서 재정을 운영하면 좋지 않을까? 당신은 원하면 언제든 직장을 그만둘 수 있는가? 자기 집을 갖고, 은행에 돈도 좀 넣어두고, 술은 마시지 말아라. 그것이 바로 당신의 고독의 요새fortress of solitude(북극에 있는 슈퍼맨의 아지트-옮긴이)다.

　나는 이 책의 모든 독자가 언젠가 그 위치에서 자신의 재정을 운영할 수 있기를 바란다. 빚을 지고서는 절대 그렇게 할 수 없다. 너무 많은 위험을 감수하고 있어도 그럴 수 없다. 신중하게 저축하고, 빚을 갚고, 자산을 소유하면 아무도 당신에게 이래라저래라 할 수 없다. 아무도 당신을 건드릴 수 없다. 당신은 천하무적이 되는 것이다.

　수입이 줄어도, 누군가 아파도 모두 별일 아니다. 그 어떤 것도 큰 문제가 될 수 없다. 돈 걱정 없는 자유로운 삶, 그것이 바로 평화와 행복이다.

　우리는 모두 이런 삶을 원한다. 한번 시작해보자.

감사의 말

이 책의 대부분을 집필했던 2021년 가을 내내 소파 옆에 앉아 나와 함께 해준 고양이들, 스트라이프, 타스, 우마, 베스퍼, 웬디, 제니아, 옐로우 에게 먼저 고맙단 말을 하고 싶다.

그리고 내가 글을 쓰는 동안 한 장 한 장 읽어주며 유용한 피드백과 격려를 아끼지 않은 아내 캐롤린에게 감사의 말을 전한다.

2021년 말에 내가 무슨 일을 하고 있는지 알아보려고 운명적으로 이메일을 통해 연락을 준 편집자 크레이그 피어스에게도 감사의 말을 전하고 싶다. 그의 뛰어난 편집 기술 덕분에 이 책에서 불편한 부분들을 모두 덜어내고 더 넓은 독자층에 다가갈 수 있게 되었다. 크레이그는 분명 나보다 훨씬 더 성숙한 사람이다.

8개월 동안 이 책을 꼼꼼하게 다듬어 준 문학 에이전트 스티븐 바도 내가 고마워해야 할 사람이다. 덕분에 훨씬 나아졌다.

무엇보다도, 지금은 은퇴한 사바나예술디자인대학의 제임스러프 교수님께도 감사의 말씀을 전하고 싶다. 이 책의 제안서는 그의 출판 과정 수업에서 구상되었다.

또한 사바나예술디자인대학의 논문 위원회인 리 그리피스, 안드리아 고토, 그리고 크리스 밀스에게도 감사의 마음을 전한다. 그들이 의견을 준 덕분에 책이 더 좋아졌다.

제레드 딜리안 머니의 파트너 올리버 가렛 과 에드 다고스티노도 고마운 사람들이다. 그들은 내 프로젝트를 믿고 지원해줬고, 나를 라디오 프로그램에도 출연시켜줬다. 덕분에 나는 두 해 동안 밤마다 이 아이디어를 발전시킬 수 있었다.

마지막으로 2022년에 나를 케이맨 제도로 초대해준 리얼비전 분들께도 감사의 마음을 전한다. 그곳에서 나는 호텔 발코니에 앉아 닭 울음소리를 들으며 원고를 마무리할 수 있었다.

그리고 이 책을 끝까지 읽어준 당신에게도 감사의 마음을 전한다.

돈 걱정 없이 사는 법

초판 1쇄 발행   2024년 8월 30일

지은이   제레드 딜리안
옮긴이   김영정
펴낸곳   ㈜에스제이더블유인터내셔널
펴낸이   양홍걸 이시원

블로그 · 인스타 · 페이스북 siwonbooks
주소   서울시 영등포구 영신로 166 시원스쿨
구입 문의   02)2014-8151
고객센터   02)6409-0878

ISBN   979-11-6150-882-5 03320

시원북스는 ㈜에스제이더블유인터내셔널의 단행본 브랜드
입니다.

독자 여러분의 투고를 기다립니다.
책에 관한 아이디어나 투고를 보내주세요.
siwonbooks@siwonschool.com